U0362056

长相忆书系

我的父亲陈序经

陈其津 著

南开大学出版社

天津

图书在版编目 (CIP) 数据

我的父亲陈序经 / 陈其津著 . — 天津：南开大学
出版社，2020.8
（长相忆书系）
ISBN 978-7-310-05900-3

Ⅰ . ①我… Ⅱ . ①陈… Ⅲ . ①陈序经（1903－1967）
—传记 Ⅳ . ①K825.1

中国版本图书馆 CIP 数据核字（2019）第 231104 号

我的父亲陈序经
WO DE FUQIN CHEN XUJING

南开大学出版社出版发行
出版人：陈　敬

地址：天津市南开区卫津路 94 号　　邮政编码：300071
营销部电话：(022)23508339　营销部传真：(022)23508542
http://www.nkup.com.cn

天津泰宇印务有限公司　全国各地新华书店经销
2020 年 8 月第 1 版　　2020 年 8 月第 1 次印刷
230×155 毫米　16 开本　18.25 印张　6 插页　264 千字
定价：58.00 元

如遇图书印装质量问题，请与本社营销部联系调换，电话：(022)23507125

1921 年就读岭南大学附中时留影

1923 年 12 月摄于上海

1927 年于美国伊利诺伊大学留影

20 世纪 40 年代任教西南联大时留影

20 世纪 30 年代，南开大学部分教授合影于香港青山（左起：方显廷、林崇祯、丁佶、陈序经）

1948 年，与亲友于南开大学南院合影（左一鲍觉民、左二滕维藻、左四陈序经）

1949 年 6 月，与岭南大学教职员合影［前排：冼玉清（右一）、
陈序经（右二）、冯秉铨（左三）、富伦（左二）；二排：王力（右二）、
伍锐麟（右四）；三排：容庚（右二）］

20 世纪 50 年代中期，于广州中山纪念堂合影［左起：姜立夫、陈寅恪、唐筼
（陈寅恪夫人）、黄素芬（陈序经夫人）、胡芷华（姜立夫夫人）、陈序经］

1964 年，于中山大学书房内

1965 年 8 月，南开大学海南籍学生来访时于南开大学住宅门前合影

1951年，全家合影于广州（前排左起：陈云仙、黄素芬、陈序经、陈渝仙；后排左起：陈曼仙、陈其津、陈穗仙）

1966年11月，任南开大学副校长时，与家人合影 [前排左起：黄素芬、陈大淳、陈序经；后排：许贻婴（左）、陈云仙（右）]

陈序经先生手书"荣生惟有死中得，真乐常从苦里来"

陈序经先生家书手迹

陈序经先生部分著作书影

人性的美德和独立自由的治学精神

——序《我的父亲陈序经》（增订本）①

叶显恩 ②

　　陈序经先生，我早在大学时代，就闻其名、读其文，且不胜高山仰止之至！1962年，我投在中山大学梁方仲教授门下攻读明清经济史专业。此时陈先生已经出任暨南大学校长，仍然居住在中山大学马岗顶旧居，与我的导师梁先生是近邻。他们彼此过从甚密，我因而在梁师府上得谒识陈先生之缘。知道与陈先生有同乡之谊，更使我增添了诸多亲切感。每当我在校园里遇到陈先生，总是情不自禁地驻足，并以崇敬的目光送他远离。1965年，梁先生带我们三位研究生北上京师做学术考察，此时陈先生已调往天津任南开大学副校长。本来我们一行人离京后的第一站是到南开拜访陈先生，但我因研究需要，遵导师梁先生之嘱独往安徽，失去了随同梁先生往访并请益陈校长的机会，而且永远失去了谒见这位大师的机缘。每当兴念及此，总有一种遗憾的凄凉感掠过心头。

　　陈先生离开我们，迄今已有四十个年头了。他的音容笑貌，并没有因时光的洗刷、岁月的消磨而被淡忘，相反，他走得愈远，愈为人们深切地记起，也愈加显得伟岸高大、鲜明耀眼。2003年陈先生诞辰一百周年之际，全国从北到南的不少高校和学术团体，如

　　① 此文为叶显恩先生为2007年长征出版社出版的《我的父亲陈序经》（增订本）所作序言。

　　② 叶显恩（1937— ），海南省临高县人。广东省社会科学院研究员、教授，广东中国经济史研究会会长，中国古代经济史研究会会长。

南开大学、中山大学、暨南大学等，乃至其家乡海南文昌，都举行了不同形式的隆重的纪念活动，以追思这位中国学术史、教育史和文化史上的大师的丰功伟绩和他留下的丰厚的精神遗产。中山大学和海南文昌还分别在其旧居和故居树碑纪念，并举行了揭牌仪式。我想起陈先生殒时草草火化，殁后近四十年的百年冥诞之际却为人们如此隆重纪念追思，这到底说明什么呢？值得人们深思。

我想，给人影响最深、震撼最大的莫过于无形的精神力量。陈先生之所以赢得人们如此的敬重和景仰，大概是由于他为人为学的美德和人格魅力吧！

陈先生在为人上，向我们昭示了独立的人格、自由的思想，他忠于良知，不曲学以阿世，维护着知识分子的尊严，留下了人性的美德；在治学上，他不计名利得失，经过格物致知的探索，砥砺磨淬的历练，以学贯中西的远见卓识，以涉足多学科的气魄和勇气，或开拓进取，为学科的创立奠下基础，或开创新学科，构建自身的学术体系。他淡泊耿介的为人风格，独立自由的学术精神，堪当楷模，经过历史潮流的检验，披沙拣金，益见其美。因而，他离去愈远，愈为后学者所追思、所景仰。

陈先生的长子陈其津教授为其父作传，即将付梓，问序于我，虽然自愧不敢当，仍乐于趁此发表一些看法。

一

权位不移人，平实淡泊，以苦节自砺，充满平民情怀，这是陈序经先生为人的一个鲜明特点。

他是海南文昌清澜瑶岛村人，早年留学美国、德国，1928 年获美国伊利诺伊大学博士学位，回国后，终生从事教育和学术研究工作，涉足文化学、政治学、教育学、社会学、历史学等研究领域，可谓学贯中西，蜚声海内外。他先后任南开经济研究所所长、南开大学经济学院院长、西南联大法商学院院长、岭南大学校长、中山大学副校长、暨南大学校长、南开大学副校长等职务。中华人民共和国成立后，他首批被授予一级教授，任全国政协第二届委员、广东省政协第一届常委等。他1934年到南开大学工作，大半生供职于南开，最后病逝于南开大学副校长任上。他是一位杰出的文化学家、历史学家、教育家，为推进我国的学术研究和发展我国的教育事业做出了卓越贡献。

这样一位堪称中国近现代学术史上少有的中西兼通的大师级学者、教育家和杰出的大学管理者，尽管信高誉隆、权重位尊，但他始终保持平民的心态，不失书生本色。他常对人说，他是为教授服务的。对学校的勤杂工友，他也一视同仁，优容宽待。任职暨南大学期间，他的海外朋友为了让他从中山大学往暨大上班方便些，赠给他一部小汽车。他上班途中只要车上有空位，遇到教师工友，便招呼他们上车，顺路送一程。校长专车被称为搭客"小巴士"。他如此优容雅量，坦诚宽厚待人，自然令人感到亲切可爱，深得知识分子的景仰和爱戴，赢得"善于团结人"的美誉。也正因为他的优秀品格，当1949年国民党"抢运学人"计划实施时，他能说服国学大师陈寅恪等一批一流的专家留在他主持的岭南大学执教。

作为私立大学校长，他掌管大额款项，但对各种款项分文不动，以廉洁奉公自律。薪水收入，除供家内日常开销外，便用于学术活动的开支，平日不做积蓄。1962年，长子成婚的费用也不得不向朋友筹措。他虽然出身于富商之家，但自幼养成不贪财的美德。例如，当他还在美国留学时，其父因代偿债务而接管一个濒临破产的橡胶园，经注入资本并改善经营，多年后此园有大的发展。其父考虑将此种植园归还原主，发电报征求他的意愿，他毫不犹豫地复电说"归还"。这使其父笑逐颜开，连连称赞他"不贪财"。

他生活朴素，平生以淡泊苦节自持，家庭摆设简朴。他不嗜烟酒，尽管他的酒量颇大，不跳舞，不搓麻将。他在家里起床最早，生火煮粥是他分内事。休息时，除听收音机新闻权当休息外，实在没有其他娱乐活动，有时他会边听收音机边缝补衣服，这是一般人料想不到的。他在家衣食简便，身穿长袍，令刚入门的媳妇大吃一惊。其实，早在20世纪40年代末前往香港时，他曾因身穿长袍，手持 A 级车票（头等），上车时被乘务员误认为上错车而受到阻拦。

陈先生祖上清贫，其父青少年时代历尽艰辛，中年才发家致富。陈先生对弱势群体素有深厚的同情关爱之心。传统节日，他每每要到校内的勤杂工友家中，嘘寒问暖，抚慰有加。许多工友的名字，甚至他们的孩子的名字，他都能叫出来。他深入被视为"初民"的疍民和一些少数民族中间做田野考察、调查，并写出《疍民的研究》等著作。

"学成一不参政，二不经商，以学报国"，是其父对他的训示与期望。陈先生对此，一直奉为圭臬。他平生未曾参政或参加过任何党派。1945 年他以"不改行"为由，拒绝了宋子文要他出任泰国大使的邀请。20 世纪 40 年代末，他以前往香港公干为借口，拒绝了蒋介石在广州的宴请。凭其学历和家庭背景，他完全有可能跻身政界和实业界；但他恪守庭训，坚定立足于教育岗位上，为推进中国的教育事业和学术繁荣，竭尽全力，终生不渝。

他勤奋敬业，一贯平生，常以"刻苦耐劳"四字自励励人。他没有因承担繁剧的校务管理而松懈教学著述。他习惯凌晨 4 时起身，4 时到 7 时为其读书写作时间，一直雷打不动，从不间断。他的许多著作就是这样夙兴夜寐而完成。待到 7 时多早饭后，他便到校园各个角落巡视，或夹起公文包去上班。

陈先生对晚辈新秀，竭诚鼓励，并奖掖扶持。对一些有才华的青年学者，他都能说出他们的出生地、重要的学历、受教的导师，乃至专攻的学术课题，聘请他们来校任教时，每每亲自到码头迎接。作为一位学界大师，他自有识珠的慧眼，绝不会依资格轩轾论高下，而能从其言行论著中看出其才学和人品，甚至在未成器前已预卜其人未来的学术前程。1939 年，作为青年学子的吴于廑在昆明谒见陈先生。相谈后，陈先生觉得吴于廑是堪加造就之才，对他青睐有加，先是招收他到南开经济研究所研读，继而助他赴美留学。20 世纪 50 年代初，吴于廑学成回国，陈先生还在广州代为操办其婚事并充当婚礼的证婚人。吴先生后来成为西洋史研究方面的泰斗，任武汉大学副校长，是我大学时代的业师。我离校后依然得到吴先生的关爱和教诲。吴先生每当提及陈先生，总以恩师称之，景仰之情溢于言表。

二

为人和为学是互相关联、互相促进的。人高学易高，人俗学难雅。我们从陈先生身上看到了为人和为学完美的结合。

在为学上，他从不曲学随俗，也从不因畏忌权贵而改变其独立精神和自由思想。他不是幽居书斋以清谈学问为高，而是关注现实，贴近现实，充满现实的情怀和时代使命感。20世纪三四十年代，在思想文化界发生的关于中西文化、乡村建设问题和大学发展规划的三次大争论中，陈先生不仅投身其中，而且成为争论的要角。

关于乡村建设的论战，以梁漱溟先生为代表的一派，主张以农为本，从发展农业中求出路。陈序经先生却旗帜鲜明、针锋相对地提出，"以工业为前提，以都市为起点"，"要极力去发展工业，以吸收农村的过剩人口"。他经常到高阳、宝坻、塘沽、静海、定县等地了解农村情况，以实证其主张。经过历史的检验，陈先生的主张是符合中国社会实际的。

关于大学发展规划的争论，是由时任北京大学校长胡适于1947年提出的发展大学教育的"十年计划"而引起的。陈序经先生为此与胡适展开了激烈的辩论。陈先生无视最高当局的权威，公然指出这个发展大学教育的"十年计划"，若说"曾得了蒋（介石）主席、张（群）院长以至朱（家骅）部长的赞同，而遂可以谓为公论，这也是一个错误"，他们的态度"只能说是政府的言论，而非社会的公论"。他进而指出："专仰政府的鼻息，以讲求学术独立，从学术的立场来看，是一件致命的事情。"他公然敢于向最高当道者挑战，其勇气、风骨、气节，于此可见。

关于中西文化的争论，陈先生旗帜鲜明地批判当时泛滥着的复古守旧的逆流和折中妥协的思潮，提出"全盘西化"的主张。其理论支柱是"文化不可分论"。由此开始，他长期苦心孤诣地创建了"文化学"的学科体系。

"西化"一词，最易引起误解和厌恶。这是由于，中国长期受到西方殖民主义者的侵略和压迫，形成了国人对西方列强的憎恶心结，加之陈先生在同论敌辩论中说了一些欠周的激愤之词，因而遭到误解和无端的伤害，就在所难免了。

大半个世纪后的今天，当年关于"西化"的一些疑惑和争论，已为中国现代化的实践经验所澄清。这场争论的当事人也都已作古，因此，自可以对这场中西文化的争论做出冷静的、理性的评价。

作为"全盘西化论"代表的陈序经先生，现在又被人们提起，对他当年提出的"全盘西化"，人们从诠释学、文化学的角度，重加剖释与评价。窃以为，要真正了解和把握陈先生提出"全盘西化"的用意及其精义，必须站在世界文化史的高度，把这场中西文化争论放在当时中国社会转型与学术转型的背景下审视，并结合陈先生本人的主体学术实践做综合探讨。唯有如此，才有可能理解这场争论之所以在近代中国出现的原因，也才有可能厘清陈先生思想的源流，从而理解他提出的"全盘西化"的真正含义。

从近年来发表的数十篇论著看，的确多从揭示陈序经先生的价值取向及精神实质着眼，对之做具体的、历史的分析，力求做出客观的、公正的评价。有的学者把这场争论置于中国近代学术转型期文化学构建总体中，结合陈先生的主体学术实践做深入分析，既对陈序经的"全盘西化"做了学理的评判，又力求对当事人做同情的了解。这是一个良好的开端，相信今后必将有更多的学者追寻而上，不断地推进对陈序经先生的研究。

陈先生涉猎的学术领域广阔，其中着力最深、成就最大的是文化学，文化学是他学术实践的主体。陈先生为文化学撰写了一部内含二十分册的巨著，计两百万字，他以如此卷帙浩繁的篇幅，独树一帜地构建了他的文化学体系。德国汉学家柏克（Klaus Birka）曾经指出："陈序经对各种西方文化理论也进行了十分深入的研究。然而，他并没有无保留地接受这些理论中的任何一个。陈序经是继梁漱溟之后，中国第一个可以将他对中国文化的挑战和对其他立场的批评，建立在自己的、相当系统的文化理论基础上的人。"此说是中肯的。在其忠诚的爱国情怀的驱使下，他创建的中国文化学体系，处于国际学术的前沿，他是中国文化学的真正开创者，代表了时代的最高水平。

他的"全盘西化论"是与他的文化学体系密切相连的。只要从文化学的角度对陈序经的学术体系加以通盘梳理，就不难理解，陈先生的"西化"，指的是世界经过长期融汇之后形成的一种新的文化，亦即包含民主、自由、社会主义等基本要素的西方文化，亦即一种世界文化的趋势、未来的潮流。他曾明确指出，"现代西洋文化，又可以代表世界文化。……从历史的眼光去看，这是世界文化的博物院，从文化内容方面看，这是世界文化的总汇"，埃及、巴比伦、希腊、罗马、希伯来、中国等文化要素都包括其中。"西化"一词，只不过是一个文化符号，不应理解为绝对确指某一地域的文化。他的"全盘西化论"是在中国面临民族危机的形势下，提出救亡兴国的应急主张，旨在追求文化进步，超越传统文化，继而超越西洋文化，创造出新的文化。

他如此坚毅执着地呼唤"西化"，是当时守旧势力的强大使然。正当复古倒退浊浪滔天之时，要与旧文化离异，要与旧传统决裂，使中国文化脱胎换骨，接受西方文明，就非持一种破旧立新的彻底的态度不可。他期望以"西化"理论改造中国，把中国建设成为自由民主的现代国家的用心是热切、深切的，乃至说出不中听的激愤之词，也只是为了祖国的未来、民族的前景。只要了解陈先生提出"西化"的用心及其真正的含义，就不难体会出他对民族的高度责任感。他是一位忠诚的爱国者。

是的，他一生平实淡泊，刚毅耿介。不为钱，拒为官，与政治保持距离，忠于良知，不曲学以阿世，始终坚持独立自由的精神，把平生无私地奉献给祖国的文化教育事业。从家居摆设、日常生活，到待人处事，都保持书生本色、平民情怀，坚守中国传统美德，从不沾染西方陋习。如此的崇高精神，如此的人格节操，不正是中华民族的精英之魂、中华民族精神的脊梁吗！

三

当我们回顾陈序经先生的学术生涯和学术成就时，发现"西化"论只是从他的文化学派生出来的带有愤世成分的看法，远不是他整个学术成就的全部。世人，甚至学术界的不少人，只知道他的"西化"论，对他庞大的学术体系、学术成就，反而知之甚寡。

其实，除前面提到的作为他学术主体的文化学以外，陈先生在政治学、社会学、民族学、历史学、教育学等方面，也都各有创获、各有建树。其著作共计十五部，五百三十余万字，散篇的论文未计在内，硕果累累，以著作等身形容之亦不为过。他的著作有的曾引领学术界风骚，成为某一学科的奠基之作。为学术界所称道、所赞誉的著作，例如《匈奴史稿》、东南亚古史研究系列论著等，便或是填补研究的空白，或系开山奠基之作。

《匈奴史稿》就是一部填补研究空白之作。除尽可能完备地搜集中国文献中有关资料外，在德国留学期间，凡西方学者对匈奴史研究的成果和西方保存的有关匈奴的史料，他都极力搜罗。经过长期的资料积累和深入研究，他终于写出近百万字的《匈奴史稿》。匈奴是一个强悍的游牧民族，不立文字，无自己的史籍记载。在七百多年可考的历史中，中国文献和西方史籍的记载各执一端，互不连接。陈先生以其学贯中西的渊博学识，融会贯通，比勘钩沉，构建了一部完整的匈奴历史。这是迄今有关匈奴史研究中，成果最大、资料最丰富、涉及面最广、学术水平最高的一部专著。此书1989年出版后，备受学术界关注，1992年获国家授予的古籍研究与出版奖。

关于东南亚古史的系列研究成果，也是值得称许的巨著。东南亚地区与中国交往甚早，关系密切，是华侨最早的大批量移居地。陈先生从浩如烟海的中国史籍中发掘相关的资料，以此为主干，辅以东南亚当地的有关资料和中外学者的研究成果，并结合自身对东南亚各地的多次实地考察所得，进行综合分析研究，终于写出《东南亚古史初论》《越南史料初辑》《林邑史初编》《扶南史初探——

古代柬埔寨与其有关的东南亚诸国史》《猛族诸国初考》《掸泰古史初稿》《藏缅古国初释》《马来南海古史初述》等八种著作，分别就各古国的历史沿革、地理方位、种族源流、社会经济、文化宗教、风俗习惯、对外关系等方面做了论述。他的这些开山之作，成为东南亚古史研究的里程碑。他是东南亚古史研究的开拓者和奠基人。

陈序经先生的学养、阅历、操守、才智和识悟，造就了他的国际学术视野。半个多世纪前，他已经运用多学科综合研究的方法，与国际学术研究接轨，进行国际学术对话。

陈先生既重视文献资料的记载，也重视通过田野调查搜集散落于民间的各种资料。他曾在北方的高阳、南方的顺德、珠三角水乡各地，就乡村建设、丝业近代工业化和疍民的生活习俗等问题进行田野调查，甚至为研究东南亚古史而到当地进行田野考察。通过实地调查来验证文献记载，再以综合的材料来检验理论，把历时性与共时性的研究融为一体，进行纵横结合的研究。这种研究方法，时至今日，依然是学术研究的规范和潮流。

尤为可贵的是，陈先生的研究始终保持独立自由的精神，不为政治时尚所左右。他反对学术的功利性和依附性。在他看来，学术研究是为了求真求实，绝不应视学为术以取利。他的东南亚古史研究系列著作，当年我便耳闻被某些人视为观点欠妥而不得不在香港出版。至于他那部含有二十分册的文化学巨著，除其中的《文化学概观》（内含四册）于 1947 年由商务印书馆出版外，其余的尚未刊出。1945 年他将此书的手稿寄存于美国的洪诺德图书馆（Honnold Library），显然是为了慎重起见，同时也表明他对书稿特别珍重。

正因为陈先生具有独立的人格、自由的思想、关注现实的精神和时代的使命感，其著作才未因时光的流逝而失去价值，反而作为不同学术领域的时代路标，被薪火相传，价值愈益彰显。

四

陈序经先生是中国，尤其是我们海南学人的翘楚，是引领后学前行的精神路标。在其著作中所体现的学术思想、治学方法，乃至学术规范，都将成为后学得窥学术门径、走上学术道路的指针。

他是一位忠诚的爱国者，尤其是一位充满故乡情结的海南之子。家乡的故土、草木、沟壑、人事，如烟似雾般滋润他的灵魂，凝成他的乡情。他曾将以文昌县城为背景的故乡照片嵌在一个玻璃镜框里，陪伴终生，还曾萌发过退休后回家乡度过晚年的想法。对故乡的眷恋之情，终其一生，无法割舍。海南的方方面面，他都一直关注着，对海南的教育和文化事业，他更是竭尽全力予以襄助。1962年，国家对大专学校做压缩调整，广东四所师专被调整合并了三所，唯有海南师专（时属广东省管辖，现为海南师范大学）在他的据理力争下得以保存。

西方有一位哲人说，不懂得爱护和尊重贤人的群体是可悲的。爱护尊重贤人的氛围，也正是孕育贤人的必不可少的条件。海南文化教育界的先贤陈序经，犹如一缕紫烟在南冥海甸冉冉升起，给海南带来了一片辉煌，也引起我们诸多的思考。高扬他为人为学的精神，必将催生海南人才辈出的新局面。

陈其津教授撰写的这本传记，给我们简要地介绍了陈序经先生一生起伏跌宕的道路和辉煌的业绩。传记参考了陈序经先生自己写的回忆录，也融入了陈其津教授与姐妹们对父亲的回忆，并用书面资料加以佐证，这是本书的一个特色。近些年，关于陈序经的研究、传记，在海内外陆续发表。但是，本书不是别的关于陈序经的传记所能替代的，将成为今后有关陈序经研究的重要参考书。

在我看来，陈序经先生这样一个在文化教育界具有标志性的杰出人物，这样一位摆脱世俗功利、特立独行的学者，在国内外享有很高的威望，未来当有多种形式的传记出现。关于他的业绩、他的思想、他的精神，可圈可点之处实在太多，需要通过不同的场景描绘他不平凡的活动，从不同的角度展示他多彩多姿的精神风貌。要通过他反映时代，以他所处的时代来理解其人。他是在特定的历史环境中活动的，他既对该时代起作用，又为该时代所制约。要勾勒传主，就要泼墨出他所处时代的风云面貌。既要让人们知道他做了些什么，更要使人们了解他为什么这样做，从而再现这位富有学术魅力和人格魅力的先贤之业绩、理想、精神及其丰富多彩的人生。
我们期待着多种形式的陈序经传记出现，也相信其必将出现。

2007 年 6 月 8 日于海龙湾水如轩幽篁室

初版序[①]

端木正[②]

　　陈其津同志撰写的回忆乃父的大著即将付梓，我有幸先睹为快，并乐意为此书写几句推荐的话。

　　陈序经教授辞世不觉已是三十二年，近十年来他的主要著作先后出版，其中杨深编的《走出东方——陈序经文化论著辑要》（中国广播电视出版社，1995年）最具参考价值。但是关于陈序经教授的生平则仍缺乏专著介绍，有关纪念他的文章不少，这次其津同志择其要者编入本书，也是与本书正文相得益彰的贡献。

　　要了解陈序经教授在文化和学术史上的造诣并非易事，其中原因之一是他涉猎范围很广，我们很难将他归类于某一方面的专家。他是社会学家、历史学家……但又不限于任何一类。因此更需要了解他的为人，才好了解他的治学。在打倒"四人帮"之后，1980年9月全国人大常委会决定，由最高人民法院组织特别法庭，审判林彪、江青反革命集团主犯。最高人民检察院特别检察厅提起的公诉书，历数"四人帮"的罪行，其中在"全国迫害广大干部和群众"一项中，将陈序经列为被迫害的侨界名人（参看《当代中国的审判工作》上卷，当代中国出版社，1993年，第472页），这着重指出了陈先生在侨界的重要地位。我们读了陈其津同志此书，知道他的家庭和陈先生的早年经历，了解到他家确是南洋华侨爱国爱乡

　　① 此文为端木正先生为1999年广东人民出版社出版的《我的父亲陈序经》初版所作序言，成文于1999年。

　　② 端木正（1920—2006），安徽安庆人。著名国际法学家，中山大学法律系教授，中华人民共和国最高人民法院原副院长。

的优秀代表。

陈其津同志此书将读者带回 19 世纪末年和 20 世纪早年，让我们认识到我国华侨如何历经千辛万苦开拓南洋。我们现在只需几小时的航班就能到达的"境外旅游"，我们的先人却须乘风破浪几个月。他们身在海外却又一心悬念家乡故国，陈序经所受的家庭教育就是要回国服务，献身教育而不要再出国经商。这个爱乡爱国的传统在今天仍值得发扬光大。

关于陈先生曾倡导的"全盘西化"引起的误解较多。认识陈先生的人都知道，陈先生绝不是"西崽"，绝不是"石头也是外国的硬，月亮也是外国的圆"的崇洋媚外之徒。陈先生抗战时在昆明西南联大宁愿卸下院长之职，也决不肯俯首加入国民党，这是当时传为美谈的事。但较少有人注意到，他跟外国教会友好来往，而他从不入基督教。他保持中国读书人洁身自好的品格和民族尊严。他有出国定居的机会，但他不顾一切留在国内，坚守教育岗位。1950年，我行将结束留学法国的学业，陈先生一再劝说我们一辈同学同回中国投身教育事业，对中国共产党领导的中国的前途充满信心。民族大义，大是大非，陈先生一清二楚。

陈先生一贯律己甚严而待人宽厚，不念旧恶，从不闹无原则的纠纷。抗战时期，他在西南联大出任法商学院院长，院内原北大、清华、南开三所大学的教授多数比他年纪大、资历深，彼此见解常有分歧，而他这年轻的院长却能团结同事，相安无事。法律学系主任是北大的老主任燕树棠先生，燕先生为人耿直，说话直率，独对陈先生从无怨言，屡表赞誉，给我的印象极深。在 20 世纪 30 年代，以至 20 世纪 50 年代，在关于陈先生"全盘西化"的论争中，对不同意见者甚至批评猛烈者（其中也有西南联大同事），陈先生从不挂在心上，尤其对 1949 年后参与此事的一些年轻同事和学生，更是只说感激，相信真理越辩越明。

陈其津同志写成此书，所付出的功夫不浅，尤其难得的是利用了陈序经老先生自己写的部分回忆文章。这里就出现了一个有争议的老问题，名人子女所写父辈的回忆究竟有多少可靠性？最近成思危先生发表回忆乃父成舍我老先生的文章，开始就坦白承认自己对父亲的理解有限。这是符合实际的。父母和子女之间不仅有年龄的差距，而且有时代的相隔，不一定说都有"代沟"，但两代人之间除了家庭相聚的若干年以外，多数的学习与工作并不总在一起，尤其是兄弟姐妹人数较多，家庭分散较久的情况下，更是如此。但是子女所提供的回忆也是其他亲友所不能代替的，尤其是陈其津同志不是空凭回忆，而是有书面材料的搜集用以佐证，这都是极为宝贵的，是为以后为陈序经先生作传者提供的重要参考。这就是陈其津同志此书出版的重要贡献。

目　　录

前　言 ……………………………………………………………… 1

第一章　家世源流 ………………………………………………… 1

　　一、远祖 ………………………………………………………… 2

　　二、祖父 ………………………………………………………… 6

第二章　父亲的童年 …………………………………………… 11

　　一、私塾 ……………………………………………………… 11

　　二、小学 ……………………………………………………… 13

　　三、远赴南洋 ………………………………………………… 18

第三章　学海行舟 ……………………………………………… 22

　　一、中学 ……………………………………………………… 22

　　二、大学 ……………………………………………………… 32

　　三、留学 ……………………………………………………… 35

　　四、再度留学 ………………………………………………… 44

　　五、祖父逝世 ………………………………………………… 49

第四章　治学与论战 …………………………………………… 52

　　一、任教岭大 ………………………………………………… 52

　　　1. 文化问题大论战 ……………………………………… 52

　　　2. 教育方针争论 ………………………………………… 68

　　　3. 北上南开任教 ………………………………………… 77

二、在南开任职期间 …………………………………………… 79

　　1. 在南开经济研究所 ………………………………… 79

　　2. 乡村建设的大论战 ………………………………… 82

　　3. 其他方面 …………………………………………… 84

三、西南联大时期 …………………………………………… 87

　　1. 南迁昆明、重庆 …………………………………… 87

　　2. 任教西南联大 ……………………………………… 96

　　3. 文化学系统 ………………………………………… 101

四、二战后恢复南开 ………………………………………… 117

　　1. 南开复校 …………………………………………… 117

　　2. 教育问题大论战 …………………………………… 121

　　3. 南方之行 …………………………………………… 129

第五章　主持岭南大学 ………………………………… 131

一、重返岭南 ………………………………………………… 131

二、治校方略 ………………………………………………… 138

　　1. 长远目的 …………………………………………… 138

　　2. 教授治校 …………………………………………… 141

　　3. 走向发展 …………………………………………… 146

　　4. 学风改变 …………………………………………… 152

三、动荡时期 ………………………………………………… 154

四、岭南精神 ………………………………………………… 164

第六章　学海沉浮 ……………………………………… 167

一、院系调整 ………………………………………………… 167

二、默默耕耘 ………………………………………………… 173

三、再事行政 ………………………………………………… 177

四、主持暨大 ………………………………………………… 185

第七章　陨落北乡 ···························· 190

　　一、奉调南开 ····························· 190

　　二、含愤而逝 ····························· 193

　　三、身后余波 ····························· 196

　　四、平反昭雪 ····························· 199

第八章　学术成就 ···························· 208

　　一、文化学论著 ·························· 210

　　二、社会学论著 ·························· 221

　　三、东南亚论著 ·························· 224

　　四、历史学论著 ·························· 230

　　五、政治学论著 ·························· 233

　　六、教育学论著 ·························· 236

第九章　为人品德 ···························· 246

　　一、先辈传统 ····························· 246

　　二、温馨家庭 ····························· 249

　　三、助人为乐 ····························· 255

　　四、廉洁奉公 ····························· 257

附录 ······································· 259

　　陈序经年表 ····························· 259

　　陈序经世系简表 ······················· 261

增订本后记 ································· 262

再版后记 ··································· 264

编辑后记 ··································· 266

前　言

　　父亲陈序经1903年9月1日出生于海南文昌清澜瑶岛村。他为中国的教育事业、学术文化研究艰苦奋斗了一生，做出了卓越的贡献，不料壮志未酬，于1967年2月病逝。在父亲离去之后，我觉得作为他的儿子，有责任把他的一生的经历和学术成就写出来，公之于世。为此我开始广泛收集有关他的资料，并专心地阅读了他的一系列学术论著和手稿。在这过程中我十分惊叹他学问之渊博，对当时中国社会问题洞察之深透，心中对父亲的无限敬佩之情也油然而生。

　　1973年春的一个清晨，我在华南理工大学校园散步，无意中遇见著名数学家卢文教授。我曾听过他的课，便亲热地称他卢老师。卢老师立即纠正我说："你应叫我卢伯。因为我和你父亲是多年的好朋友，我向来非常敬重他。他是一位'大写'的人，我因与他为友而感到无比光荣。你应该为有这样一个父亲感到骄傲和自豪。"在那寒凝大地、父亲尚蒙冤的日子，卢教授竟直言不讳如此推崇他，可见公道自在人心，我深受感动，更坚定了要为父亲立传的信心。

　　1979年，南开大学为父亲平反，举行追悼会。同年，政协广东省委员会在广州为他举行了骨灰安放仪式。此后，父亲生前好友和知名人士袁贤能、傅筑夫、严仁赓、杨学通、曾敏之、端木正、卢华焕等诸位先生，都纷纷写了真挚感人的纪念父亲的文章。

　　我自1996年秋至1998年春用了近两年时间，终于写出《我的父亲陈序经》书稿。承蒙广东省政协文史资料研究委员会与林亚杰先生的关爱和重视，这本书稿作为广东省文史资料第八十一辑，交由广东人民出版社于1999年11月出版。因印数有限，旋即告罄。

　　1999 年 12 月，海南省文昌市人民政府与海南省文化历史研究会在国内首次主持召开了陈序经学术研讨会。来自海内外高等学校、研究机构的一百多名学者聚集一堂，对陈序经学术论著做了广泛深入的讨论，会后出版了《东方的觉醒》论文集。这一开创性的学术研讨会，是一个良好的开端，对在全国更大的范围内深入开展陈序经的学术研究起了推动作用。2003 年 9 月 8 日，文昌市人民政府与海南省文化历史研究会再次联手，在我的家乡文昌市举办"庆祝陈序经先生诞辰一百周年暨陈序经故居挂牌大会"。2003 年 9 月 16 日，暨南大学举行了"纪念陈序经诞辰一百周年座谈会"。2003 年 11 月 8 日，南开大学召开了"纪念陈序经先生诞辰一百周年暨学术研讨会"，会后出版了《东方振兴与西化之路：纪念陈序经诞辰一百周年论集》。2004 年 6 月 1 日，香港岭南大学召开"岭南著名学者纪念研讨会"，纪念陈序经、陈寅恪、王力和容庚四位大师级学者。2004 年 9 月 15 日，中山大学召开了"陈序经教授百年诞辰纪念会"，同时举行《陈序经文集》首发仪式和陈序经在中山大学故居揭牌仪式。这些纪念性的学术活动，在海内外引起了热烈的反响。

　　自 1999 年以来，国内不仅多次举办陈序经学术研讨会和纪念活动，而且先后出版和发表了许多评论陈序经的学术著作和文章，我深有感慨，而且从中获益匪浅。因此，在本书增订本中，我吸收了部分专家学者的研究成果，并补充了一些新的资料。特别是第八章，补充了更多学术方面的内容。

　　本书尤其是前几章的很多材料，大都取自父亲于 1949 年撰写的自述手稿。引用时除了人称外，尽量保持他的原话。作为一代学人，父亲自有一套独立完整的思想体系，书中阐释他的思想、见解、论点，也尽量用他的原著和原话。

　　由于父亲一生都在大学从事教育与学术研究工作，而他的学术研究涉及教育学、政治学、文化学、社会学、历史学、民族学等多方面，内容可谓博大精深。所以为他立传，对我来说是一件相当困难的事情。尽管我一生也是从事教育与科研工作，也收获了一些学术果实，但毕竟是理工方面的，写这样一本书深感力不从心。为此，我曾向李侠文先生求教，他亲切地对我说："写传记宜着重事实的叙述，文字宜简洁平实。"我正是遵照李先生的教诲，克服了无数困难，坚持把它写出来。这于我是责无旁贷的：一来是为了纪念父亲，让他为教育、学术而献身的精神代代相传；二来是给有兴趣研究他著作的朋友提供一点儿参考资料。若是，于愿足矣。

第一章 家世源流

　　我的祖辈世居在海南文昌县清澜港附近的瑶岛村。瑶岛别名瑶头，也叫洋头，有人还开玩笑叫它"羊头"。村的形状似半岛。从我们村到海边最近处步行五至七分钟。当年我们村与附近村的人，常到海边捕鱼。离村步行十至十五分钟，有一码头，叫作下洋。这里有一个庙，称"下洋庙"。当年，下洋码头的海面有很多帆船：大的可到东南亚各地；中的可出海捕鱼，或到海南岛沿岸各港口，如嘉积、陵水、三亚各处；小的有的用帆，也有的用桨，可以到文昌县城、清澜港码头及下市各处。

　　由我们村到文昌县城约六点五公里，可乘船前往。1956年暑假我和四妹云仙（按：陈序经先生有子女五人，本书作者陈其津为唯一儿子，排行第三。在本书中，他习惯用五兄妹的总排序来称谓，而不是用习惯的实际大小称谓，故大妹陈云仙、二妹陈渝仙分别称为四妹、五妹）曾回瑶岛村。当时我大学毕业，即将分配到北京工作。父亲鉴于我们子女未回过家乡，让我和四妹趁假期回去看看。我们乘公共汽车由海口市到清澜，由大表姐李春容陪同我们一起回去。我们从瑶岛村回程是先乘帆船由瑶岛到文昌。这也是我第一次乘不大的帆船旅行。清澜港的景色很美丽，给我的印象很深。由清澜港可乘船进入到文昌县城。父亲非常喜欢清澜港和当年帆船来往的景色，特意把一张当年黑白色的帆船照片嵌在一个玻璃框架里，照片背景就是当年的文昌县城。这是他曾经喜欢的物件之一。

　　站在我们村的高处可以看到很远的地方，也可以看到清澜港内最宽与最深处。这一带的村子都被椰子树所包围，从远处看是椰子园，走近了才发现在椰子树林里都是房屋。过去我们村除椰子树外，还有其他树，如海棠树、荔枝树、龙眼树、波罗蜜树等。我家还有山柚林及其他种类的树木。海棠籽可榨油，油可用来点灯。在火油（过去叫洋油或煤油）未输入之前，我们乡下多靠这种油点灯。若用人工去掉油里的一种味道还可以当作食用油。山柚也可以榨油，过去乡间妇女多用这种油抹头发。

我村的东边是海，其他各处多为坡地，坡地贫瘠，除海棠与其他一些树木外，不宜耕种，只在坡与坡之间的低地种些稻或萝卜等。村民除养牛、养猪外，尤多养鸡。鸡肥而肉美。所谓文昌鸡，清澜一带的鸡可以作为代表。过去村里人少种蔬菜，萝卜最为普遍，除种稻外，多从事渔业，而到东南亚各处工作的尤多。当年我们村陈姓数十家，几乎每家都有人在南洋各地。

一、远祖

我的祖先可追溯到宋代。据父亲说，我们的先世是从福建莆田迁到海南的。我们的先祖陈俊卿在宋代曾登进士，做过官；他的曾孙陈璠，始迁到文昌瑶岛村。陈璠迁到海南是在宋代理宗嘉熙年间，距今已有七百多年了。可见，瑶岛村的历史也是相当长的。

璠公传过三代之后，有一位瑑公与一位瑚公。瑚公迁到文昌附近的地评村。他的曾孙名集，字笏，是明末进士。明亡后，他在地评一个湖上盖了一座房子，终其生于此处，以为足不踏清地而忠于明。到我祖父那一代，这湖已变成了一个小水池，旱季差不多没有水。祖父所留下来的遗物是一把古琴，抗战前还在。他写过一些文章、诗词，当年的"海南丛书"中有他的文集。地评的陈氏人丁兴旺，在这里繁盛之后，又分居于附近各处，人口比瑶岛多出很多倍。其中到南洋各地的也很多，居于芙蓉邦后（今马来西亚彭亨州）各地的尤多。

瑶岛的陈氏，从璠公传到数世之后，有人迁到坡头村。这里的陈氏人数不多。

据过去家谱所载，瑶公传至六世而至臻。臻传到十三世而至士俊。士俊墓在瑶岛附近的锣鼓坑的坡上。士俊生继先，继先生世湔与世涫。世涫生振锦，振锦为第十六世，他有两个儿子，一为文学，另一为文铎。文学生运贵与运彰二人。文铎生运隆、运善和运达三人。运隆和运达都没有儿子。运善生于1841年，其子继辉早逝，其妻子也早逝，后续弦而生继宗、继宝和继宋三位，还有一位女儿。继宗有三子，他们后来都到南洋各处去了。日本占领越南时，继宗与其子在越南，继宋在马来亚。继宝也在马来亚，1948年父亲到吉隆坡时还见过他，他有四个儿子，次子为序均，三子为序琛，四子为序良。

文学公的两个儿子运贵与运彰去世都早。运贵生继韶，继韶婚后曾去南洋，后回乡生序泽。序泽婚后生其存。序泽妻在抗战时逃难，在广州湾被日军打死，其存乃由我曾祖母抚养。序泽在抗战时期逃到越南，后到柬埔寨的马德望，在该处再婚，生有几个孩子。

我的曾祖父陈运彰生于1843年10月11日（农历八月十八），死于1872年9月9日（农历八月初七）。他从事捕渔业、运输业，因船在海上遭遇大风而被溺死，尸首也不知何去。后来我曾祖母去世时，我父亲还记得人们用泥土做一人形当他的尸体，与曾祖母合葬。

据曾祖母说，曾祖父在世之时，家境虽很困难，但曾祖父十分勤俭，又非常乐观。祖父未生前，他们年轻夫妻，男出海，女织网，家庭生活颇为美满。曾祖母还说，曾祖父去世时，假使她没怀祖父的话，她会跳海以殉。

我的曾祖母姓祝，文昌鸡寮人，生于1847年，比曾祖父小四岁。曾祖父死时，她才二十五岁。祖父是在曾祖父死后二十天才生的（所谓遗腹子）。父亲约五岁时曾祖母才去世。曾祖母常说，曾祖父死时，她万分哀痛，但为了不久分娩，又不得不尽量节哀。在重男轻女的社会中，她养了一个男孩觉得很高兴。

曾祖父逝后，家中田地不到半亩，曾祖母主要靠织网为生。她织好网后，再摘数个椰子，挑两个篮子，一个装着网与椰子，一个坐着我祖父，挑到约三公里远的陈家市，把网与椰子卖了，买些盐与咸鱼，因为田太少，有时还要买些米。她每年养一头猪，但只有过年才买一两斤猪肉，平时吃不上猪肉。她也养数只鸡，偶尔会煮一个鸡蛋给我祖父吃，而她自己几乎不知鸡蛋的味道。只有在春节时，她才杀一只鸡。从除夕到农历正月十五，母子俩有一只鸡、两斤猪肉，其间还有些亲戚到我们家里吃饭，她除了给我祖父吃外，自己很少吃。平时她吃的是"饭"，海南有粥、饭、粔之分。粥有水，饭没有水，但比粔烂。她吃的饭不是全用米煮的，三分之二是番薯，三分之一是米。每天两餐，每餐一碗。碗只稍大于我们现在家里所用的碗。只有咸鱼、虾酱或盐炒椰子丝就饭。

祖父长大后在外谋生，家境虽然好转很多，但是曾祖母照样吃这些东西。祖父买些衣料给她，可是她穿的还是未出嫁时与出嫁后的衣服，补了又补，只有去圩市时，才把一件较好的衣服套在外面，一回家就脱下来。在父亲还幼小时，火柴（过去叫洋火）虽已输入，祖父也常带回家，但曾祖母还是用火石打火。同时，虽然家中也有些火油，但除过新年，她从来不用，她用的是我们山林中的海棠籽所榨的油。

我们的房子是好几代以前盖的，曾祖母嫁到我家后，房子已相当破烂。下雨时卧房漏得不能睡，她抱着祖父跑到祖宗厅的八仙桌底下避雨。过去我们乡下叫四方桌子为八仙桌，因为桌子的每边可坐二人，全桌可坐八人，曰八仙。

曾祖母疼爱祖父，而尤疼爱父亲。祖父曾告诉父亲，他在陈家市一个店中当学徒的时候，有一年春节，他在市上与人"赌天九"（俗称骨牌），输了十多元，他好几天不敢回家，那时候他一年的工钱也不过十元。曾祖母知道这事后，就把春节前卖猪连卖网的钱，亲自拿去找祖父所欠的那位店员，交还与他，这样不仅大大地教训了祖父，也教训了这位店员。这位店员也觉得赌博是不应该的，他表示不取祖父所欠的全数，而只取半数，但曾祖母坚持一个钱也不减。这店员只好收下，但发誓以后不再赌钱了，祖父也从此不赌了。曾祖母屡对父亲说，祖父输了钱，她把全部储蓄用光，虽觉心痛，但祖父以后不再赌，正是因祸得福。而那位店员也不赌了，成为祖父的莫逆之交。

父亲有两位哥哥，都早死，故曾祖母对父亲特别溺爱，父亲要的东西，祖母有时不给，她却总设法去找给父亲。祖父在外，家境好转，曾祖母还是织网，卖网所得的钱，可以不作家用了，而尽量花在父亲和姑妈身上。曾祖母从圩市回来的那一天晚上，父亲一定与她同睡，因为她的衣袋里一定有点心。这样父亲连晚饭也不想吃了。祖母知道父亲这毛病，有时说不许父亲与曾祖母睡，不过最后还是曾祖母一口口地给他喂饭，让他和曾祖母睡。

曾祖母自己穷，吃过苦头，对于穷苦的人特别同情，常给予帮助。我的祖母也非常勤俭，也和曾祖母一样乐于助人。

我的祖母姓吴，生于1873年。她的村是离我家约一公里地的锣敲村，俗称罗厚村。祖母身体强壮而高大，村里人有时叫她"罗厚高"。过去乡间叫女人常用其村为名，如罗厚婶，或罗厚嫂等。她结婚时（1893年），我祖父在文昌县里当学徒，每年工钱约三十千钱，当时一个银圆可以换一千三四百钱。在那个时候，能找到一份工作，吃饭有东家（店主）包，已觉得不错。祖母十分勤俭，我家地不到半亩，一家数口，米不够吃，她向邻人租田耕种。她每天五时前就起来，把整天的饭都煮好，孩子交给曾祖母看。她把一碗饭放在篮中，就去做田，有时也到海中捕鱼虾。有时中午回家一次，但常到下午或天黑才回。由于她勤劳操持，家中粮食逐渐够吃。在父亲五岁时，她还存有一些余粮，用来换取其他需要的东西。虽然家境一天比一天好，但祖母自己还"俭到死"。可是亲戚朋友有困难，她却十分慷慨帮助。"无钱找罗厚婶"，是亲友私下互传的说法。每次借钱与人，总是对借钱的人说千万勿说是她借给的。她常说做好事是快乐事，做好事而人不知，更为快乐。

曾祖父去世后，单靠曾祖母织网来维持生活，其穷苦的情况可想而知。但是穷苦并未使曾祖母的意志消沉，她生祖父后，白天工作，夜里也工作，早上天未亮就已起来。而祖母也是早上五时前一定起来，晚上不到十一时后不睡觉，从早做到晚。这些刻苦耐劳的精神对父亲的影响很大，所以父亲也有早起的习惯，通常五点前就起床。而我父亲乐于助人的精神，也受曾祖母及祖母的影响。

二、祖父

我的祖父陈继美，字玉庭，朋友多称他为继美玉。他于1872年9月29日（农历八月廿七）在海南文昌县清澜瑶岛村出生。

祖父幼年时，因为家境困难，只念过两个半年的书。在乡间的私塾，春节放假很长，一年两次农忙也要回家帮助插秧、收割等工作，故所谓半年，其实真正念书不到两个月。

说他读过两个半年，是因为他念了"半年"后，没有钱没有米给老师当学费，又停了两年多，然后再读"半年"。他一生入学读书，就只是这两次。而真正读书时间加起来只有半年。

但曾祖母说，祖父在私塾念半年书之后，虽然没钱不能继续念下去，可是他在家时，除了当半个劳动力外，只要有空暇，就把已读的书，读了再读。没有钱买纸、笔、墨，他便用碎瓦片在沙土上学写字。他有时还到私塾门外站着，当老师读书给学生听时，他便记下来。祖父记忆力很好，可以说过耳过目不忘。据说，那位塾师朗诵时，声音特别大，他听得清楚，晚间有些同学回家，祖父就到他们家中借看书本。等到两年后，当他有机会再读书时，他的程度已相当地高。可惜半年后他又失学了。可是他仍千方百计找书读。祖父家隔壁有当过秀才的叔祖，他的后代也是塾师，家里藏有一些古书，如四书、五经、《左传》、《战国策》等。祖父向他借书读，又向别人借《三国演义》一类书，有闲暇就读。在父亲年幼时，祖父常给他讲春秋战国和三国的故事，讲《三国演义》，从头到尾，很少有差错。

祖父的记忆力使他的朋友们觉得异常惊奇。他做生意时，尽管有财务人员记账，可是他绝少打开账簿来看。收入多少，支出多少，价钱多少，亏本或盈余多少，他几乎都能背出来。他在文昌的均和安号、新加坡的小坡锦和当经理时，常常能指出司库人员记错账的地方。

父亲小时候，回家或回文昌店中与祖父同住，祖父经常督促父亲读书。1928年，父亲从美国回来，祖父到上海接他，并与他游沪杭各处。在杭州时，有一天他们参观了好多名胜古迹。回旅店后，祖父问父亲有没有留意各处的对联，父亲说只略过目。祖父又问父亲能记得多少，父亲几乎说不出来，因为当时他没有留意去记。可是祖父能背出三十列长短不同的对联。父亲在八九岁后，人们说他有些记忆力，但父亲自认远远比不上祖父。其实在我的记忆中，我觉得父亲的记忆力是很强的，而他自认不如祖父，可见祖父的记忆力是惊人的。

祖父十二岁时（1884年），靠亲戚的帮忙，到陈家市一家商店里当学徒，店主姓郑。祖父入店后，开始是打扫房屋、煮饭做菜、搬货物等。有的货物很重，他年纪还小，拼命去搬，有一次差一点儿跌倒，回家躺下后几乎起不来。曾祖母想到店中说此事，祖父极力反对。后来店主自己知道了，同时又知祖父有空时就练字打算盘，就逐渐给他较轻的工作。又因祖父对人和蔼，顾客对他印象好，慢慢地他被提升为店员，有时还被派到文昌、海口或其他地方办货。他在陈家市工作多年，文昌县源昌杂货店的店主知他能做生意，乃请他到该店当店员，这时他已年约二十岁。

他到文昌的源昌杂货店之后，被派到海口、安铺、北海、江门等地办货。由于他办事情很妥当，源昌生意大为兴旺。文昌县好多店铺也到上述各地办货，往往找祖父代办。开始，他以自己是源昌店员不便兼别的店铺工作为理由推辞。源昌也不太愿意，但又怕别家店出高薪去请他，后来就答应别的店托他代办。他虽兼他店业务，但源昌生意照样兴旺，所以源昌也很满意。在那个时候，一个店员年薪只有数十元，但红利可分到数百元。祖父因兼数店代办，成为县里入息较多的店员。他当时年纪才二十余岁，但已成为文昌县的"红商人"了。

前面提到的陈家市就是后来清澜的上市，而清澜新市则是后来由祖父发起建设的，以后也叫作下市。过去清澜港的大码头是在对面海的码头，人们就叫它"码头"，那里经常有好几十艘帆船驶往南洋各地，此外还有渔船和去国内各地的运输船。从其他地方驶到清澜港的船只也很多。祖父在陈家市当店员时，已有机会乘船到嘉积、陵水、三亚等地，后来在文昌县工作时，又有机会去越南、马来亚等地。他冬天的时候去，到了次年夏天就回来，往返都是乘清澜港的帆船，有时因为时间关系，他也会从海口或香港乘轮船往返。他到南洋后，觉得在南洋做生意，比到安铺、北海等处门路多，遂慢慢地与南洋联系增多，又与清澜港的帆船主联系投资帆船生意。不久，他除在新加坡的锦和号加入股份外，又召集一些朋友在文昌县开设均和安号。均和安是专营海外尤其是越南、马来半岛各处的生意的，在清澜码头设有分店、货仓。而文昌县的均和安是接洽生意的地方，店中虽有八到十位店员，可是他们的工作是和外边接洽。当年均和安的房子在文昌县商店中是最大的一座，有大客厅、阁楼和阳台，进到里面不像一间店子，而好像一个俱乐部，楼上楼下都有客厅，来往的人虽不少为商家，但也有学界、政界人士。尤其是在晚上，各样各色的人都到这个地方聊天儿，楼下客厅坐满了就跑到楼上去，有好多更是与朋友约会的，也约到这里来。

　　新加坡的小坡锦和是陈姓开设的，最初祖父只是来往于该店当坐庄。所谓坐庄，是到新加坡的时候以该店为住地，办货经过该店，该店抽九八佣，所以也称为九八行。后来该店看到祖父所经营的生意数量大，很多帆船船主、船客都与他以及均和安有关系，乃请他当司理，亦即经理。这样他兼做均和安与锦和的司理。锦和在祖父当司理后，与文昌清澜关系更密切。有一个时期，清澜港与海南各地的帆船依靠锦和的约百艘。到了"帆船季"，即正月至五六月间，每天有一二百艘，吃饭时开十多席。

　　我祖辈世居海滨，先世多靠海为生。祖父年轻时，也常乘船到海外。他对于海上生活十分熟悉，也十分习惯。直到他生意很好时，他可以买一张二等轮船票，命父亲从新加坡乘船，经中国香港回海南，而他自己却乘帆船回去。在那时，海上不仅风涛险恶，而且还会遇到贼船。他告诉父亲，当遇到海贼时，就拿起枪打仗。他喜欢讲海上，尤其是与海贼打仗的故事。父亲说，祖父在遇到海贼时很沉着，对付海贼的策略是"擒贼先擒王，打贼先打头（贼头头）"，要打得准，打死贼首贼就怕了，瞄准拉主帆的绳索，把帆打下来也能使贼人心寒。有一次祖父乘船去新加坡，途中遇到了海贼。当时人们正在吃饭，闻讯后饭也顾不得吃，而祖父则镇定地吃完饭再拿起枪瞄准。他说，吃了饭有力气，方好与海贼周旋。

帆船到南洋要经过很多地方，如越南、马来半岛以及苏门答腊岛、婆罗洲等地。祖父常把各个地方的情况讲给父亲听，偶尔也带父亲到较近的港口去看看。故父亲对于南洋各地情况较为熟悉，认为这对他来说是一种很好的教育。

在我阅读了父亲有关祖父、祖母及曾祖父、曾祖母的回忆文章后，我才充分了解到父亲身上的很多优良品质，如勤俭、刻苦耐劳、遇事沉着、办事有一套行之有效的方法、不贪财、不当官、乐于助人、热爱家乡，等等，这些都是和祖辈的精神传承分不开的。此外，下面将提到的一些人，他们对父亲一生的影响也是很大的。

祖父的生意虽然后来慢慢转到南洋，在南洋还种植、经营椰子和橡胶，但他仍很关心家乡的建设发展。他创议在清澜开建下市，即现在的清澜市。他自己带头先建筑三座店铺，后来好多朋友也跟着建房子和店铺，使这个地方不仅慢慢繁盛起来，还逐渐替代了码头与陈家市。日军侵占清澜后对清澜破坏很大，不过祖父在该处的店铺早已出卖了。祖父虽然在新加坡做生意，但他无意去置田产和房屋，相反，他愿意花很多钱让父亲去读书。父亲从美国留学回来，在岭南大学教书时，还有余款带回，朋友们劝他在岭南大学附近的怡乐村购地盖房，当时那里的地价很低。祖父有一次到广州，父亲带他去看那里的地，可是他却对父亲说："你从美国带回来的钱以后可设法用完。至于买地盖房子，大可不必。你能自立，到哪里不怕没有房子住，你工作做得好，人家会给你好房子住。假如你没有出息，就是有地产，有房子，恐怕也保不了。"

祖父不仅不买田，有人借他的钱写典田契给他，他也不愿取。对于别人借他的钱写欠单，他对父亲说："假使有人向你借钱，说明人家以为你能借给他，假如你能借给他，还是应当的。如不还，追债也没有用处。假如你发现一些借单，你最好当作废纸看待。"他总说："我生来一文都没有，能做到有人向我借钱，是荣幸的事。至于还不还，就不必去操心了。"

祖父去世时，文昌邢毂范朴山先生曾有一副挽联写道：

海外数商才，屈指惟公财善散；
国中几博士，扬名有子目应瞑。

第二章　父亲的童年

一、私塾

　　我的父亲陈序经，字怀民，1903年9月1日出生于当时的广东省海南岛（即现在的海南省）文昌县清澜港瑶岛村。祖父和祖母结婚后共生五男两女，父亲排行第四，有两个哥哥，一个姐姐，一个妹妹和两个弟弟。父亲四五岁时两个哥哥就夭逝了。所以曾祖母对父亲特别钟爱，相反祖母对父亲则较严。不过祖母的严是表面的，有很多次父亲使祖母生气，祖母有时会打他一两下，父亲哭了，她就抱父亲到房间床上，自己躺在另一床上哭起来，有时要曾祖母来劝她才停下来。其实曾祖母对祖母也十分疼爱，逢人总说媳妇太好了，太勤劳了。若说曾祖母对她有什么不满的话，那就是她太克己，太吃苦了。

　　祖母对父亲的要求也很高。1907年，父亲四岁时就被送去私塾读书，在入塾的第一天，她亲自带父亲到学校。塾师要父亲念熟"初开蒙，拜塾公，四书熟，五经通"这几句话，可是父亲念来念去也念不上，祖母站在门外急起来说："你不应该那么笨。"塾师说可以慢慢学，祖母却一定要父亲念熟了才让他回家。她站在门外等到放学了，父亲还不能背。塾师出来劝她带父亲回家，慢慢地读。祖母起初不答应，后来看学生都走光了，塾师也要回家吃饭，她才抱着父亲回家，一路哭一路说父亲不该那么笨。她老说祖父过目的东西都能记得，父亲应该像祖父一样。她那天不只早上没有下田，下午也在家，要父亲念熟这句话。她一句一句地念，父亲一句一句地跟她念，念得对，她就微笑起来，念得差，她又急了。第二天凌晨不到四时，她叫父亲起来，要他再念，可是父亲又忘记了一些。后来念对了，她还不放心，送父亲到学校，直到父亲在塾师面前念好了她才回去。

父亲在私塾读了一年多，一本《三字经》读不到四分之一，不会背。塾师知道祖母对父亲要求很高，只好时时瞒着她说父亲不错。可是有一次祖父检查父亲学业时，发现父亲几乎完全不会。他稍微向祖母提了一提，祖母又哭起来，对祖父说她自己太笨了，说不定父亲不像祖父而像她。她自怨陈家找错了媳妇。

塾师对父亲也很失望。有一次他对祖父说："你这孩子实在太笨，用斧头打开脑子装书进去怕也没有用，最好将来跟你学做生意。"他还告诉祖父最好不要把这些话说给我祖母知道。祖父对于这件事十分伤脑筋，他经过多次考虑之后，对父亲能否读得下去也产生了怀疑。当年除了塾师对父亲评价不高外，也曾有一个算命先生给父亲算过命。这算命先生在文昌县祖父的店门前摆了个摊儿，有一次，祖父拿父亲的生辰请他算一算。他算过后，对祖父说，假如父亲会用笔杆儿谋生，他就不做算命先生。他很清楚地指出父亲的八字中没有一点儿书的形影气味。这样，祖父也一时难以不相信了。

那时，父亲年纪还小，不能工作，而祖父已经常来往于文昌与南洋，特别是新加坡之间。祖父几乎每年到南洋一次，冬天去，夏天回，到文昌之后，有时还去海口、安铺、北海以及江门、广州等地，在新加坡也有生意。他对父亲的安置问题非常关心，觉得留父亲在家读书读不来，对父亲本身固然不好，对祖母更是万分难过的事。因为祖母十分希望父亲能读书，而父亲却偏偏读不下去，祖母性急，更伤心。于是，祖父打算带父亲到新加坡，他对祖母说那里的学校好，师资好（这不一定是对的），环境好（这也不一定是对的）。祖父又告诉曾祖母，有的亲友有家眷在新加坡，好几位亲友的夫人很会照顾小孩，他们的子女能懂得中文、英文，同时祖父每年都在新加坡四五个月，比起他每年在家的时间要多，可以亲自督促。曾祖母去世后，祖父的这种想法更为积极，他对祖母做了很多解释。当时父亲也有了二弟序伦，还有一个姐姐和一个妹妹，这样终于得到祖母的答应。1909年，父亲随祖父去新加坡读书。

父亲离家不到三年，1912年祖母又生了一个弟弟，生时正值农忙。祖母产后不到十天就去田间耕作，结果病倒了，又患上痢疾。她从开始病就天天念着父亲，据说梦中也时常叫父亲的名字。祖父只好叫人带父亲回家，当父亲回到家时，她的病已无可挽救。一天早上她叫父亲到床边，一手紧握他的手，一手摸着他的头让他紧靠着自己，对他说："妈就要离开你们了，大姐已懂事会照顾你，你逐渐大了，也要会照顾弟弟妹妹，要好好读书，安分守己。"当时祖父和姐妹们也坐在床边。祖母当天就去世了，遗体在摆着祖宗牌位的大厅中安放了三天。父亲说他从来没有看见祖母穿得那么好。祖父说，她只有在做新娘那一天才穿得这样漂亮。

祖母的形象、行动、感情和观念始终深深地留在父亲的脑海里。他更难忘的是她的那种吃苦与牺牲的精神。祖母在世时乡下没有照相馆，文昌也没有。父亲十余岁时，曾有一个时期喜欢画画儿，为别人画过像，还曾经与柯葆华先生一起画过祖父的像。当时父亲也想从他的回忆中画祖母的像，多次执笔想画，但一下笔又觉得不知从何着手。三十多年后，祖母的形象仍然留在父亲的脑海里。父亲很遗憾不能将祖母的形象留在人间，所留的都是她的吃苦与牺牲的精神。因此，我也应该写下来让后人知道。

二、小学

当祖母逝世时，父亲的大姐淑英也不过十二三岁，负起了管家的责任，可是弟弟妹妹有四个，非她能力所能及。最小的弟弟出生不久，由外婆抱去养，不过数月也死去了。弟弟序伦年幼留在家。父亲与妹妹慧英正在读书年龄，祖父送他们俩人到汪洋村林犹元文渊叔家中。文渊的弟弟犹江，行三，十七岁结婚，十八岁逝世，他的夫人在他去世时才十七岁，不愿再嫁，在家守寡。文渊就交父亲和慧英姑姑给这位三婶去照顾，父亲叫她三妈。父亲到汪洋村时，三妈年仅二十余岁，形貌秀丽，举止斯文，性情温和，记忆力强，聪明而少言语，和家翁家婆相处得很好。三妈把父亲和慧英姑姑当作自己的子女看待。

父亲小时相当顽皮，在乡间读书时，读不下去常常逃学，有一次逃学十多天祖母还不知道。人家上学了，他就在山林中跑来跑去，疲倦就睡一大觉，有野果就摘来吃。大概他的毛病祖父都与文渊叔说了，文渊叔也告诉了三妈。父亲在文渊家住了三天，三妈就在她家人和文渊的孩子面前说父亲有礼貌，脾气好，很乖。其实父亲的情况正好相反。

不久汪洋致远学校开学了，校长是林天心乾叶先生，也是祖父的朋友，父亲叫他乾叶公，其实乾叶公并不老，只是留了一些胡须，故这样称他。三妈亲自带父亲与姑姑上学，还对校长说，这个孩子在家很有礼貌，也很用功，希望校长多加指导，免得他与坏孩子混在一块儿。父亲后来说，其实他应是坏孩子之一。三妈在他们放学前已站在校门口，父亲一出门，她就拉着他与姑姑的手一同回家。吃完晚饭，休息后玩一下。然后三妈要父亲、姑姑以及文渊的大孩子在一张八仙桌上做功课，点的是洋油灯，很光亮。三个孩子各坐一边，她自己坐一边。先要孩子们读书，半个钟头后就要他们写，写完再要他们背。起初父亲还以为三妈自己曾读过书，后来方知道她从来没有进过学校，只是在结婚之后，她的丈夫教她认识一些字，还学了 ABCD 等二十六个英文字母。

三妈确实聪明，记忆力好。当父亲他们读过数次后，在背书时，若漏了字，她就很快地指出来。她也买了孩子们所用的课本，在父亲上学时，她就练字。父亲以为她懂得他们所读的东西，后来她才说他们是她的先生，她是跟他们学读学写，然后督促他们。在父亲离开汪洋村后，三妈已能与他通信。

致远学校分为甲、乙两班，父亲在甲班，他的妹妹在乙班。在三妈的经常督促之下，学期中考试，父亲考第一，妹妹也考第一。这令文渊叔惊奇，祖父更觉得奇怪，觉得父亲前后完全判若两人。

到学期终考试，父亲与他妹妹仍是都考第一。父亲认为妹妹比他聪明得多。老师要把妹妹慧英提上甲班，可是三妈不答应，认为如果妹妹到甲班考第一，会使父亲失去信心，若考第二，会使妹妹不高兴。她好像很有把握相信父亲在甲班总会考第一，而妹妹在乙班也一定考第一。

写到这里，我的确不能不佩服三妈的聪明智慧。一个没有上过学、读过书的农村妇女，却能边学边教导孩子读书，而且还很明智，有一套非常好的教育方法。当今，哪怕一些受过高等教育的人，也不见得会如此谆谆有方地教育孩子。

有一天祖父到汪洋，问三妈道："你是怎么样把他（指父亲）教成这样的？"三妈说："不是我教他，是他教我，他本来就很能记忆，像你一样聪明。"说得祖父也莫名其妙。

应该说这都是由于三妈和乾叶先生的善于教育，才使父亲对读书有了兴趣。

父亲在林家住半年后，乾叶先生建议他在学校寄宿。三妈原不赞成，后来她同意试一试。父亲住校，而慧英还与三妈住。老师说父亲住在学校很好，可是三妈仍要父亲每天回家两次，问长问短。他答完之后，三妈还要偷偷地去找校长、老师，把父亲说过的话核对一下，检查他有没有说假话。

有一天父亲回去看三妈。她躺在床上流着眼泪，看见父亲立即擦眼泪，勉强笑着对他说刚才有粒小沙沾到眼睛里，现在好了。父亲并不相信她的话，但也没有问下去。后来父亲问文渊二婶，二婶说，父亲和妹妹来前，她哭得很多，大概是想起三叔吧。很多年后，父亲与母亲回文昌看三妈时，三妈说，自从父亲和他妹妹到她家后，她从悲观变为乐观。虽然有时她想起三叔也流泪，但看到父亲与她自己的侄辈长大成人，她觉得精神上有所寄托。她还说："你祖母不是很年轻就守寡吗？有了你父亲与你们，我也活得有意义。"

说到这里，不能不使人对旧中国妇女的境遇深怀同情。那时，内忧外患深重，普通老百姓都生活在水深火热之中，而农村的百姓又比起城市的百姓更困苦，其中妇女又比男性更甚。无数有才华、贤惠的妇女被埋没。就是在城市如广州，在 20 世纪 40 年代至 50 年代初，仍可看到不少妇女当"咕哩"（所谓"咕哩"，其实乃"苦力"的意思），在码头和车站等地常可看到她们拿着扁担和绳子当搬运工，还可看到一些妇女拉人力货车。这些人力货车为长条平板形，四个轮子，后面两个大，前面两个小，而轮距也小，以便转动方向，由一根伸出的 T 字形长杆操纵前轮转向。她们拉着货车，步伐艰难，有时还能听到一些吭调，如"鬼叫你穷呀，顶硬上呀……"。在珠江河面上来往载人的"艇仔"，也多是妇女划的。农村的田地，像我们家就是祖母去耕种，男人多外出谋生。在沉重的劳动生活压力下，祖母活不到四十岁便与世长辞了。中国旧社会的妇女苦难深重，倘若丈夫待他们好些，精神上尚有点儿安慰；倘若丈夫不好，恶语相向，拳打脚踢，那就真是猪狗不如了。

祖母逝世一年后，大姑妈淑英虽负起家务，但她年纪还是小，弟弟也年幼。祖父娶了大潭张氏为继室。乡间人常说后母对前妻子女不会好，父亲也听到这类话。继祖母，我们孙辈惯称她为大婆，大概是因为她来自大潭村。她到我家数月之后，父亲回去三次，三妈也去看过她两次。三妈在一个星期日预备了中饭，加了两碟菜，要父亲与慧英去同她吃饭。父亲问三妈，为什么做那么多菜，她说其中两碟是他继母叫人带来的。她轻轻地问父亲道："新妈对你怎么样？"父亲没有作声。她立即说："她对你很好，时常托人问你兄妹好，我自己就没有对你这样好。"过了一个月，三妈要父亲与妹妹同她回到祖父家里，而且在家过了一夜。大姑妈说，继母对她与弟弟十分好。三妈也乘机说："我不是早对你说过这话吗！"从此以后，父亲对继母的看法也改变了。

父亲的继母后来生了一个妹妹（玉英）和一个弟弟（序梓）。序梓在七岁时因患痢疾无药可治而早逝。继母在生了玉英和序梓后，对父亲和他的姐妹们更好，所以大姑妈常说："人家说后母都不好，这是假的，至少我们继母是个例外。"继母身体不太好，虽不常病，但不能从事重劳动。可是她性情温和，为人宽厚。父亲和他的姐弟妹们都把她当作亲生母亲一样，连我们孙辈也对她颇有好感。父亲觉得这真是我家的幸福。我还记得 1948 年父亲从天津回到广州，在岭南大学任职时，曾接大婆来广州同住，当时家住在岭大东北区 32 号。我们小时候一些衣服常请她老人家补，特别是我的袜子破了都是找她补的。虽然父亲是为孝敬继母，接她到广州同住，可是她还是惦记着老家，也很怕死在外乡，所以和我们住了一段时间就返回家乡瑶岛村，仍住在祖屋里。

父亲的乡土观念很重。1962 年暑假我和贻婴结婚后，父亲买好船票让我们乘船到海口，再由春容表姐陪同我们乘车回清澜瑶岛村老家一行。我们回到家乡，大婆仍健在。我们在乡下住了几天，贻婴和大婆睡同一张床。

汪洋离文昌县城约有一点五公里路，父亲在汪洋致远学校读了一年半后，祖父就考虑带父亲到南洋，或暂时入文昌县学校。他与文渊叔谈起这事，文渊叔认为父亲应在汪洋再读一两年。可是出乎意料的是，三妈却赞成父亲到文昌县城读书，虽然她不赞同父亲去南洋。她的意见是，父亲在汪洋学校常考第一，怕他自满。当时乡间小孩读书好的比较少，她担心父亲容易安于现状，缺乏竞争与进取精神。三妈确实是一位非常有见地、有头脑的人，有条件的话她应能成为一个巾帼英雄。她认为父亲在致远住校一年，虽然常常得到她的照顾，但父亲已渐渐能够自己管自己，如到文昌去，更能发挥他的独立精神。相反，当时父亲自己倒是不太愿意去文昌县城的。三妈就力劝并解释，还说星期日父亲可回她家或自己家，每个星期她也可到县城看父亲，妹妹则留在她处。她又说，到文昌去考个第一，比在汪洋更有出息。她相信父亲一定能读得很好。

虽然为造就父亲这样一个杰出的学者，许多人做了不少贡献，但是真正对父亲起到启蒙作用，能使他从"用斧头打开脑子装书进去也没有用"变为在班里考第一的人，使他日后有所作为的，应该说三妈是贡献最大的人。

1914 年，父亲进入了当时文昌县最好的模范小学读书。校长是林鸿茂先生，国文教员是云茂本先生，英文教员是陈宝（先庭）先生。陈宝先生当时刚从广州方言学堂毕业回来。入学三个星期，国文先生出题《华盛顿论》让学生作文。父亲在两个钟头内写了一千多字。老师看后，把他的作文贴在堂上，说写得很好。祖父、致远的老师们和祖父的朋友们知道了都很高兴。最高兴的是三妈，她要父亲重抄一遍带回去给她看。三妈读了数遍就能背出来，父亲说，他自己却背不出来。

在模范学校学期考试中，父亲考了第一名。三妈这下更高兴了，买了好多纸笔，还做了一套新衣服给父亲作为奖品。第二学期末，学年终考试，父亲又是考了第一。三妈带了父亲和他妹妹回祖父家里，杀了一只最肥的鸡，大家吃了一顿好饭。后来父亲大学毕业准备到外国留学时，她还寄一些私蓄的钱到上海给父亲，当作他毕业与出国的礼物。据父亲说，三妈身体健康。1946年父亲回海口，三妈曾与父亲的继母以及姐妹们到海口与父亲同住了十天。三妈除了苍老了一些，看不出她与三十年前有什么不同。

三、远赴南洋

父亲在文昌县模范小学读了一年，祖父便叫人带他到新加坡去了。这一次一直住到1919年。父亲最初在育英学校就读，不久转入道南学校读了两个月，又在养正学校读了一年，最后又回到育英学校。新加坡当时没有中学，到了1919年夏才开办南洋华侨中学。他在华侨中学读了不到三个月，年底就回国了，在广州读书。

在新加坡，祖父不赞成父亲读英文，怕他"变番"（以前广东人叫外国人为"老番"或"番鬼佬"），请老师加强父亲的中文教育，多读一些古书。育英学校是七年制小学。父亲在育英学校读书的时候，该校有一位老师叫柯葆华，是海南琼山人，在海南琼台中学毕业之后，就到新加坡育英学校当教师，教图画、体操和唱歌三门功课。父亲当时也很喜欢唱歌、体操和图画，尤其是喜欢图画，所以和柯葆华先生来往较多，日后也成了好朋友。有一个时期父亲还和柯葆华先生同找一位画家学油画和炭画。他还和柯先生同画了一张祖父的炭画像。父亲在世时，祖父的炭画像还挂在海南文昌家中。父亲回国读书前，还有人劝他入国内的美术学校，也有人劝他读国立学校。

　　祖父送父亲入读新加坡华侨中学时，父亲的老师也是他的校长，世伯陈种仙先生，与父亲的堂兄陈懿初却极力主张父亲回国读书。祖父也原有此意，但不知道送父亲到北京、上海还是广州好。他觉得北京太远、上海太繁华，广州在广东，靠近香港也近海南岛，往来南洋也较近，于是决定送父亲回广州读书。

　　父亲认为祖父对他的教导是很重要的，祖父也是他的最好的老师。在祖母逝世后，祖父兼了做母亲的职责，尤其父亲与他较接近，他对父亲的照顾督促因此也最多。在新加坡，在文昌县，假期或有时从学校回家里或到店里去，父亲多与祖父同住一房间。晚上，祖父往往找老师为父亲加补功课。早晨五时祖父就叫父亲起床，坐在他旁边看他做功课，有时给他讲故事。

　　他要父亲读《战国策》《左传》，读到苏秦刺股时，就给父亲做详细的解释。他常说："看事情总要从难处看，把它看难一点儿去做，不要当作易事做，多出些力气去做，做得更好，超出你所希望，这样会给你不少安慰、鼓励。即使有时做不到，达不到目的，你也知道这是困难的事情。一次办不通做不到，可以再做。假使看作容易的话，你可能粗心，随便地做，这样往往不会做好。而且看得太容易，你做不到时会失望。读书也一样，人家用两个钟头去做的功课，你准备两个半至三个钟头。多读几次，多写几次，就能认识了解多些。钝拙的固然要多用功，聪明的也不是不学不读就会。"

　　他还常对父亲说："人家说我是记性好，可能我是有点儿记性，但主要的是我无论对哪一件事，都再三去考虑，留心去记住。复杂的数字，若能分门别类，排列清楚，就容易记。不要把数字当作数字来看待，要把数字当作活字，当作图画，当作艺术来看。数字可以分析或联系，当作一种游戏，这样你就容易记得住。"

　　难怪父亲认为祖父是他最好的老师。

　　其实祖父在其他方面的才干也是很不错的。前面已提到，祖父很关心清澜的建设。他在清澜召集好多朋友在那里建设店铺，使清澜渐渐不仅取对面海码头的地位而代之，而且比之陈家市还要繁荣。原来在民国初年，文昌的绅商曾经创议开设清澜商埠于清澜之东南地带，曾从南洋募集了不少资本，建筑长堤与货仓，还租轮船行驶于清澜与澳门之间。后来欧战爆发，南洋生意转淡，商埠的开辟工作完全陷于停顿。但事实上，祖父早已说过，那个商埠的地点不太适宜。因为那里不能遮蔽东北风，船只停泊，尤其是在冬天，很有问题。祖父主张就在现在的清澜建设，发达之后再延到商埠。

父亲认为祖父的看法完全正确。后来商埠的开发工作一停顿，那个地方虽有货仓和长堤，也不能用。相反，清澜处在码头对面而稍为入内港，所以建店铺之后逐渐繁荣。祖父还曾倡议建一码头，这样较小的船舶可靠码头起落货物。后来文昌各处公路通到这里，从这个地方也可乘船到港内各处以至文昌县城。这里成为日后清澜发展的策源地。

当年父亲在世的时候，也常提到开发清澜的话题。他自己很喜欢清澜，说他以后退休就回文昌清澜定居。

说起来，当年祖父也曾一度有过让父亲做生意的想法。最初由于父亲在私塾读书不好，年纪又小，祖父想还是让他多读点书，做生意也要多识几个字。后来父亲上汪洋致远学校，在乾叶先生、特别是林三妈的循循善诱下，才逐渐有了读书的兴趣。乡间有人说，这是祖母在天之灵的荫泽。而风水先生为了想祖父多送礼金，以及借此宣传他的堪舆术，就说这是因为祖母葬得其地——风水好也。父亲后来在致远、模范以及新加坡育英等校总是名列前茅，祖父乃希望父亲读下去。

但是，父亲是哥哥，当时二弟序伦与三弟序梓年纪较小，祖父的生意也越做越好，业务范围也越来越大，祖父想，如果父亲能出来做生意，会是一个好帮手。原来父亲在南洋虽然住在学校，但星期日、假日也回家或回店里，常接触到祖父的朋友们，很得他们的欢心，尤其是职工、学徒和父亲很有感情。父亲虽然年纪小，也会和顾客们周旋周旋。有一次，有位新顾客到店里找祖父，当时主要店员都不在，这位顾客就要走。父亲请他坐下，说祖父不久就回来，请他等一等，并倒茶给他喝。他见父亲这样殷勤招待，就与父亲谈了近一个钟头，他想要走，父亲坚持留他，可是祖父还未回来，他答应父亲明天再来。这位顾客第二天真的按时来了，他一来就对祖父说，本来这笔生意因你不在，想找别人了，可是你儿子招待得太好了，所以改到今天再找你。据祖父后来说，这是位大顾客，求之不得的，做这笔生意赚了不少钱。这位客人以后成了祖父的好朋友，成为店中的老主顾。

　　尽管祖父曾有过想让父亲出来做生意的念头，但他始终没有和父亲谈，只是与店里一两位亲友说说而已。他仍是十分希望父亲读书的。

第三章　学海行舟

一、中学

祖父决定送父亲回广州的同时，还做了进一步的考虑，那就是将来父亲读书读得好的话，要送他到外国去深造。在这种考虑之下，他主张父亲回国后应找一间读外文或者是重视外文的学校。

祖父经过考虑后，认为岭大附中是最好的选择，所以他送父亲到岭大附中就读。

父亲说，过去岭大附中学费之贵，甲于全国，人们称它为贵族学校。然而祖父对学费一事全不考虑，主要想父亲多读些英文。

在父亲离开新加坡时，祖父嘱咐父亲三件事：第一，照顾身体，好好读书，以不负母亲的期望；第二，切勿想在国内做官；第三，切勿想回南洋做生意。

父亲问祖父，将来他究竟做哪一行？祖父说："切勿做以上说的这两行是最要紧，至于做哪一行，将来再做决定，现在不必考虑。"

祖父要父亲切勿在国内做官，切勿回南洋做生意的嘱咐，是有其时代背景的。

看一下中国近代史。自1840年鸦片战争以后，清政府腐败无能。对外一再打败仗，辱国丧权；对内实行专制集权统治，横征暴敛。官吏贪污腐败，百姓无不憎恨。1911年辛亥革命虽然推翻了清王朝的黑暗统治，但其后多年军阀割据纷争，仍是鱼肉百姓。祖父出生于 1872 年，正是成长在上述时期，历经国内外种种忧患，自然对当官不抱任何幻想。

再看当年的南洋，也即人们现在常称的东南亚，无一处不是西方帝国主义的殖民地。当年很多人若不是家乡太穷困，难以为生，谁愿意冒着翻船溺毙或被海贼打死的危险乘船去南洋谋生而受殖民者的气呢？何况祖父是很热爱家乡的。他不想父亲在新加坡读英文学校，就是怕他"变番"；也不在新加坡或马来亚等地置房地产，就是打算晚年回家乡安居。所以他不希望父亲再回南洋做生意。回到清澜做小生意，常常回家居住，他生在这个祖辈居住的地方，死后葬在这个地方，是他的心愿。

1919 年底，父亲从新加坡回到广州，他住在一位亲戚韩侍卿的家里，父亲叫他四叔。四叔与四婶对父亲很好。到了 1920 年正月，父亲就去找岭大附中主任孙雄先生，说明想在附中读书的打算，并对孙雄先生说，他在新加坡华侨中学读过一个学期。其实他只读了三个月，不过华侨中学校长涂开兴先生对他特别好，所以给他写了一张已读一学期的证明书。孙雄看了之后说，来自南洋的华侨学生，程度一向很低，他不能收父亲在中学，只能在小学五年级或六年级。

当年的岭南小学是七年制，四年初小，三年高小。父亲在新加坡于 1917 年已小学毕业，无中学可入，到 1919 年秋南洋华侨中学开办后才得以升学。若再从小学五年级读起还要三年小学才毕业，就是从六年级读起也要两年才小学毕业，而岭大附中连预科在内要读五年。这样算来，等到中学毕业要花上七八年。当时父亲年纪已十六岁了，这主要是父亲小的时候，进出南洋，当中改换学校太多，而在新加坡小学毕业后，有两年在当地没有中学可读，误了不少时间。父亲觉得再从小学读起太浪费时间，所以无意入岭大附小。

他与岭大附中的孙雄主任谈话后，感到十分难过。应该承认，过去南洋的一些中文学校水平相对国内学校来说是差一些。当然，国内当时的学校水平也是参差不齐，而岭南大学附小与附中则是比较好的。一些学校如培正、真光等也是不错的。所以当时华侨中学的陈种仙先生和他的堂兄陈懿初极力主张他回国读书的确是很对的。就像三妈力劝父亲从汪洋致远学校转到文昌县的模范学校一样，能在水平较高的学校读书，有助于他日后深造。

父亲当日回家后，四叔夫妇得知父亲的情况，用了各种方法来安慰他。最后，他们想出一个办法，就是请专人教父亲的英文和数学课。因为过去岭大附中除国文与中国历史外，从一年级起其他各科全用英文授课。据说，当时在课堂上，还有不说英语就要受罚的规定。父亲在新加坡时虽然读过一点儿英文，但他说等于没读过。而数学课，他虽然下过一些功夫，可是底子也是较薄的。对于国文课，他自信没有问题。所以四叔与四婶就主张请专人教授这两门课，等到暑假时，再投考岭大附中。

四叔打了个电报给祖父，说明父亲到广州暂时无学校可入，拟请专人补习英文和数学，只是最好的英文、数学教师，每人每月要付一百元至一百五十元港币酬金。祖父接电报后，立即复电同意四叔的意见，并告诉他，酬金再高也可以。

经过朋友介绍，找了两位十分老练的教师，一位教英文，一位教数学。教英文的，每日从上午八时至十时。教数学的，每日从下午三时至五时。每人每月的酬金为一百五十元港币。当时的港币，一元约等于广州的毫洋一元三毫。所以两位教师，每人每月差不多要二百元毫洋，这酬金不可谓不高。据长辈们说，在20世纪20年代，一些大百货公司的高级职员也不过月薪八十元到一百元，一些伙计只拿二十来元而已。在那个年代，像岭南、培正等学校发薪水是用港币的。

父亲请人补习，每月要三百元港币，再加上自己每月的花费，已超过三百五十元，又因到广州后，天气寒冷，购置了冬衣用品，七个月用了三千多元。祖父的亲友得知他半年花了这么多钱，不禁哗然。他们认为生意虽好，也不应该这样浪费。然而，在父亲未考入岭大附中之前，祖父就对他们说："钱是为人用的，会用钱是好事。"可是亲友们认为祖父是无原则地溺爱父亲，为他辩护。

这究竟是溺爱还是智力投资呢？是有原则还是无原则呢？是值

得还是不值得呢？

人有不同的价值观。有的人，喜欢聚财，有了钱，拿来再生钱。有的人，有了钱喜欢花掉，吃喝玩乐……

看来祖父当时决定全力支持父亲，用商家俗语来说，不惜血本，是做得很对的。父亲当时处境亦是很尴尬。试想他当时已十六七岁，还要从小学五六年级读起，等到中学读完已二十四五岁了。我们这一辈，十七岁已高中毕业了。要不然他就再回南洋。但是他又想到回国前，新加坡的同学给他饯行时他曾宣言，必定在祖国努力求学，要有所成就。现在若突然回去，必为人们所嘲笑，更令祖父失望。真是进退两难！当然，他也可以在广州找到别的中学。但如果进入他当时的程度也能读下去的中学，或者少花钱请到不好的老师补习，也是浪费时间和金钱，到时考不上岭大附中，父亲的一生就可能完全不一样了。

其实祖父自己从小喜爱读书，只因家里实在太穷读不起，痛失了读书机会，所以他希望父亲尽量多读书。只要他愿读，又能读，祖父都是全力支持的。他虽然经商做生意，但并非是对金钱财物看得很重的守财奴。

在重金聘请的两位补习教师的教导下，父亲在其后的几个月中拼命地去学，晚间睡得很晚，早上起得很早。两位教师对他的进步也很满意。

由于父亲太过用功，四叔四婶怕他身体吃不消，除了极力增加他的营养之外，也常劝他不要太用功。四婶还说，海南岛地气薄，海南人太用功会生病的。她一连举出很多例子，如某人太用功结果搞到吐血，某人太用功得了神经病，等等。每到晚上十一时，父亲若还未去睡觉，他们两位就会去催促。

经过六个月专人教授英文和数学，到了暑假，父亲也觉自己有进步，就去参加岭大附中入学考试。在考完试的第三天，父亲接到孙雄主任的一封信，要父亲立即去看他。

起初父亲以为是名落孙山，所以岭大附中没有用正式通知单，而要他去谈话，可能又是要他从小学五年级或六年级读起。连四叔也有点儿不安，只有四婶说不会考不上。

四婶急于知道结果，亲自陪同父亲到岭大附中见孙主任。孙主任在父亲和四婶进入办公室后，微笑地请父亲和四婶坐下。他先问四婶是父亲的什么人，又问父亲在广州还有无其他亲人，还问父亲的家庭状况，就这样问长问短花了近半个钟头，令四婶和父亲都坐得不耐烦了。因为急于知道考试结果，四婶乃问孙主任："序经考的结果如何？能不能考上中学一年级？"

孙主任答道："不，我找他来不是一年级问题。"他又停了一会儿，这使父亲和四婶更焦急。

然后孙主任对四婶说："你这位世侄考得很好，他可以进入中学二年级或三年级，由他选择。"

四婶和父亲都喜出望外，不知如何决定是好。孙主任又说："今日不必决定，回家考虑考虑，过两天再来告诉我，用信通知我也可以。"

孙主任谈完后，还领父亲与四婶参观学校，然后又带他们到钟荣光先生家中。

祖父认识钟荣光先生的朋友，父亲在离开新加坡前，南洋华侨中学写了封介绍信给钟先生。当父亲第一次见到孙雄主任时，曾想找钟先生，但听孙雄主任要他从小学五年级读起，心情很不好，所以没有去。这次来见孙主任前，父亲与四婶从家中带了几封介绍信，预备万一考不上，是否可以与钟先生谈谈，试读一下。所以孙雄先生领父亲和四婶见钟先生时，钟先生颇怪父亲为什么不早来看他。

父亲和四婶那天上午和孙先生谈话，参观学校，又去看钟先生，时间已快到十一点。四叔回家看他们还未回来，也跑到学校来。当时是坐船到岭南码头，刚好一到码头就见到父亲和四婶。四叔听说父亲考得很好，十分高兴，乃带父亲和四婶到一间最好的馆子吃了顿饭，以示庆祝。四叔还说，这样才不辜负祖父花费这么大的本钱。

由于在以后的日子里，父亲与岭南大学有着相当重要的关系，加上岭南大学也是我的母校，所以下面简要地介绍一下岭南大学和钟荣光先生。

鸦片战争后，在中国的一些外国教会的教士也纷纷在我国办学。美国长老会派来中国的一位传教士哈巴博士与另一位传教士香便文博士于1844年前后商议筹办一所高等学校，后来成立董事会（包括非教会人士）自筹经费，决定校名为 Christian College in China，中文名称为"格致书院"，以理科为主，校址最初设在广州现今的六二三路。学校于1888年3月28日正式开课。从1888年至1903年，由于中国政局及其他因素影响，学校曾与培英书院合并又分离，并曾一度把学校迁往澳门。

1903年格致书院将中文校名改为"岭南学堂"，英文校名为 Canton Christian College。1904年岭南学堂迁返广州，校址选在广州河南康乐，北临珠江河畔，并仰视白云山，故校徽也以白云珠水象征。自1927年起改称"岭南大学"，由华人自办。

岭南大学在康乐定址后，有很大的发展。除有文、理、工、商、农、医、神等学院外，还设有附属中学、小学及幼稚园，此外，还有以不同学生为对象的华侨学校。当年岭南大学人才辈出，在华南是学术地位最高的高等学府。1923年12月21日，孙中山先生与夫人宋庆龄女士曾到岭南大学发表演讲，说："岭南大学是在广东省，诸君在此用功，知道这个学校的规模宏大，条理整齐，教育良善，和其余学校比起来，不但在广东可以说是第一，就是在中国西南各省，也可算是独一无二。"事实上，1952年院系调整之前，它是华南最好的高等学府之一。

康乐的岭南大学不仅学术水平高，其校园环境之优美过去在广州也是独一无二的。整个校园的设计布局很得体、很开阔。在岭南当学生，如读书于花园之中。过去广州人往往三三两两地举家前来游览。事实上，当时广州也没有哪个公园、花园能比得上这个校园。当今很多大学一进门口就是一座高大的楼房竖立在那里，然后左一座，右一座的，给人一种封闭堡垒的感觉。岭南校园的设计者，以南门和北临珠江的北门为中线，在南北之间设计了一片宽阔的地带。从南门进入，经过相当长一段林荫道才到停车场，即以前的校车站。再向前些乃是怀士堂，即礼堂。从怀士堂开始向北分左、右两条道路，一直通到北门。怀士堂前面是一片很大的草地，接下去是钟亭、球场、水塔、游泳池。而教学楼、学生宿舍和教职员工宿舍则分布在东西两侧。大片的草地、树木、竹林、花圃，使广州的公园相形失色。

钟荣光先生是岭南大学第一任华人校长，也就是从 1927 年岭南大学收归华人掌管后的第一任校长。在他之前的六任校长皆为外国人。

钟荣光先生于 1866 年 9 月 7 日，即清朝同治五年七月二十九日，在广东省香山县（即今中山市）小榄镇出生。他曾中光绪二十年甲午科第九十五名举人。当年他曾在广州开设大馆教学授徒。清政府的腐败，丧权辱国，激起了他的革命思想。他于 1896 年秘密加入兴中会，追随孙中山先生进行革命工作。在 1898 年康有为、梁启超维新运动失败后，他感到要能承担起革命工作，必须以新知识充实自己，乃不顾自己的年龄与地位，于 1899 年进入岭南大学的前身格致书院就读。由于他的中国文学造诣甚深，格致书院也同时聘请他做汉文总教习。当他于 1905 年成为第二届预备班（中学）毕业生时，已经是三十九岁了。

1908 年，岭南大学由晏文士博士任监督（校长），钟先生亦同时任岭南大学华人教务长，同时讲授国文。其后，岭大派他环游世界，到各埠向华侨劝捐，并致力为海外华侨子弟返国读书提供帮助。他曾到新加坡、越南等东南亚各地以及美、加等国募捐筹款，所以他和华侨联系密切，这也是为什么祖父的朋友有人认识钟先生并写介绍信给父亲去拜访他的原因。

在 1911 年辛亥革命推翻清政府后，钟荣光先生曾应广东都督胡汉民的邀请，出任广东省教育司司长。在他任内，选派了几十名曾参加革命的青年到美国和日本留学。其中一位林云陔，后来曾出任广东省政府主席。

1927 年至 1937 年钟荣光先生任岭南大学校长，李应林先生任副校长。钟先生于 1942 年与世长辞，他一生为中国革命和教育事业做出了杰出贡献，令人敬佩。

1920 年暑期，父亲和四婶由孙雄先生带领去钟荣光先生家里时，钟先生已是岭南大学的副监督。老一辈的教育家、教师，往往具有平易近人、乐于助人的精神。父亲当时只是一个初中考生的身份，又无达官权贵的背景，作为相当于副校长的钟先生能在家中接见他并与他谈话，而中学的主任也亲自过问他的升学问题，又带他参观学校，这无疑是对青年学生莫大的鼓励。这使我想起我已故的老师冯秉铨教授。他曾和我们谈到 20 世纪 70 年代末，有一次他们去美国一所大学参观，在校园中见到一位新到的学生带着行李，正在向一位老先生问路，这位老先生便帮他拿起行李箱带路而去。后来才知道这位老先生是该大学的校长！冯秉铨先生谈到此事时非常感慨。

父亲和孙雄先生谈话之后，经过一番考虑，决定入读岭大附中三年级。他这样选择主要还是基于速成的想法，想早日读完中学。其实他和钟荣光先生读格致学院时的年纪相比，应该说还是年轻得多。当然，钟先生入读格致学院是 1899 年，时代有所不同。

虽然父亲在入读岭大附中之前，专门请老师教授了半年，而且考试也考得很好，但是他在那几个月所学的东西，毕竟是速成的，为了应付考试的。等他入了学读书时，才发现像生物、化学、物理等课有好多名词他都不懂，就是所用的英文课本，对他来说也是水平太高了。可见，父亲第一次去见孙雄先生时，孙先生说，来自南洋的华侨学生水平低，也的确是没有说错。除此以外，在岭大附中，班上同学和老师都是用英语对答，用英文写作，所以父亲很艰难地跟上去。

入学的最初三个月对父亲来说是最困难的。父亲感到学习太费力，又由于用功过度，以致有点儿神经衰弱的症状。有时候他真想写信给祖父，说读不下去了，但是又想到祖父对他寄予莫大的希望，如果那样做会使祖父很难过的。

所以，他仍是拼命读下去，甚至在课室、宿舍晚上都关了灯后，还拿着书本跑到厕所去读书。为了对付神经衰弱，他又找了一些有关静坐的书籍来看，在未卧之前，坐二十分钟至三十分钟，让自己的情绪先稳定下来。

这样，到了学期考试他侥幸各科都能及格，而且，国文、数学（几何）的分数在九十五分以上。他很不容易地度过了最困难的一个学期。

父亲的读书生涯，到此已经历过三次"危机"：第一次是读私塾，被塾师认为用斧头劈开脑子也装不进书去；第二次，则是刚由南洋回来想入岭大附中，因水平太低而不能入学；第三次，就是连跳两级入读初中三年级。从他读书的经历可以看到在教育上因材施教的好处，以及打好基础的重要性。父亲凭意志拼命干，总算克服了基础差又连跳两级就读的困难。但是，万一用功过度，真像四婶说的那样，有些人吐血或患上神经病，后果又是难以想象的。所以父亲说他侥幸及格，也是不无道理。

考完试，放寒假，父亲仍回到四叔家中去住。他利用寒假的三个星期，把上学期觉得难读的科目重点温习。

到了初三第二学期，他对于数学、国文几乎不用花什么时间去温习，而是把时间、精力着重放在英文与其他科目上。到了这学年的终考，他考的最低分数是七十分，平均分数为八十五分，从而成为班中的优等生。

第二年，即初四的第一学期，他对学习功课已觉得没有什么困难了，于是就参加了一些课余活动，担任年级的社刊，即"全社"社刊编辑主任。岭南传统，每个年级不管有多少个班，均共同组成一个社，如风社（1925）、昭社（1935）等。此外，他还任岭大附中报刊编辑。

在编报刊期间，父亲认识了当时岭南大学《南风报》编辑陈受颐。陈受颐后来成为父亲挚友之一。据我的四姨说，他们情同手足，日后在学术上也有过密切的联系。

到了初四第二学期，父亲觉得在岭大附中课外活动太多，读书时间不多。此外，岭南的环境虽然很好，但他觉得读书风气不够浓厚。在那个时候，大学不一定要中学毕业才能考，所以他产生了去北京或上海读大学的念头。

父亲把想去北方读大学的打算写信告知祖父。祖父认为到北京太远，至于上海，他认为那里太繁华。不过他相信父亲不会随便为那里的环境所影响，所以赞同父亲去上海读大学。

1922 年 4 月，父亲就由岭大附中自动退学，随后自修，准备投考上海的大学。

中国的南方，特别是广东省，很早就对外开放，受西方文化的影响也较早，孙中山领导的推翻清政府的国民革命，也是由南向北推进。可是从传统来说，北方的教育，特别是高等教育，却是比南方强。这里的"强"是指高等学府的学术水平、学风、数量（好的学校），可以说现今仍是这个格局。

教育上的"北强南弱"，是有其历史、政治、文化和经济等方面的原因的。从政治上来说，长期以来，中国的政治中心在北京，只有短时间在南京。再说，广州当年商业虽然也算发达，但综合经济实力，比起上海、天津等地又有差距。中外资本工业汇集上海，并以此为基地向幅员广大、经济潜力雄厚的长江流域扩展。在 20 世纪 20 年代初，广州最初仅有一所高等学府岭南大学，后来也只多了间中山大学。而上海已有多所好的大学，如沪江大学、复旦大学、同济大学、交通大学，等等。

无论如何，父亲打定主意，换个环境，前去上海读大学，是有其好处的。

父亲在 1922 年赴上海之前，先去一趟南洋看望祖父，从 1919 年他回国读书以后，每两年祖父都要父亲回去看他。一直到祖父逝世之前都是如此。有时祖父还打急电要父亲回去，父亲回去后，问他有何事，祖父说："想看看汝而已。"

这就是深切的思念亲情。

在投考上海哪所大学的问题上，父亲征求了一些朋友的意见，他们介绍了沪江大学，该校在黄浦江边，环境较好，沪江的生物学尤为著名。本来父亲想去上海读数学系，一来因他在中学时数学基础比较好，二来他自己对数学也有兴趣。可是当时沪江没有数学系，于是他乃投考沪江大学生物学系，以优异的成绩被录取。

父亲自南洋回国读书，无论是请人补习，或是在岭大附中读书，都是非常刻苦用功。他常对我说，他读书主要是靠平常拼命努力，人家放假他还温习功课。可真是到了考试的时候，考试前那几天，他反而不那么紧张了，而是休息一下，让头脑清醒清醒，这样反而有利于考试。所以，他不像一般人那么怕考试，那么紧张，而且成绩总是不错。由于他平常非常努力，考试都很有把握，所以尽管他入岭大附中时连跳两级，但是他在岭大附中仅读了一年多，已不满足在那里按部就班地读下去，而是觉得干脆自学更快更有效。到了这个时候，他的自学能力已是很强，再加上他刻苦读书，实际上不论他想读理科或是文科都没有问题，而入学考试也难不住他。

父亲这种念书方式，使他日后不论是读大学，还是进入研究院，也都总是比正常时间要短就拿到了学位。

祖父对父亲的这种用功读书的品德是很了解的，而且父亲在回国前，经常和他在一起，他对父亲的作为也很清楚，所以他对父亲回国读书，无论是在广州还是在繁华的上海，他都不担心父亲会受到不良影响，也不怕他乱花钱，反而担心父亲到上海读书，没有地方方便他取钱用。于是他在上海设法找到一间与他的一位香港朋友有联系的公司，使得父亲需要用钱时可以随时到该公司去取。

父亲在生活上是很简朴的。父亲一生中，不抽烟、不嗜酒、不打牌、不跳舞。他在世之时家里没有电视机、电唱机、照相机……在1957年以前，他只有一台打字机和1948年购置的一台收音机。1957年以后，我大姐夫的妹妹们回国读书，再给他带回一台打字机和一台收音机。他在家休息的时候，打开收音机听听广播新闻，就是他最大的消遣了。

其实，从父亲平常如此拼命地用功读书可知，他平常不会有什么时间去搞业余活动，消遣玩乐，他的心完全放在读书上，读书也可以说是他的最大乐趣了。这也是为什么他在岭南中学读到第二年，即初四时，即使他应付功课已没有什么问题，但他仍宁可多花时间在书本上而不想搞很多课外活动，最后自动退学、自学准备考大学的原因。

二、大学

1922年夏，父亲考入上海沪江大学，在生物学系就读。虽然他后来离开沪江转到复旦大学，可是他认为，在沪江大学读的那两年得益是不少的。

他在岭大附中一年多的时间，英文已有相当基础，所以到了沪江大学，他的英文在班上还算是优等。当然，这也和教他的沪江英文老师有关。教他们的英文老师有两位，一男一女，都是较有经验的。虽然有好的老师，但他勤于学习亦是很重要的原因。每天一早他就拿着一本英文书在黄浦江畔朗诵，他在沪江大学那两年，说英语、写英文都有很大进步。这对他日后留学有很大帮助。

在沪江大学里，他对于生物学有浓厚兴趣，学了一个学期之后，当时的副校长兼生物学系主任郑章成先生就要他帮助其他同学做实验。

1923年夏天，父亲与郑章成先生以及东南大学的秉志、吴宪文、王家楫等组织了一个生物标本搜集团，到浙江温州市南部和沿海地方采集标本，这次活动途经杭州、宁波、温州、瑞安以及福建北部一带。回校后，郑章成先生就让父亲做教学助手，在生物学系做一年级生物课的实验辅导员，帮助同学做实验与学习。

在沪江大学念书期间，父亲认识了张德绪。张先生也是海南人，当时在沪江大学读化学系。他读书时，家庭经济有困难，父亲曾帮助他。他们后来也成为很好的朋友，父亲说他们情同手足，不过张德绪先生没有读完大学就离开了上海，去了泰国做生意。

沪江大学是基督教浸信会的教会学校。父亲虽然在岭大附中读过书，但没有信教。毕竟岭南学校还不是教会学校，尽管那里有宗教和教会活动，而且创办人哈巴博士是美国长老会派来中国的，但是岭南学校与长老会互不统属，在岭南校内宗教信仰是自由的。

但是自1924年元月起，沪江大学化学系主任梅昧（译音）以及教他英文的女教师米勒（译音）每个星期都和父亲谈他入基督教的问题。到了5月底，父亲仍未表示要入教，于是有一天，梅昧对父亲说，在沪江的毕业生中，还没有一个不入教而毕业的。对于梅昧的这番言论，究竟是否属实，无从查究，可是父亲却不能不考虑，若他不入基督教（浸信会），可能以后毕业会有问题。

基于上述情况，父亲既不想入教，对在沪江读下去也就没什么兴趣，所以开始准备暑假后就转到别的学校去读。父亲有很强的个性，不喜欢随波逐流、低三下四，更不会阿谀奉承、奴颜婢膝，或为了达到目的不择手段。他这种性格，在以后的工作中也曾突出地表现出来，这也是他的突出优点之一，使他日后作为一个年轻的学者，敢于在国内掀起几场大辩论，在权威和权贵面前，毫不畏惧，毫不退缩，敢于坚持自己的观点。

父亲把打算转学的念头写信告诉了祖父。祖父打电报给父亲要他暑假回新加坡去，父亲于是在该年暑假回新加坡看望祖父。从南洋回上海后，即转学去复旦大学。

对于父亲的转学，郑章成先生一再挽留。郑先生说，他学生物学，学得很好，也想培养他，如他转去复旦大学，那里只有一两门生物学课程，没有实验室，没有好的师资。尽管郑先生说的都是事实，可是，此时此刻的父亲已认为他非离开沪江不可，所以最终决定转学去复旦大学。

复旦大学是国内著名高等学府之一，原来叫复旦公学（英文名为 Fuh Tan College）。1924 年暑期过后，父亲乃转到复旦大学，改读社会科学。那时的沪江大学和复旦大学实行学分制。他在沪江大学的两年已修完了两年半的学分，所以他到复旦大学办理入学手续时，学校注册组的职员看了他在沪江的学分后，告诉他只须在该校再读一年半就可以毕业。

早年大专学院采用的学分制是一种很好的学习制度。首先是可以因材施教。学习能力强的学生可以缩短在大学或研究院学习的时间，或在一定的时间内学更多的课程或其他知识。其次，有的学生因各种原因，如缺钱，而不得不停学一段时间的话，可以以后有条件时再继续攻读而不必从头再读起。再者，这也便于转学科或同时修两个或更多的学位。国内在 20 世纪 50 年代，取消了这个甚为合理的制度，走了几十年弯路，最后还得再走上回头路。父亲当年却因学分制而得益不浅。

父亲到了复旦大学，改读社会科学，仍然对学习抓得非常紧，在第一学期，他就多选修了两门课。到了第二学期，他更是多选修了三门课，此外，还写作学位论文。他每天从上午到下午，上五堂至六堂课，加上写论文，的确是非常忙碌。

从 1924 年夏至 1925 年夏，他用一年时间修完了一年半的学分，并完成了论文。所以，在 1925 年夏，父亲就得以从复旦大学毕业了。算起来他只用了三年的时间就修完了正常需四年完成的大学课程。我的四姨（伍锐麟夫人）就常对我说："你父亲好得意（广州方言，即有意思或好玩），他读书时好（很）喜欢跳班。"父亲在世时，常给我们讲祖父和祖母如何期望他读好书，祖父殷切希望他一生多做学问，所以他读书时非常刻苦用功。早年他在新加坡读完小学，由于没有华文中学而耽误了两年，回国后他要加倍努力补回失去的时间。其实倘若与钟荣光先生三十岁出头才去读格致书院（中学）相比，他二十二岁已读完大学，应该算是很年轻了。学无止境，活到老学到老，钟先生的学习精神是非常令人敬佩的。

复旦大学虽是中国人办的，可是父亲在那里读书的时候，教授上课用英文课本，也用英语讲授，父亲觉得对他英语水平的提高和日后出国留学不无好处。难怪在我读中学和大学的时候，父亲就常常给我讲，要学好英语或其他外语。

1925 年 7 月 1 日，复旦大学的社会科学院（School of Social Science）授予他学士学位（Bachelor of Arts）。父亲用的英文姓名是 Su-ching Chen。我尚保存着他那份用中、英两种文字写的学位证书。

三、留学

1925 年 3 月间，父亲告诉祖父他可能在当年暑假毕业。祖父得知后，就要父亲做出国留学的准备，并且希望他暑假回新加坡一趟，让他从新加坡赴美国读书。祖父早在父亲上大学前就已打算等他读完大学后，让他去国外留学深造。在那个年代，中国比起西方工业化国家很是落后，祖父虽然致力于做生意，可是他很有见识，很有眼光，极力培养造就父亲。

　　在上海办理出国手续虽然要花时间，但从上海到美国有同伴一起去，结果父亲没有回新加坡。祖父很挂念，他原想去上海看看父亲，可是一来江浙一带有战事，二来他在南洋又特别忙，所以没有去成，而是安排了父亲的弟弟序伦去上海看望父亲。但是由于船期迟误，父亲于8月5日乘船离开上海，等序伦到上海时，父亲已离开十多天了。

　　序伦到上海不只是为父亲送行，主要是去上海上学，就读于上海暨南大学一年级。他身体强壮，也能读书，对于体育、社会活动等都有兴趣。祖父觉得他活泼可爱，说序伦偏武，而父亲偏文。可是非常不幸，1926年夏天序伦在黄浦江一条支流中游泳时溺死。这对祖父和父亲来说是一个很大的打击。祖父在父亲出国前后，他的生意最兴旺，入息很丰，可是序伦死后，他对于做生意已心灰意冷。他写信告诉父亲，如父亲需要再读十年书，他也可以供给。他觉得，再去求财已没有什么意义，准备再做三年生意，就回乡养老。

　　在1925年8月5日与父亲同时乘邮轮前往美国的留学生还有黄祖民、陈秀娟等人。轮船航经日本的长崎、神户、横滨、东京等地，再驶往美国，在西雅图登岸。登岸时还有段插曲。据父亲说，他们搭的是头等舱，这是因为赴美之前听人说搭三等舱不易登岸，故搭头等舱。可是在西雅图登岸时，却让他们随从三等舱客人登岸。原来这是船上职员舞弊，让父亲和同伴们住头等房，食也在头等餐厅，可是报告公司却说他们搭三等舱，给公司三等舱票价的钱，而中饱私囊。父亲他们几位留学生很生气，除向船长抗议外，又向船公司抗议。最后船方向他们道歉，说他们在船上既没有吃亏，上岸也无留难，就此了事。

　　在西雅图登岸后，父亲乃乘火车到中西部的伊利诺伊州，芝加哥以南的欧班那（Urbana）城，就读于那里的伊利诺伊大学。该校是一间州立大学，创建于1868年，在美国一直是比较著名的高等学府之一。父亲在伊利诺伊大学的研究生院，先是攻读硕士学位，主科是政治学，副科是社会学。

　　父亲出国后，陈受颐先生也到了美国芝加哥大学读书。父亲在假期常到他那里去，他们在学术上也常切磋，特别是有关文化学方面的讨论。当时在美的朋友也常谈到有关东西文化问题，使父亲深受影响，日后在文化学方面做了不少工作。

在伊利诺伊州读书的这段时间，父亲认识了林崇祯、林崇诚、伍锐麟、张镜辉、张纯明等人。林崇祯和林崇诚的父亲是当时广东省政府主席林云陔。在美国的时候，父亲曾为林崇诚补习过英文，那时她正准备读中学。

上述有些人士，后来和父亲母亲都有密切关系。林崇诚后来嫁给我大舅父黄振权。据四姨说，林崇诚的父亲并不主张她嫁给我大舅父，可是林崇诚是位"刁蛮任性"的小姐，喜欢上黄振权，也就由不得她父亲做主了。大舅父当年在美国纽约一间大学读书，取得工商管理硕士学位（MBA），回国以后曾任广东省中央银行行长。20世纪50年代，大舅父一家举家由我国香港移民去美国。可是在美国，他们的儿女都长大之后，大舅父最终和林崇诚还是分离了。

伍锐麟后来成为我的四姨父，他当时在伊利诺伊大学攻读社会学硕士，其后又读了三年神学院取得牧师资格，相当于博士学位。他读书也非常优秀，共拿过五条金钥匙。我们两家日后关系非常密切。

张镜辉比父亲约早一年，即1927年由美返国，曾任广东省政府主席林云陔的秘书，并曾经在岭南大学教书，也曾在泰国曼谷任中国银行行长。张纯明先生则曾在南开大学任教，与父亲共事过。

父亲在伊利诺伊大学(University of Iuinois)研究生院(Graduate School)攻读硕士学位（Master of Arts）也非常用功，只用了一年时间就取得了硕士学位，1926年8月14日由伊利诺伊大学的研究生院授予他硕士学位。学位证书由四个人签名。

他取得硕士学位之后，继续在该校的研究生院攻读博士学位。在他取得硕士学位几天后，他接到了祖父给他的一封长达二百余字的电报。祖父告诉他，在第一次世界大战前他在马来亚芙蓉的堂兄陈序机因生意不景气，负债太多而宣布清盘。原来陈序机在槟榔屿有一个很大的橡胶园，为了逃避债主的清算，事前他把这个橡胶园过名转给了祖父，同时祖父也给了他一些钱。其后十多年，祖父负起了经营这个橡胶园的责任，到 1926 年的时候，这个橡胶园估计价值百万元新加坡币。

在这之前，祖父从来没有和父亲说过这件事。他在岭大附中读书时，有一位姓梅的同学，其父亲有一个很小的橡胶园，就在祖父的胶园旁边。有一天谈话中，这同学偶尔问祖父的名字，父亲告诉他是陈继美，他很惊讶。他说，你父亲是个大种植家，有大橡胶园，入园门口挂着陈继美胶园的牌子。而父亲则说，他自己也不知道。这个同学更为奇怪，问父亲海南是否还有第二个人叫陈继美的？父亲则答他说想不出来。不久父亲写信给祖父问起此事，而祖父的回信很为含糊，说明他不太愿意告诉父亲这件事。

现在祖父把情况告诉父亲，是因为他的堂兄陈序机逝世，祖父准备把这个橡胶园交回给序机的后人。虽然他在电报中说准备把胶园交回序机嫂及其子女，征求父亲的意见，但又说，最后的决定，还是由父亲做主。

父亲在接到这个电报不到三个钟头，就发了一封电报给祖父，电报内容只有两个字："交回。"

祖父接到这封回电之后，请了三十多位朋友大吃大喝，高兴得不得了。朋友们不知为了何事，在他们追问下，祖父才对他们说："我很高兴，因为我的儿子不爱财。"

当时陈姓的兄弟中，很多人觉得不应该交回该胶园。一来，法律上完全属祖父所有；二来，事实上祖父接手那个胶园时正在下苗，所值有限。祖父也给过序机不少钱，十多年来的经营祖父有不少功劳，况且此时胶园的价值已相当可观，达百万元。也有人建议祖父把它用作公益事业。可是祖父以为他不应该享受这个名誉。

祖父和父亲此举，在南洋各地一时传为佳话。特别是父亲不贪财的名声，更是对他日后的工作事业有很大的帮助。由于人们知道他不贪财、不好官、不做生意，一心为教育事业，所以不论他日后为公，还是为私筹款、借款，人们都乐于帮忙。

父亲的一些兄弟都年幼去世，能茁壮成长的序伦弟又不幸在上海游泳溺死，所以祖父对父亲十分钟爱。父亲说，祖父从来没有骂过他。在那时候，他在美国读书，每年花一千五百美元已足够有余，而祖父却给他三倍于所需的费用。父亲在用费方面却是较节俭，既没有买汽车、照相机等，也没有其他方面的浪费。父亲经常帮助一些经济上较困难的留学生。他的钱多用来买书籍，祖父也鼓励他多买书籍。在美国他就买了数千美元的书，后来回国又购了不少中文书，在德国的时候也购买了很多德文、法文及其他文字的书籍。他到南开大学时带了一部分书去，这部分书在抗战时期，因日军炮击南开大学而全部损毁。而从德国带回的书，有部分存在我国香港友人处，日军占领香港时，友人怕日本人搜查、烧毁，就弃之入海了。他到南开大学任教前，在岭南大学存了二十多个大箱的书，到 1948 年他回岭南大学任职时，只剩下了十一箱书。抗战时期，他在昆明也购了不少书，因为交通不便难于运出，也多损失掉了。到 20 世纪 40 年代末，还留存在家者，至多三分之一而已。

为了做学问，他确实是不惜花巨款购置书籍，一生都是如此。在美国留学期间，他平常抓紧时间读书做论文，所考虑的都是如何尽快读完学位，所以他那时几乎没有什么时间去消遣、游玩。他常说，他平常紧张读书，到了临考试前，反而会去轻松一下，如看看电影。假期有时也会去一些地方参观。他有一次对我说，他在美国读书的时候，曾经去参观一家福特汽车厂，参观完工厂生产线后，公司一职员热情地招待他坐上一辆该厂生产的漂亮小汽车，到处去转了一圈后，问他觉得那汽车怎样？父亲说，他觉得不错，但他又说，他现在没钱买这汽车。那职员说："我们不是想你现在买我们的汽车，而是希望你以后有能力时买我们的车子。"父亲说他们很会做生意，有一套长远打算。不过他们不知道，父亲没有打算将来买汽车和房子。

父亲仅用一年时间读完硕士学位后，跟着又全力准备博士资格考试，到 1927 年春，他就考完了包括口试在内的全部博士资格考试科目。考完试接着就准备论文，到这一年的 12 月，他已写完博士学位论文《现代主权论》。

1928 年 6 月 13 日，伊利诺伊大学研究生院授予他博士学位(Doctor of Philosophy)。当年在博士学位证书上签名的是四个人：校长、系主任、校董事会主席和董事会秘书。父亲的学士学位证

书、硕士学位证书和博士学位证书是经过战乱尚能保存下来的他的
少数重要物件之一。

自 1925 年夏到 1928 年，父亲实际用了两年多的时间就取得了
硕士和博士学位，是正常时间的一半左右。这时候他还不到二十五
岁。虽然在这个年龄取得博士学位，可能并不是一件很稀奇的事
情，可是如果看一下他从 1919 年小学毕业（当中有两年待学），
1920 年上中学，仅用了不到八年的时间就在美国著名学府之一的
伊利诺伊大学取得博士学位，其进度也算是惊人的了。他在美国求
学的这段时间内，真是拼了命地去读书，其辛勤劳苦可以想象。难
怪他日后没有看打球、看戏、打牌、听音乐、玩古董、收集字画等
嗜好。

父亲常常回忆祖父少年时的穷苦情境，即使出海去南洋也是冒
着生命危险坐帆船去，这样还念念不忘要送他去读书深造。所以父
亲在读书的时候，极其刻苦努力，丝毫不敢松懈，更不要说去追求
什么享乐了，尽管祖父一直都是给他提供厚实的物质条件。他总是
以古训来警醒鞭策自己，尤其喜欢引用孟子的一段话：

> 故天将降大任于是人也，必先苦其心志，劳其筋骨，
> 饿其体肤，空乏其身，行拂乱其所为，所以动心忍性，曾
> 益其所不能。

这一段话，可以说是他的座右铭。身在美国，他也用毛笔把这
段话写在相册上，并写在他的一张于 1928 年照的照片背面上。这
张照片是他离美前照的，那时他已取得了博士学位，可以看出，他
并未就此满足，放松自己，而是不断地提醒自己，还须刻苦奋斗。
在他的一生中，不论是顺境还是逆境，都是以此为戒。

1928 年的暑假，父亲结束在美国的学业，约陈受颐先生一起
由加拿大的维多利亚乘轮船回国。途经日本时，在东京下船，到东
京、横滨、神户、长崎等城市游览，由东京到长崎等地坐火车，再
乘原船到上海。

本来祖父想要父亲在美学成后，再到欧洲去留学几年。但是自

序伦去世后，他很挂念父亲，急切地要父亲先回国或回新加坡，然后做旅欧的计划。这次祖父亲自去上海接父亲，打算和父亲一起到中国海南、新加坡等地游览半年，再让父亲去欧洲留学。

可是父亲回到上海后，陈受颐先生力劝他到岭南大学教书。正好那时岭南大学校长钟荣光先生在上海兼任中央侨务局局长，该局专为招待联络海外各地归国华侨。陈受颐先生找到钟荣光先生谈父亲去岭南大学教书之事，而钟先生也同意聘请父亲，并打电报通知广州岭南大学。父亲觉得盛情难却，也就同意去岭南大学教书了。

在回广州岭大任职之前，祖父和父亲去游览了杭州，离开上海时，把序伦的棺材运回家乡安葬。

从1928年夏到1929年夏，父亲在广州岭南大学社会学系任助理教授。当时社会学系属文理学院，而包括哲学系和宗教学系组成的神学院则在筹建中。后来父亲留德回国就在哲学系任教。陈受颐先生回国后也在岭南大学国文系教书。在岭南大学教过书的还有卢观伟先生。父亲和陈受颐、卢观伟是非常好的朋友，经常在一起切磋学术问题，他们后来都是提倡"全盘西化"的中坚分子。

1928年秋，父亲在岭南大学任教时，在一次学术讨论会上，他首次用了"文化学"这个名词。从此以后，有关文化学的研究，成了他一生中最重要、影响最深远的学术论题。

同是在这一年，也发生了对他一生影响重大的一件事，那就是认识了我的母亲黄素芬。

我的外公黄在华是广东省中山市石岐青岗乡人，生有三男五女。我印象较深的是大舅黄振权和三舅黄振贤，二舅黄振昆极少见面，但二舅母在世时还常见。大姨和五姨都很年轻就去世了，我们和三姨黄素英和四姨黄素莲则联系较多。外公的三哥早年到澳洲打工，后来积蓄了点钱，在广州十八甫和别人合作开了间真光公司。外公就在真光公司任职。

我的母亲于1906年8月16日在广东省中山市石岐青岗乡出生，小时候在广州的真光小学读书，毕业后进真光中学读书。真光学校最初在广州仁济街，后来搬到广州白鹤洞。真光、培道、协和、执信等都是当年比较著名的私立或教会办的女子学校。我小时候在广州就常听到同学们的顺口溜："真光猪，岭南牛，培正马溜（广东方言：猴子）头……"据说，真光因对午睡要求很严而得"真光猪"的绰号，岭南学生则牛气。母亲在真光读书时结交了不少挚友，如邝慈悲姐妹、赵玉叶等。

1926年夏，母亲在真光中学毕业，毕业证书现仍由我保存着，是1926年6月21日签发给她的。当年真光的毕业证书用中、英两种文字，上面母亲的英文名是So Fan Wong，这是广州话译音，还有个英文洋名Lucie。我家一度和方显廷家来往密切，两家孩子曾在一起玩。方家大女儿叫方露茜，二女儿叫方素芬。我们就觉得有趣：方露茜用了母亲的英文名，而方素芬则用了母亲的中文名。

真光中学毕业后，母亲就进入岭南大学教育系就读，同时还在岭南大学青年会义校（小学）教书。此时，外公所在公司生意欠佳，家里经济状况已不好，母亲乃半工半读。她在义校短时间任教，随后转去教岭大附小。在1928—1929年间，她教小学三年级。

父亲认识大舅黄振权，当时大舅回国也在岭南大学教经济学科。过去岭大每星期五下午有茶话会（Friday tea），教师们常参加这种聚会。父亲通过大舅认识了母亲。母亲年轻的时候长得清秀、漂亮，以广东人的身材来说她算是高挑的了。我的四姨说，当时父亲为了能多接近她，也颇下了一番功夫，竟然把我的三姑从海南接到广州，让三姑在岭大附小三年级母亲教的那个班读书。

说起来父亲年轻的时候长相并不英俊，由于刻苦读书，身体也瘦削。1995年春，有一次旅居加拿大多伦多的岭南学长、《岭南大学》编者李瑞明先生回国约我在广州河南江南大酒店会面。这是我们首次见面，一见面李先生就说："陈校长晤（不）靓仔。"幸好母亲喜欢的是做学问教书的人，而不喜欢做生意或当官的人。父亲和她，"才子佳人"，最终结成连理。

父亲认识母亲后，曾有人劝他做官。当时的广东省政府主席兼建设局局长林云陔，要请父亲出任广州教育局局长，父亲不答应。林云陔得知父亲和母亲的非寻常关系，乃去找母亲，想让母亲劝父亲当广州教育局局长兼市第一中学校长，结果也不成功。父亲将此事告诉了祖父。祖父说："我不希望你去做官。我已为你准备了出国留学的钱，如果你不去，这笔费用我就不给了。"林云陔后来知道父亲准备去留学，便对父亲说："你先当几年教育局局长，我再派你去留学好了。"父亲还是婉言谢绝了。

在岭南大学任教期间，父亲在教学方面很受好评，朋友们都劝他继续教下去。但是，祖父却坚持要父亲到欧洲去留学数年。他对父亲说："留欧的费用，早已准备，这是留给你用的，用于打好学问基础，你应该读数年书，否则将来想再读也不可能了。"作为一个只进过私塾半年的商人，祖父却能高瞻远瞩，如此有见识，实在令人佩服。他要父亲于1929年就出国留学，先到德国两年，然后到法国两年，再去英国一年。

祖父在经营橡胶园之后，还与几个友人共同在马来亚佳兰经营椰子园。为了让父亲去欧洲留学，他将该椰子园股票的一半出卖，作为父亲出国的费用，可说是不惜血本地造就父亲成才。

陈序机遗孀得知父亲要去欧洲留学，便建议我父母留欧的费用全由她出，因为祖父之前交给她一笔巨款。祖父坚决推辞了。后来，在父母结婚的前一天，新加坡的法国邮轮公司送来两张从新加坡到法国马赛的头等舱船票给父亲，说这是陈序机夫人送给他们的结婚礼物，什么时候起程，可以事先一个星期通知公司。祖父本来还要推辞，但是序机夫人说，退回去就是看不起她了。祖父无可奈何，乃叫父亲接受下来。

由于父亲计划留欧数年，所以他和母亲先行结婚再一起出国。结婚前，父亲还与振权舅父一同游览了马来亚各地。当时父亲的挚友黄坚先生亦在新加坡做生意，他也是海南文昌县人，和父亲一生关系密切，可以说是"难兄难弟"。父母在新加坡时，他曾驾小汽车带他们在新加坡游览。

1929年8月20日，父母在新加坡结婚。婚礼在新加坡的南天酒店举行，参加婚礼者有五百多人，由马来亚芙蓉来的同乡就有一百多人。证婚人是父亲在岭大附中的同学唐兆诗先生，他的亲戚唐榴是派驻新加坡的领事。唐兆诗先生后来定居上海，父亲每到上海，多要和他见面。

四、再度留学

1929 年 9 月初，父母乘法国邮轮由新加坡启程到法国马赛。他们在马赛上岸后，乘火车到巴黎等地游览了约三个星期，再乘车经比利时到德国柏林。

从 1929 年至 1930 年，父亲在柏林大学做研究生，主要研究政治学与主权论。他在 1929 年已用英文写了《现代主权论》一书。在柏林大学研究一年后，又去德国北部的基尔大学，继续研究主权论及社会学，并在基尔大学世界经济研究院学习，主要研究主权可分论。

这个课题，德文资料比较多。他在德国时，主要收集关于主权论的德文材料，同时也收集了不少有关的英文、法文资料。又因这个课题牵连到拉丁文的好多典籍，他也学习拉丁文。

在留德期间，他不仅收集资料，研究问题，同时也写了不少著作，已知的有以下各文。

《新政治》，用英文写的，约有三万字。

中文著作有：《孔夫子与孙先生——欧游杂感之一》，1930 年登在《岭南学报》第 1 卷第 2 期。《中国胚胎时代的政治思想》《霍布豪斯的社会学》，1930 年分别刊在《留德学志》第 1 期、第 2 期。《东西文化观》，1931 年登在《社会学刊》第 2 卷第 3 期。在 1931年刊登的这篇《东西文化观》，是后来关于东西文化的讨论，以及抗战时期他写的二十本二百多万字的"文化论丛"的最早的提纲。在其后半个多世纪中，这方面论著在中国产生了很大影响。

他到德国留学，本来主要研究政治哲学，特别是有关"主权可分论"，可是由于以后的种种原因，他的文化学论著却成为他最有影响的学说，这是他当初所预料不到的。直到 20 世纪 90 年代还有学者研究他这方面的论著。1994 年 6 月，我有幸拜会南开大学历史系教授冯承柏先生。冯先生在谈到父亲的文化学论著时，认为五十年后对父亲的文化学思想会有与今天完全不同的看法，相信今后很长一段时间，有关他的文化学思想仍会继续讨论或是争论。

他在德国留学时，工作学习是极为辛勤的。他除了花大量时间研究主权论，写了多篇文章，收集大量资料，还同时学习德文、法文和拉丁文。如他自己说的："我差不多每天都费十多个钟头去研究主权可分论，不但是欧洲公园的瑞士没有时间去领略，连人家每月一次送来的 Staats Oper（按：国家戏院）的入场券，我也抽不出空暇来陪妻子去听听。"

在德国的时候，他除了对上述一些他感兴趣的内容进行研究外，也阅读了马克思、恩格斯以及欧洲社会主义的一些学说的书籍。他说到德国后，他也与一些左派人士来往，也买了不少关于社会主义、共产主义的书籍。我尚清楚记得在"文化大革命"前，在家里客厅的玻璃门书柜里，放着精装版的马克思著作《资本论》，以及其他德文、法文和英文的有关社会主义的精装本著作，其中还有一些介绍俄国革命的插有照片的书籍。

显然，他研究欧洲的政治、哲学和文化，必然也会对社会主义、共产主义的学说进行了解、研究。有一次我和华南理工大学教授周泽华先生谈起西南联大的情况，在谈到父亲时，他说："你父亲说，人家学《资本论》是看俄文译本，他是看德文原版的《资本论》。"这是耐人寻味的。

母亲在那个时候，除了照顾父亲饮食起居，自己也学习德文，帮他收集资料，打字记录，有空还去基尔大学妇科医院学习幼儿护理。那时她已怀了第一个孩子。

父亲由于过于用功，不出韩四婶所料，于 1931 年 2 月得了肺病，吐血不止，以至要住院卧床数月。

1931 年 2 月 21 日晨七时半，我的大姐曼仙出生了。取名曼仙，乃是因她生于日耳曼（德国）之故。以后我们的姐妹多以出生地为名。大姐出生后一直放在医院，直到 4 月 15 日，父母离开德国返国时才从医院抱出带走。

在留德期间，父亲的继母身体日弱，祖父又娶了一位庶母周氏。她在 1930 年生了一个男孩，名序海。序海一向多病，十五岁就因病去世了。所以父亲虽有多个哥哥和弟弟，但最后只有他活下来并成家立业了。

父亲由于过度用功患病住院，医生说他至少需要静养一年多，每天工作不可超过六小时。在这时候，又听说祖父身体也不是很好。考虑到第二年，即1932年，祖父满六十岁，父亲也很想回去看看他，为他祝寿。于是父亲乃决定在身体好些后，就回国去。

在以往，总是祖父想念他，想看看他，要他回去，时常发了一个急电又一个急电。而这一次，却是父亲自己要回去的。

可是父亲回去后，祖父一看见他，就怪他不在欧洲住数年而提早回来。祖父说："你该用的钱，你不用，恐怕以后也没有机会用，也不容易再到法国、英国了。"祖父所说的话，事实证明是对的。父亲虽然在1944年又去了美国一年，但从此再也没有实现去欧洲的计划。

在父母离开德国之前一段时间，从母亲留下的日记可以看出，她是非常忙碌的。当时父亲患病住在医院，绝不宜再操劳，收拾打点行李等工作都要母亲来做，母亲还要照顾父亲，所以把出生的婴儿也放在医院，每天去医院看她。

幸好当时他们在德国已认识了不少中国留学生和德国朋友，在父母离德前帮了不少忙。如在柏林时认识的符泽初先生、曾广先生和张杏初先生等人，在基尔认识的黄公安、周冠军、陈铨等先生。此外，在基尔还遇上韩鸿丰先生，他也是新加坡华侨，他父亲在我祖父经营的新加坡锦和行对面开了一家文合丰面包店，两家人常见面而认识。父亲在上海读大学时，韩鸿丰先生在上海同济中学读书，中学毕业后便到基尔大学读书，后来在汉堡大学取得博士学位，回国后曾在南开经济研究所任研究员兼经济学教授。他在国内时，我们两家来往是很多的。抗战时期，我家在内地搬迁，也全赖他帮忙。

父母于1931年4月15日离开基尔。在离别前一天，基尔的中国留学生都聚在一起话别并合影留念。母亲在4月15日晨才将大姐从医院接出来。他们乘八点多钟的火车由基尔前往汉堡，不少中外朋友去车站送别。车到汉堡后，黄公安先生去接车，并带他们去一同乡处休息。黄公安在父母离开基尔前帮了不少忙。他们到午后方才上船，周荫先生也来到船上送行。船在晚上十二点钟起航离开汉堡前往远东。

这次回国他们乘的是一艘游览船，自汉堡启程，开始了他们既有趣又辛苦的旅程。当然最辛苦的还是母亲，带着两个月大的婴儿，船上没有护士照料，得自己烹饪孩子的饮食。船初入大海，母亲就晕船呕吐。幸好船上得到一位女职工帮忙，在他们下船登岸观光时，帮忙照料婴儿。

父亲在德国两年，辛勤工作，没有时间旅游观光，这次因病才顺道观光。这艘轮船途经荷兰，在鹿特丹停泊。除在鹿特丹参观外，他们还去海牙国际法庭旁听了一次开庭情况。此后船经比利时的安特卫普、西班牙的巴塞罗那、意大利的热那亚、埃及的塞得港、锡兰（按：即斯里兰卡）的科伦坡、马来亚的槟榔屿、新加坡、菲律宾的马尼拉，最后到中国香港。每到一处，船都停留一到三天，让人们登岸参观。只有在菲律宾靠岸时，因有传染病，旅客一律不能上岸。

此船于 1931 年 6 月 1 日驶抵香港，第二天开到广州。整个行程历时近五十天。

父亲回到广州，与亲友应酬一番后，由于身体未全康复，把家安顿下来之后，就去香港亲友家休养了一个多月。

还在德国的时候，上海和北京有的大学已和父亲联系，打听他以后回国能否到上海或北京教书。当时他考虑到祖父已年近六十岁，身体也不是很好，故没有考虑北上教书。从德国回到广州后，北京大学请他前去任教，可是为了祖父，他不愿意远离南方，所以选择了继续留在岭南大学。

父亲从德国回来后，祖父告知他们亦要回广州，一来看看他们，二来他眼睛有病要治疗。祖父到广州后，父亲曾带他去岭南大学参观。他们在校园中遇到钟荣光先生，钟先生此时已是岭南大学校长。他请祖父与父亲到家中坐，并请他们吃点心。祖父与钟校长谈话后，又去看了岭大的校园。祖父对岭大阔大的校园、优美的环境很满意。祖父听钟校长说，父亲教书教得很好，他尤为高兴。

祖父问父亲，岭南大学校长是否也由政府指派。父亲说，私立学校的校长是由董事会聘请，比较安定，不像国立大学的校长经常更换。可是祖父说："无论是政府派也好，董事会聘请也好，总是依靠别人，如得不到政府或董事会的信任，位置总会更换，倒不如做个教授，靠自己的学问专长，少管闲事，专心去做学问，做点成绩出来，教出一些出色的学生，比之做校长、院长等还好。"

有趣的是，祖父这种看法，倒是与不少知识分子，特别是真正做学问和教书者，"英雄所见略同"。

不过父亲也说："应该说有的学校做教授的，也往往受政治的影响。"

父亲上述的看法也很对。以后的许多事实也证实了这点。

其实，那时候教书做学问，在有的学校也受到宗教的影响。父亲从沪江大学转到复旦大学，正是由于宗教因素所致，这个因素对他的一生产生很大的影响。

虽然父亲看到了做教授的也往往受政治的影响，但是他低估了政治对教书做学问的影响程度。如果他认真考虑这些，那么他日后又会不会有不同的结局？以他坚定的将一生奉献给中国的教育事业的愿望和决心，即使充分估计到了政治的影响，他还是会坚持在教育岗位上的。

无论如何，祖父对父亲去教书感到很满意。他说："这是很好的职业。"

父亲后来说："他既不赞成我在国内参加政治活动，又不赞成我回去南洋做生意，教书正是避免了那两行。"

祖父还笑着对父亲说："真想不到你现在靠读书（应该说是教书）吃饭。说明你的启蒙老师（最初教父亲的私塾老师华明鸾）与算命先生对你的看法是错了。因为老师与算命先生说的你不行，我自己当时心里也有点儿动摇，还是你母亲对你信心大，期望切，假使她地下有知，一定特别高兴。"

祖父祖母的一些想法，对父亲有很大的影响，可以说决定了父亲的一生。

其实何止如此，祖父的思想也影响到了我们孙辈。

五、祖父逝世

1929年父亲去德国留学后，1930年间，祖父就收拾南洋的生意，回文昌县清澜，在那里开设一家商店，叫美和号。我父母到欧洲的费用他早已准备好，他极力鼓励我父亲在欧洲多住几年，不必为费用担心，打好学问基础，多学几国文字。

此时祖父身体已不是很好，而且年纪已快六十岁了。几十年来他辛劳奔波于南洋与我国海南各地，几个儿子都因病夭折，特别是序伦去世后，他更觉得赚钱已没有什么意思。他卖掉一些股份和房屋，留了一笔钱给我父母去欧洲留学。本来他自己就没有在新加坡长期居住的打算，也不想父亲走他的老路去南洋做生意。老人到了这个时期，也确实是应该休息一下了。他虽然不想常去或再去南洋，但那时候美和号的生意仍与南洋有关系。

1932年近暑假的时候，父亲收到家乡电报说祖父病重。于是父亲和母亲带上大姐曼仙立即赶回海南。可是回到海口时，祖父已逝世三天了，而且遗体已运回乡间。

祖父的逝世令父亲万分悲痛。当实祖父患的是膀胱结石，在海口市海南医院做手术，因手术不洁感染而逝。这种病在现在看来并非重病，手术也不困难，可是他却因此而去世。

父亲那时的心情，用他自己的话来说是："我哥哥因患病没有药治而死，母亲和三弟序梓因痢疾没有药吃而死，父亲又因医生手术不高明而死。医药医术不够发达，使人们不应该死而死去，是何等悲惨与痛心的事情。"

他曾说："南开大学于1945年恢复以后，我极力提倡办医学院。现在来岭南当校长，我希望对医学院医生的聘请与设备的增加，加以特别的注意。"即使到1948年，他回忆起祖父的往事，心情仍然非常沉重，他说："父亲逝世前，我没有在他身边。我出生以后他的经济情况慢慢好起来。他送我到南洋读书，送我到广州、上海上学，送我留美，送我夫妇留德，还要我留法、留英。等到我的学业差不多完成时，他却逝世了。他含辛茹苦，历尽风霜。我万里归来，由于他的身体不是很好，想于1932年秋天为他做六旬寿辰。可是寿辰未到，他就去世。鸟能反哺，而我对父亲没有报答过半点儿恩德，这是我最对不起他的地方。认识父亲的朋友都说他对子女太好。差不多在三十年中，我读了二十多年书，从美国回国教书，他还鼓励我再到欧洲多做数年学问。像他这样关心儿子的教育的，是不易多得的。"

父亲对祖父的深切哀悼，也表现在他的著作中。他在1933年元月写的《东西文化观》的自序中写道："这本书是从民国二十年冬所草成的《中国文化的出路》一书中第三、四、五三章扩大而来的。我当时草那本书的一个目的，是想把他当作我父亲六旬寿辰（民国二十一年八月廿七日）的小小礼物。谁料寿辰还未到期，我父亲竟于去年的夏天因病而辞世了。"

"一本为着庆贺而写的小书，竟变成了一部像为着哀悼而作的东西。人间最觉得难过的事情，恐怕没有像这样的了。何况我的父亲和我的母亲，都可以说是生存在我们因袭固有的文化和目前中国的奇形怪状的文化之下的无数牺牲者中的一二个……"

我很敬佩我的祖父。他造就了一个杰出的学者——我的父亲。这里我再多费点儿笔墨来纪念他。

祖父小时家境极为贫苦，一生真正只上过半年学，以后都靠自学读书，为了生活而劳碌奔波了一生。他虽然靠勤奋做上了生意，可是他却没有一般商人那种对金钱无比贪婪的本性。他本来可以成为百万富翁，可是他却把价值百万元的财富给了别人。他总觉得自己本来是一文都没有，所以乐于借钱给人家而不要别人还。在他有了钱以后，也并没有在南洋购置房地产。即使在国内如海口、文昌等地也是在朋友怂恿下买了些房子，但后来也都卖掉了。他也不在家乡购买田地或盖什么小洋房，仅仅是把原来祖先留下的破旧房子修缮扩大了一点儿。和他同代在新加坡或国内的人有了钱，不少人盖小洋房，买小汽车，买房地产……追求享受，他却没有去购置什么豪华奢侈品。

祖父也不追求名誉。有人劝他把要归还的巨款拿去办慈善，可他不去图这些名声，比起有的人捐款做善事，要留名、留头像，他的精神更高尚了。

　　我两次回乡间，当时大婆和二婆还在。我所见到的住房也都和普通乡间农民的一样，没有自己的厕所和洗澡的地方。到 1962 年我和妻子回去的时候，那里的生活环境仍是很原始的。

　　那么祖父辛勤奔波做生意，去赚钱不为享受又为的是什么呢？他赚钱除了养家糊口，可以说最大的目的是让子女受教育、读书。他自己非常喜欢读书，却痛失求学的机会，所以他有钱就尽量让父亲多求学。

　　祖父作为一个只上过半年学的人，一个做生意的人，却知道要让父亲去读最好的学校，去留学，即使父亲获得了美国的博士学位，还要他再去欧洲留学几年，打好学问基础，多学几国文字。这是多么地难能可贵！

　　在商言商，以钱求钱，这似乎是一般的从商规律，但祖父从商，却是"以钱生才"。

第四章　治学与论战

一、任教岭大

1. 文化问题大论战

1931 年至 1934 年间，父亲在广州岭南大学任教。在国内，这段时间的南方政局相对稳定，而北方则自 1931 年 9 月 18 日 "九一八" 事变后，被日军入侵关内。1932 年 1 月 28 日，日军又在上海挑起战事，国民革命军第十九路军奋起抗战，直至 1937 年 7 月 7 日卢沟桥事变后，爆发全面抗日战争。

地处南方的岭南大学，在 1931 年至 1937 年间因南方政局较稳定而得以蓬勃发展。此时，岭南大学已经成为具有多院系的大学，先后建立文理学院、农学院（蚕丝学院）、医学院、工学院、商学院与神学院等几个学院，下属约三十个系。当时的文理学院中，文科包括中文学系、外文学系、社会科学系（包含原政治学系、历史学系、社会学系）、教育学系等，而神学院则包括哲学系和宗教学系。

1928 年父亲自美归国，在社会学系任教。1931 年自德国返国后是在哲学系任教。当时在哲学系任教的有陈荣捷先生，他还是大学的教务长。此外，还有谢扶雅先生、卢观伟先生等人。当时陈受颐先生在岭南大学教国文，冼玉清女士、陈辑五先生和徐谦先生等也同是教国文的。陈受颐先生和卢观伟先生都是父亲的挚友，他们都是"全盘西化论"的倡导者。

同期，在社会学系的伍锐麟先生，更是和我们家关系密切，伍锐麟的夫人是我的四姨黄素莲女士。在我父母的亲戚中，他们是和我们家来往最多的一家。前面已提到他读书优秀，取得硕士学位后又在神学院取得具博士学位的牧师资格。1930年，他应钟荣光校长邀请由美回国，在岭南大学社会学系任教。这时的岭南大学不仅是广东，也是华南地区最好的高等学府。

这一时期在岭南大学任教的还有冯秉铨先生，他日后是我的恩师。此外还有许多著名的学者前辈，如陈心陶先生、曾朝明先生、何世光先生、桂铭敬先生、萧祖徽先生等。他们的子女日后多是我的中学同窗，这里就不逐一列举了。除此以外，还有几十名外籍教师在岭南大学任教，其中包括在1951年离开中国的富伦、贺辅民和嘉里斯等。

父亲在岭南大学，后来到南开大学，以及抗战时期在西南联大任教，除了讲授有关社会学、政治学和文化学方面的课外，更重要的是从事很多与上述学科有关的学术研究。他的学术研究工作可以说是毕生没有中断，而其影响也是深远的。

父亲出生在一个贫困的家庭里，即使后来家境有较大改善，但1949年以前中国的贫困落后，他是无时无刻不在感受着的。他在幼年和青年时经常出入南洋，历经的东南亚各国，无一不是西方帝国主义国家的殖民地。目睹当时殖民地的屈辱处境，目睹华侨在南洋各地受到欺凌和排挤，他后来写《暹罗与中国》《南洋与中国》等书，亦是为改善华侨处境和权益而疾呼的。然而华侨的命运又实有赖于自己国家的强盛，可当时是半殖民地半封建社会的中国，军阀割据，到处有列强的租界，东北三省也被日军侵占，情况实在可悲。因此，如何使我们的国家摆脱贫穷落后、愚昧的状态，早已在他思想中酝酿着。以后他留学美国，又去欧洲留学，考察研究了西方的政治、社会、经济、文化、教育、哲学，深入了解欧美列强的治国强盛之道，研究了西方资本主义和社会主义的学说和实践，逐渐形成他的使中国摆脱贫困落后的思想见解——"全盘西化论"。

这是他治学的基本宗旨。

他除了在理论上对中国的出路进行系统的研究外，也从事实际调查研究，如对中国农村发展与建设、中国农村究竟应走什么道路等问题，他都亲身在北方和南方的乡镇进行调查。

父亲立志把一生贡献在教育和学术研究上，所以他对教育，特别是高等教育方面很是关心。对于大学教育方针、中国教育的现代化，以至于留学政策、师范教育和职业教育等，父亲都有他自己的见解。

他在治学方面的另一重要领域乃是对东南亚各国的研究。前面已指出他从小到南洋生活求学，以后经常出入这个地区，这里又是华侨最多的地方，从而引起他研究东南亚与华侨的兴趣。

上述的几个领域是他早年从事学术研究的主要领域。1932年，他除了在岭南大学开过一门"中国政治思想史"的课外，还应中山大学的邀请主讲过一门"政治学"课程。

1931年他撰写的有关西化论的论文《东西文化观》发表了，同年他写成了《中国文化的出路》一书，这些都是他的有关西化论的最早著作。稍后写成的《南北文化观》，由《岭南学报》1934年5月第3卷第3期刊出，后者与"全盘西化论"直接关系不大。有关西化论的问题，自1933年他应广州协和大学与中山大学之请起，做过长期的演讲。

其实有关"全盘西化"的言论早在这之前就已开始了。他于1937年夏完成的手稿《全盘西化论》中就写道：

十年前卢观伟、陈受颐两位先生与我，同事广州岭南大学，对于这种主张，曾轮流作过十余次演讲。全盘接受西洋文化的口号，遂为岭南的流行语。此后岭南的教授与学生们，对于这个问题，不断地加以讨论。此外我个人又在广州各校，作过好几次演讲。在文字方面，我在民国十七年十一月的《广州民国日报》曾发表一篇《再开张的孔家店》，动机就是评论孔祥熙先生在当时提议保护孔林孔庙的理由，而目的却是指出全盘西化的必要。

1933 年，广东省当局正实行祀孔，有复古的趋向。中山大学社会学系主任胡体乾先生因而发起中国文化问题的演讲会，请父亲做一次公开的演讲。

1933 年 12 月 29 日晚，他应邀在中山大学礼堂做了题为《中国文化之出路》的演讲。他的这篇演讲由梁锡辉先生笔录，刊登于 1934 年 1 月 15 日的《广州民国日报》的《现代青年》专栏。他演讲那晚，礼堂墙壁上贴了一副对联：

> 上联：把世界文化迎头赶上去
> 下联：把中国民族从根救起来

他的演讲是这样开头的：

> 今晚兄弟很喜欢得来和诸君研究中国的问题，尤其是中国文化的问题。中国的问题，根本就是整个文化的问题。想着把中国的政治、经济、教育等等改革，根本要从文化着手；因此今晚兄弟特别拿出"中国文化之出路"这个题目来和各位作一简短的讨论。为中国的前途计，我们要给它寻找一条出路。关于中国文化底主张，大约可分作下列三派：
> (1) 复古派——主张保存中国固有文化的
> (2) 折衷派——提倡调和办法中西合璧的
> (3) 西洋派——主张全盘接受西洋文化的
> 兄弟是特别主张第三派的，就是要中国文化彻底的西化。

这短短的开首语，明确指出目的是："为中国的前途计，我们要给它寻找一条出路。"而出路就是要"中国文化彻底的西化"，即"全盘西化"。而全文则是对"复古派"与"折衷派"的批评，对彻底西化的论证。

　　他的这篇讲稿 1934 年 1 月 15 日在《广州民国日报》发表后，以他的话来说，引起了一场很为剧烈的争论，社会上发表了几十篇文章。这一年暑假他到天津南开大学的经济研究所任职，将在广州时的文化问题继续讨论下去。后来由十位教授联名写的《中国本位的文化建设宣言》发表后，学术界对他的西化主张，展开了更热烈的辩论，时间持续一年多，文章之发表有几百篇。

　　父亲曾不无自豪地对我说，他一生中曾在国内引起三次大争论：一次就是文化问题大争论，亦即"全盘西化"的大争论；一次是关于乡村建设的争论；还有一次就是有关教育问题的争论。其实关于教育问题，曾先后进行过两次大争论：一次是在 1932 年，另一次是在 1947 年。

　　他讲这话的时候，未能预料到，有关"全盘西化"的争论延续了半个世纪以上，到 20 世纪 80 年代末还在争论，而且可能延续到下一个世纪。

　　关于他的西化论，这里不打算去讨论它，在这里主要谈争论和事态发展。在 1934 年元月他的《中国文化之出路》演讲稿发表后，对他的"全盘西化"持异议而发表文章批评者，代表性的人物有张磬、王峰、林潮、陈安仁、何汝津、王衍孔、穆超等人，他们在吕学海的《评中西文化讨论的折衷派》一文中被归为"折衷派"。而复古派的代表，在国内有梁漱溟，在国外有辜鸿铭。此外还有谢扶雅、张君劢等人参与过辩论。

　　支持他的"全盘西化论"者，有吕学海、冯恩荣、卢观伟等人。

　　前面已提到卢观伟先生和陈受颐先生都是"全盘西化论"的提倡者。卢观伟先生于 1948 年 10 月 10 日在香港去世。父亲感到很悲痛，曾专为卢先生写了一篇悼文《悼卢观伟先生》，刊登于 1948 年 11 月 1 日的《大公报》上。在该文中，父亲写道："在学问上，卢先生真是一位东西贯通的人物。"卢先生曾留日、留欧、留美。父亲还写道："二十年来，虽不与他常在一个地方，然而时常都受他的思想的影响，时时都受他的精神的感化……我在德时，无意中写了一篇有一万五千字左右的同这题目的文章（指《东西文化观》)，登在《社会学刊》(二卷三期)。我写这篇文时，不外是信笔所之，没有什么可取的地方。但是回国以来，观伟兄再三要我印成单行本，给予学生们看看，以便了解我们对于东西文化的态度。"同样，父亲有关西化论的思想观点，也常与陈受颐先生讨论，得到他的支持。

诚然，西化论早在"五四"运动以及这次争论之前，已被人提出了。自鸦片战争之后，特别是甲午战争后，人们已认识到，再不变革就有亡国之虞。但是，毫不含糊、公开明确地提出"全盘西化"，则应始自1933年12月29日晚父亲的演讲《中国文化之出路》。

1934年在广州引发的这场有关"全盘西化论"的辩论，其剧烈的程度，有时充满火药味。可从张磬先生在1934年2月2日刊于《广州民国日报》的《在文化运动战线上答陈序经博士》一文，看到"毒瓦斯""烟幕弹""机关枪"这样的词汇，似乎有的人对文化问题的辩论快到失去理性的地步了。

张磬是一个学校的教授，他是所谓的受马克思主义影响较大的"经济史观派"的代表人物。1991年德国汉学家柏克著了一书 *Totale Verwestlichung: eine Chinesische Modemisierungsdebatte dreissiger Jahre*，1992年由马川译成中文《现代化与西化——中国三十年代中期关于"全盘西化"问题的一场论战》。在这本书中，把当时以张磬为代表的一派言论归为"马克思主义者的反应"(见译本的第38页)。张磬的论点是：文化是经济所决定的，故有"经济史观派"之称。抱有这类观点的还有谢扶雅先生，他是岭南大学哲学系教授。谢老在1985年3月时年九十四岁还写了一篇文章《恢复岭南大学之我见》。广州的这场文化问题大争论直到1934年夏父亲北上南开任新职时还在进行。当时双方辩论的文章主要登在《广州民国日报》的《现代青年》专栏上，后该栏调整，暂停登载有关文章，其后有些文章则登在该报副刊上。

早期有关"全盘西化"的辩论文章，曾由吕学海先生收集编成《全盘西化言论集》一书，由岭南大学青年会于1934年4月出版。这本言论集收集了父亲有关"全盘西化"争论文章四篇，此外，还有吕学海先生、卢观伟先生以及冯恩荣先生等人的文章。主要对立面张磬先生的《在文化运动战线上答陈序经博士》一文也全文在该论文集中登出。吕学海先生在该论文集的引言中写道："就现代青年栏上那场论战来讲，要算张磬先生，对于我们的主张是最先而且是最激烈反对的一人。不过，反对尽管反对，理论是否健全是另外一件事。张先生对于西洋文化之认识的畸形和不彻底，及其折衷理论之矛盾与辩论态度之失检，我们这里文章也有直白指出来的。在我们的答辩文字里，也许有过火的地方的，我们现在也照样刊载，以存当日辩论的真相。"当时辩论的情况，可从吕先生的引言看出一二。

1935 年 1 月 10 日，《文化建设》第 1 卷第 4 期发表了王新命、何炳松、武堉干、孙寒冰、黄文山、陶希圣、章益、陈高傭、樊仲云、萨孟武等人署名的文章《中国本位的文化建设宣言》，此文一出，更是在全国掀起了新一轮文化问题的辩论高潮。这个宣言又称"十教授宣言"（下面简称"宣言"）。

"宣言"的产生表面上是由《文化建设》的发行人樊仲云发起，在王新命主持下，十位教授起草一个宣言，想推起一场"新文化运动"，但看一下这个月刊背景，也就可以看出"宣言"的背景。1934 年，在国民党管意识形态的陈立夫的策动下，成立了"中国文化建设协会"，协会出版的刊物就是《文化建设》月刊。

冯友兰先生曾指出"十教授宣言"的实质："这个'宣言'是国民党授意作的。一篇洋洋大文，实际上所要说的，只有三个字：'不盲从'。不盲从什么呢？不要盲从马克思列宁主义，'以俄为师'。"

卢观伟先生在他的《我们要一个新文化哲学》一文中就写道："我们的理论就是'全盘西化'，可以包括苏俄，包括社会主义。"

虽然父亲知道"十教授宣言"的背后有国民党要人的支持，可是他却不畏权贵，在"宣言"发表后，写了十篇以上文章进行论战。他在 1935 年 5 月 20 日天津《大公报》发表的《读十教授"我们的总答复"后》一文中写道：

　　十教授既不明了所谓社会主义的文化与资本主义的文化有了一种共同的基础或性质，又不能具体的指出，这两种文化有了什么根本的差异。同时好像忘记了这两者都是西洋文化。我的意见是：现在人们所谓社会主义文化的国家，不但在外交上，正与所谓为资本主义的文化的国家力求合作，近来连了宪法也要从后者采纳过来！此外无论在科学上，在工业上，以及文化的其他方面，在根本上都找不出什么差异来。

　　直至今天，仍有很多人不了解 20 世纪 30 年代的"全盘西化论"是把社会主义文化包括在内的。而这点大概正是"宣言"要针对的内容之一，怕"全盘西化"会化成了苏俄的社会主义。事实上马克思主义也是西方文化的产物。

　　这里也顺便提一下 1934 年"全盘西化论"者们的一个有趣的预言。卢观伟先生的《我们要一个新文化哲学》一文（见吕学海编的《全盘西化言论集》，1934 年 4 月出版）指出：

　　　　所以苏俄和社会主义的试验，将来由实验得来的成绩和优点，西欧文化或个人主义经济组织的国家，不愁它无法去容纳，但苏俄的文化，断不能说已经根深蒂固地具备了西欧文明的重要原素和价值。所以我们仍然一样地要继续主张"全盘西化"。

　　　　……

　　　　所以我们说，七十年来"西化"颇有成功的日本，理想上和事实上，也还更要"全盘西化"，才能够希望满意的解决国民生活上……的问题。……我们也可以说，今日日本会自己害自己的危险思想，是全由于不彻底的"西化"所致。

　　父亲在 1948 年 11 月 21 日和 22 日在香港《大公报》上发表了

《卢观伟先生的西化论》一文。在这篇纪念卢先生的文章中也再次叙述了上述观点。

日本在1937年发动全面侵华战争及其后的太平洋战争，结果是害了自己，这是否由于不彻底的西化？而20世纪90年代苏联的解体，也是否应了他们的预言？

由1934年元月父亲的《中国文化之出路》一文引发的全国文化大论战一直持续到1935年夏。在这一年加入论战的还有胡适、吴景超、张佛泉等人。而父亲在这场大论战中的最后一篇文章是1936年1月13日登在《国闻周报》第13卷第3期的《一年来国人对西化态度的变化》。

对于这一场大论战，最后谁胜谁负，公说公有理，婆说婆有理，这里先不做评论。

但是值得注意的是，当年的这场文化问题大争论，尽管最初有的文章采用了带讥讽的或过火的文字，并且有当权者介入，可是仍不失为讲理的、自由的学术辩论。这是20世纪30年代至40年代几场大辩论的突出特点。

父亲，作为一个三十岁出头的青年学者，在这场大论战中，表现出了大无畏的精神。面对来自各派的批评，面对权威和权贵，他坚持自己的观点和立场，毫不退缩，并且坚持到底。

这场文化问题大争论，虽然到1936年初已基本结束，然而对中国文化的出路何去何从，特别是对"全盘西化"的分歧仍然存在，只是暂时"休战"而已。到了20世纪60年代初，中国台湾地区、香港地区，甚至美国又就此问题引起争论。中国大陆（内地）在20世纪80年代末也就此问题发生了争论。

在结束文化问题大论战的介绍后，我觉得值得一提的是，父亲曾在1935年冬写了一本书稿《全盘西化论》，1937年夏曾交天津大公报社代印。由于"七七"事变，未能梓行。一部分书稿也曾遗失，后来费不少时日找回了稿子。而书中的第二、第三章已在别处发表了。为了保留整个系统与本来面目，父亲把稿件全部整理成一册。这本《全盘西化论》全稿在1939年11月15日完成，约五万字。

《全盘西化论》目录如下：

前记

引言

第一章　名词的来源

第二章　意义的说明

第三章　理论的发展

第四章　理论的解释

第五章　理论的重述

可以说这本《全盘西化论》书稿是他对于"全盘西化"最为系统完整的理论论述。在我的建议下，此书稿已收入中山大学出版社2004年出版的《陈序经文集》（余定邦等编）。

在这部著作中，父亲系统论述了为什么提倡"全盘西化"。他对中西文化从两方面进行比较：一方面把两者的发展历史做纵的比较，另一方面把两种文化各种特质做横的比较。这里先极简要地介绍纵横的比较。

从纵的方面比较，他认为：

原来文化的高低，从其发展的趋势方面来看，并不定在于这文化的本身上已达到的程度，而在于其发展上的可能性……中国文化的发展，从来就偏于单调，到了周初，大体上已呈停顿的状态。春秋战国的时代，虽是被称为黄金灿烂的时代，然根本上，只有思想方面，略放异彩。思想不过文化很多方面的一方面。……加以这些思想与其说是助长中国文化的发展，不如说阻止中国文化的发展。……自秦汉以后，中国的文化，更偏于单调的途径，更呈了停顿的状态……

古代希腊、罗马的文化，以至中世纪的文化，却不是这样的。希腊文化的弹性较大，所以能够容纳埃及、巴比伦、克利地与腓尼基各种文化而成为纪元前三四世纪的文化。这种文化的本身既不单调，故易发展，……同样罗马征服希腊之后能够容纳希腊文化，后来又能容纳基督教，这也是表示其弹力较强，发展较易。

……

至于近代的欧洲文化的发展的可能性之大，是用不着我多说的。

从横的方面比较，父亲列出在衣、食、住、行（交通）、农、工、矿、商、政治、法律、宗教、道德以及教育、科学、哲学、医学等各方面的比较，认为中国落后于西洋文化。以下仅举出几个例子。

好多人又尝自夸我国为"衣裳之国"，可是他们忘记了我们今日所穿的长衣马褂，并非我们自己固有的东西。

……人家到处有了飞机，火车，汽车，电车，我们只有骡车，马车，牛车，与最没有人道的人力车。

……人家用了机器耕种，我们却是靠着两手两脚，人家用了科学的方法改良种子，驱除害虫，试验土壤，替代天工，我们却是唱着"雪兆丰年"，望着"天官赐福"。

……人家想登天国的人，乃是地上的改造家；我们立志出家的人，却是社会的寄生虫；人家的上帝，可以把来研究；我们的神鬼，只是把来愚民。

然而最使我们痛心疾首的是：号称"以德治国""以德服人"的国家，道德也不讲求。周公是我们的道德典型，然而他忘记了先齐家而后治国的信条，所以才有杀弟放弟的悲剧；这是不仁。孔子是我们的道德师表，然而他不尊一息尚存的周室，而在管叔所嫌疑的周公之后的鲁国。而且在行为上，又近于朝秦暮楚；这是不忠。最先尊孔的汉高皇帝，能食太公一杯羹。称为张超义友的洪藏，能杀爱妾以飨将士。这是吃人的道德。……男人能有三妻四妾，女人要守"饿死事小，失节事大"的信条。"生男则相贺，生女则杀死"，这是野蛮的道德。

他在这本系统论著中，就人们对"全盘西化"提出的各种意见，做了较详细的解释。以下简要介绍他的解释。

第一，为什么不用"现代化"或"世界化"或"充分西化"，而用"全盘西化"？

在他的文化学论著、西化论著，包括乡村建设和教育学等论著中，可以看到他的"全盘西化"实质上就是要"现代化"。那么他为什么不用"现代化"或"世界化"的提法呢？

他说道："我以为，在实质上，在根本上，所谓趋为世界化的文化，与所谓代表现代化的文化，无非就是西洋的文化。所以'西化'这个名词，不但包括了前两者，而且较为具体，较易理解。"

"所谓'充分'或'尽量'这些名词，不但很为含混，而且很容易被一般主张折衷，或趋于复古者，当作他们的护身符。""'全盘'这两个字，可以当作弹性解释，也可以当作硬性解释。"他认为百分之九十五的西化，也可称为"全盘西化"。他提出"全盘"用意之一乃是要区别于"复古派"或"折衷派"。

第二，有些人以为在西洋文化有了很多的各异成分与不少的冲突特性，所以我们不易采纳。

他指出："……所谓很多各异的成分与不少冲突特性，正是表示其包藏较富，与弹性较强。包藏较富，也是表示吸收外来的特性较易，弹性较强也是表示自动进步的能力较大。"

> 胡（适之）先生好像以为基督教的派别太多而至"互相诋毁"，是一件不当效法的事。我却以为所谓"诋毁"大概恐怕就是争竞，至少含有争竞的意义。西洋文化，不但宗教方面是如此，就是别的方面也都如此。又况派别繁多，"互相诋毁"或争竞，不但往往可以使人们可以自由信仰，而且能使人们可以反省更新。能有自由信仰，个性乃可发

展，能有反省更新，文化始可进步。例如，中国思想派别之多，莫若春秋战国，然所谓思想的黄金时代的春秋战国的诸子百家，也岂不是自己"互相诋毁"吗？我想二千年来——特别是五百年来的中国文化之所以远比不上西洋文化的一个重要的原因，未尝不就在这里。这是研究中西文化发展史的人，所不可忽略的。

第三，有人认为"全盘西化"不是理想文化。他认为：

> 从我们固有文化来看，……我们自己在目前既没有法子去创造一种较这种（西洋文化）为好的文化，而又尚未达到人家已达到的地位，我们就不能否认人家这种文化，是我们的理想文化。

> 从西洋文化的立场来看，所谓全盘西化，不是理想文化，……西洋文化是一种已经存在的事实。凡是存在的事实都不能谓为理想，……可是正是因为西洋人或西化的人觉得西洋文化，不是最好与最完全的文化——理想文化，所以才继续不断的努力去实现他们的理想文化。因为继续不断的努力去实现他们的理想文化，……才有继续不断的进步。

> 在观念上，在动态上，一个能够继续不断的进步的文化，可以说是一种理想文化。……不但这样，理想固为事实之母，然而事实往往又为理想的基础。……要是机器未发明，那么五十年前的人们的飞机的理想，决不会实现。……所以我们若要有较西洋文化为好的理想文化，还是要以西洋文化为基础。这么一来，从我们的文化立场来看，西洋文化中的理想文化，可以说是我们理想文化中的理想文化了。

第四，有人以为"全盘西化"只是模仿，不是创造。他说：

> 西洋文化在近代之所以能够有一日千里的进步，就是因为她的动性较强。二千年来的中国文化之所以停滞不发展，就是因为她的惰性较深。惰性较深，就是表示没有创造力，动性较强，就是表示有创造力。
>
> 其实所谓全盘西化在根本上，是要把西洋创造文化的精神取过来，有了这种精神，当然是不只是能创造人家所能创造的文化，而且可以创造新文化。所以全盘西化，就是含有创造新文化的意义……
>
> 退一步来说，模仿也可以说是创造新文化的张本。比方，要创造新式飞机，第一步工作是学晓人家已往作过的飞机；……再退一步来说，我们今日之文化，比之西洋文化，真是望尘莫及。假使能模仿而达到人家已经达到的地位，那么中国不但今日没有这么厉害的外患，而且没有这么可怕的内忧。

第五，有人认为"全盘西化"未必适合中国国情。他说：

> 我以为"国情"这两个字，虽是包括自然环境，种族，心理，文化，各种要素，然事实所指明的，根本只能说是文化方面。
>
> 在文化较高的社会里，人类征服自然的力量增强，自然环境之影响于文化极为微薄，美洲可以变为第二欧洲，日本可以跃为强国之一，就是证明自然环境，不但不能限制文化的发展，而且受了文化的征服。假使不是这样，那么比方广州市是不会西化的，粤汉铁路是不会筑成的了。
>
> ……
>
> 可知所谓国情，只是指着我们固有的文化，而这种固

有文化，在积极方面，既不能适应此时此地的需要，在消极方面，又是阻止外来文化的惰性，我们主张全盘西化，正是要破除惰性，与适合需要。

……

文化是变化的，而变化乃是文化的特性。假使文化不是变化的，那么比方简小的屋宇，必不能变为皇宫华厦……而况今日一般人所谓固有文化，多非固有的东西。所谓为祖宗遗产，多非祖宗的东西。衣食住方面的长衣、烧饼、卧床，固不待说，宗教方面的佛教，音乐方面的琴具，以及好多东西，都是我们所谓胡夷的东西。我们既可以从明服、中饼、席地，而变为胡服、胡饼、胡床，那么比方从胡服、胡饼、胡床，而变为西服、西饼、西床，又有什么可以非难的地方呢？而况胡夷的文化，本为我人目为低下的文化，西洋文化，却为我们认为进步的文化。

第六，有些人以为西洋文化不外是资本主义的文化。他认为：

……资本主义不过是经济的一方面，……经济生活，只是文化生活的一方面。……资本主义只是西洋文化的一方面。而西洋经济又只是西洋文化的一方面。以西洋的经济去包括西洋文化，已是错误，以资本主义去包括西洋文化，岂不是大错特错吗？

而且一般以为西洋文化只是资本主义的人，大概是相信所谓社会主义的人，然而他们好像忘记了社会主义也是西洋的产物。

第七，许多人以为主张"全盘西化"，是由于"自甘暴弃"，是忘记祖宗的成就与光荣，缺乏民族自信心。他说：

所谓祖宗的成就与光荣，是祖宗的，而非我们
的，……只靠祖宗的成就以为光荣，不但是自甘暴弃，而
且是污辱祖宗。何况祖宗的成就与光荣早已成为历史上的
陈迹。

……所谓民族自信力是不当筑在祖宗的光荣上面，而
是要筑在自己的才能，自己的智慧，自己的努力上。……
真正的自信心，并非留恋过去的残缺，夸耀祖宗的光荣，
而是要自己相信能达到人家已达的地位。

第八，有些人以为"全盘西化"是盲从西洋。他指出：

原来西洋文化的重要特性是教人不盲从。所以西洋教
育的目的，是发展个性。此外在言论上，思想上，政治上，
种种自由原则，都可以说是近代西洋文化发展的主因。全
盘西化在精神上，是要我们的个性发展，是要学人家的自
由原则，所以全盘西化，并非盲从西洋。

在该书稿最后，他还声明："我虽主张全盘西化，我并不反对
人家研究固有的文化，也不反对人家保存固有的古物。研究文化与
保护古物，是与应用这些东西，有了很大的不同……"

端木教授在他写的《陈序经东南亚古史研究合集》序言中说
道："先生早年曾倡'全盘西化'，以至今日仍有议论未休者，但认
真翻阅其原著者，辨析真谛，进而观其行，知其人者殊不多见。"

父亲的"全盘西化论"，是他根据他的文化学理论研究比较了
古、今、中、外文化发展，特别是东西文化观而提出的，是他两百
万言"文化学系统"中的一部分。这里仅能就他的西化论做极为简
要的介绍。如端木正先生所说的，如认真翻阅其原著的话，是能辨
析真谛的。

他的另一本书《中国文化的出路》则在1934年1月由上海商
务印书馆出版。

2. 教育方针争论

父亲立志一生从事教育工作，自然很重视教育方面的问题。他曾引起了教育方面两次争论。这里先介绍他在 20 世纪 30 年代初有关教育的争论。

在 20 世纪 30 年代初有关教育问题的争论，主要有两方面：一是"教育中国化和现代化"的问题；二是大学教育方针的问题。前者涉及教育现代化和教育农村化，后者涉及大学注重职业教育的问题。

教育中国化和农村化的提出，是因为 20 世纪 30 年代初有人认为："中国新的教育最初是抄袭日本……后来模仿法国……近三四年来他们都觉悟纯粹抄袭的错误，提倡中国化的教育……"而徐旭生更是提出中国教育要农村化。

针对教育中国化、农村化的言论，他在 1932 年 5 月 12 日发表了他在 1931 年已写好的一篇文章《教育的中国化和现代化》。他在这篇文章中指出：

> 平心来说，从数十年来的新教育史上看去，新教育并非完全没有成绩。她不过是进步太缓罢了。我们当然可以说，这么迟慢的进步，是不能够适应我们的需要，而叫做失败。但是与其说这种失败，是由于新教育之不能完全和彻底中国化，还不如说是由于中国教育之不能完全和彻底的现代化。

他又说：

> 我们已经说过，教育是文化的一部分。教育的彻底现代化，当然是和全部文化的彻底现代化，有很密切的关系。……我们可以大胆的说一句，六十年来所谓教育现代化的运动，是陷于皮相浅薄的现代化的危险。而这种危险的主因，又外是由于教育上的中国化的运动——复古

运动。

他在这篇文章最后写道：

> 我们的见解是：全部的中国文化是要彻底的现代化的，而尤其是全部的教育，是要现代化，而且要彻底的现代化。职业教育固是要如此，普通教育也是要如此。低级教育固是要如此，高等教育也是要如此。城市教育固是要如此，农村教育也是要如此。惟有现代化的教育，才能叫做新的教育。中国人而不要新生活的教育，也算罢了，要是要了，那么只有赶紧的，认真的，彻底的现代化。然而要达到这个地步，首先就要放弃和推翻这种似是而非，而最易迎合一般中国人的心理，而有开倒车的危险的言论。

在七十余年前中国教育究竟要走什么道路，还有不少人有不同的看法，父亲认为：

> 末了，这篇文既草成于去年，对于徐先生和陶因氏的见解的批评，当然不是她的主旨。但是里面所说的先要中国教育现代化的见解，我以为是中国教育上一个最重要的问题。假使我们对于这个问题有了充分的认识，那么其他的枝节问题都可迎刃以解。

父亲把教育要现代化作为中国教育一个最为重要的问题，这是他教育思想的根本出发点和立场。中国的教育在半个多世纪以来，曾经历了许多风风雨雨，但最终还是要走上现代化的道路，尽管在枝节问题上还会有争论。

但是值得注意的是，他上述讲话还有一点很重要，即他说的："照我们的见解：全部的中国文化是要彻底的现代化的……"

这里道出了他提的"全盘西化"的实质乃是中国文化要彻底地

现代化。那么为什么他不提"彻底现代化",而提"全盘西化"呢?这问题他已在《全盘西化论》中有详细说明。

对于教育争论的第二个问题,即大学教育方针的争论,起因如下。

1932年5月19日,当时广州市的教育专家们曾在中山大学举行了一次教育会议,讨论各种重要教育问题,他们讨论的内容之一,即第一条议决案:"停办文法科或减少数量,同时多设职业学校,以适应社会生活之需要。"有关这次会议的情况在《广州民国日报》1932年5月21日《教育新闻》栏有报道。

当时支持上述议案者,有中山大学校长邹海滨(鲁)先生、岭南大学校长钟荣光先生。中山大学邹校长在中大纪念周演说的焦点是注重职业教育,而岭大钟校长在1932年5月21日同学日的宴席中,宣布岭南大学将于近期内实行这种教育方针。

父亲主要反对停办文法科或减少数量,并不反对多设职业学校。为此,他在1932年5月26日发表了一篇文章《对于现代大学教育方针的商榷》。该文后来也收录在1949年10月出版的《大学教育论文集》中。在这篇文章中,他表达了大学教育应以何为目的的看法,这也是他教育思想的一个重要方面。他在该文中指出:

> 应当首先了解什么是大学教育,什么是职业教育,以及这二者的关系如何。我们可以大胆的说,参加十九日教育会议的教育专家,老实是误解了这二种教育,他们简直是把二件东西弄得太不清楚了,所以才有上面所举出第一条的议决案。原来职业教育的目的是在乎应用,而大学教育的目的是在求知,所以研习某种技艺以维持目前生活,与专为学问而研究学问,显然有不同的地方。为了前者的需要,职业教育的发展实不容缓,为了后者的需要,大学教育之建设尤为迫切。

他认为:"大学教育的目的是在求知,……为学问而研究学问。"这种看法，很多人会不以为然，他所说的"不少的人是为讲求知识，研究学问而要受大学教育"，这对温饱未有解决的国家或地区的人来说，可能是一种奢望，但对发达的工业化国家、大学教育普及的国家，这又是平常的事情。

进一步看他对职业教育与大学教育的看法：

> 我们上面已说过，职业教育的目的在求应用，而大学教育的目的却在求知，求知固未必为了应用，然要有所应用，则不能不求知。要造一部汽车或轮船，第一个条件要晓得制造的方法，要在文化发达的 20 世纪的世界里，设法增加生产以裕民生，而不提倡大学教育，是行不通的。

> 其实，我们的意见是，假使人人而能够入大学了，那么职业教育是用不着去提倡的。因为大学教育比之职业教育还要专门，还要彻底。不过大学教育太落后了，所以不得不借职业教育来补救一时之急。明白了这个道理，我们更觉得大学教育的提倡，刻不容缓，今欲舍大学教育而取职业教育，混乱颠倒，曷甚于此？

我自己也是数十年从事大学教育的工作者，看了父亲有关大学教育的精辟言论，真有拍案叫绝之感。他对大学教育的"求知"与"应用"的含义和它们之间的关系讲得很透彻。不要以为过去，就是到如今，一些大学教育工作者或行政管理者不见得都明白此中的道理。

这次争论的另一个问题乃是停办或减少文法科的议案。当时有些教育专家认为："文科法科的学生出校后没事做，结果是流为高等游民，制造高等游民，不如没有之为妙。"

父亲是极力反对这种观点的。他指出：

> 我们试问农、工、商科的学生出校以后，做不做高等游民？正确的证据固不容易找出来，然试以大学农科及农

职学校的毕业生为例，除了做官、执教鞭和高等游民外，有多少是学尽其用的呢？

他驳斥文科、法科没有用的言论，下面举一二点：

> 本来学法律的人，通常目为一种专门的职业的学科，惟有野蛮、半开化的社会里，法律的研究才不大注意，所谓法治的国家，没有不注重法律的。我们的传统观念，对于法律太轻视了，官僚武人的非法举动，使民主政治不能实现，这是表示我们对于法律，太不讲求，现在还要废除它，那么今后的情形，更是不堪设想了。

> 我们试想，在殖民地的领域，像南洋群岛、安南（按：即越南）政府的学校里，对于政治科目的设备，是差不多没有的。他们认为假使你们懂了政治，那么殖民地的设施，必然引起土人的反感。而土人政治权的要求也是不能避免的。我们试问，主张废除政治学的教育专家，岂不是要以帝国主义的对待殖民地方法来对待我们民众吗？岂不是要实行庶人不议，不在其位、不谋其政的政策吗？须知大学培养的政治学者、政治家，和制造官僚政客是绝对不同的一回事呵！

他对不要法律、政治学科的愚昧做法提出了尖刻的批评。

> 至于经济学有没有用呢？每个国家的国民经济，与国民生活的密切关系，这是无论谁都要承认的。然而国民经济的充裕与否，以及其改良及发展与否，不单只靠着一间商业学校，学过三二科薄记银行的人，还要靠着世界经济的趋势以及经济学上种种的根本原理的智识。其实一个最功利的银行行长，不只是要晓怎样数纸币、银元，还要懂

得经济学的原理啊。

除上述外，对于社会学、哲学、外国语言文学、中国语言文学等文科的必要性，他都做了有力的说明，这里就不逐一举例了。最后，父亲还写道：

> 其实，急急于只务目前的苟安与生活，而不愿做彻底的研究，是中国人的最大的病弊。我们若不再细心思量，结果恐怕要唱出向后转的论调。曾国藩曾提倡过造船制械的教育，李鸿章也提倡过开矿筑路的教育，然德国的铁血宰相老早说过，中国与日本比较，日本必胜，中国必败……这是什么原故呢？大概不外是只见得人家的用，不见到人家的体，只求目前的应用，不想彻底的求知，有其体，得乎知，未必一定是要用，然没有其体，没有其知，试问怎能有其用呢？

他的教育思想、见解，即使今天看来，也多为至理名言。不要以为1932年5月19日在中山大学举行教育会议的教育专家们，一时糊涂，或鼠目寸光愚昧无知，提出要停办或减少文科数量。事隔二十年，国内倒真是照他们说的那样办了。又过了二十多年，才发现不对头，又走回头路。

其实，有很重要的一点是，那时以至现在的一些高等教育专家们还不懂得，高等教育的一个长远的目的，是提高全民族的文化素质。这就不仅仅是为了求知或应用了。

除了对中山大学教育会议议决案的第一条提出了批评外，他还写了一篇文章《对于勒克教授莅粤的回忆与感想——再谈现代大学教育的方针》一文，批评勒克（Harold Rugg）对中国文化教育的一些言论和见解。原来勒克是美国哥伦比亚大学林肯学院教授，专从事研究大学以下教育。他对当时中国文化教育方面的问题做了几个月的研究，传说参与中山大学教育会议的人有的就是受了他的影响。

　　1932 年 4 月 21 日与 4 月 26 日父亲曾在岭南大学与勒克见过面。4 月 26 日那次是勒克在岭南大学文理科学院院长梁敬镈先生家里主持一个讨论改造中国问题的会议，参加会议的中外学者四十余人。

　　父亲批评勒克一文指出：

　　　　他的全副工作，既是为中等学生而著作，所以他对于大学的需要上，不但没有注意，简直是没有作过专门研究。
　　　　……
　　　　一个注重大学以下教育的人，对于大学以下的教育拼命提倡，并不算做什么稀奇的事。然而一个只晓得大学以下教育的人，极力来提倡废除大学教育，以扩充大学以下的教育，我们只觉得他的意见是大偏了。

　　在 1932 年 4 月 26 日那次会议上，勒克教授主张中国应部分地选择西方文化，并声明他是根据科学方法所研究得到的结论。父亲当场在会上指摘他的这种方法是非科学的方法，勒克的逻辑是错误的。

　　有关大学教育方针的争论，自 5 月 26 日《广州民国日报》的《现代青年》栏发表了父亲的《对于现代大学教育方针的商榷》一文后，关于这个问题该栏发表了十多篇文章进行争论。

　　1932 年 5 月 31 日的天津《大公报》登载了南京陈果夫在中政会议提出的改革教育的初步方案。据报道，他提的内容大体和中山大学会议的议决案相同。

　　当时父亲已回海南奔丧，未有时间即对此做出反应。而清华大学的蒋廷黻先生和燕京大学的刘廷芳先生则先后发表了文章进行评论。前者在 6 月 12 日的《独立评论》发表了《陈果夫先生的教育政策》，后者于 6 月 25 日在《明日之教育》发表了《陈果夫氏的教育提案八个假说》。

自海南回来后，父亲在 7 月 23 日写了《敬答对于拙作〈对于现代大学教育方针的商榷〉的言论》一文，驳斥那些反对大学教育和减少文科法科的言论。他在该文中指出：

> 就是提倡生产教育、劳动教育的苏联，从来也没有提倡打倒大学教育，如每年还费了不少的金钱和精神，去请外国的大学教育专家来指导。

事实上，以后苏联一度能成为超级大国，这也是它重视教育，特别是重视大学教育的结果。

自 1929 年父亲回国到岭南大学教书，虽有博士头衔，但初始只是个助理教授。助理教授上去是副教授，再上去是正教授。这是沿袭美国的大学制式。从 1932 年的这场教育问题的论战，可以看出他的一些气质。

作为一个初出茅庐、年纪不到三十岁的年轻教师，父亲却敢于向当时的一些教育专家、大学校长、教授们提出挑战，既批驳他们做出的一些议决，敢于当面指责美国的教育权威，更不惧当时的当权者们，批评他们提出的所谓"改革教育方案"，这种精神、勇气是何等地可贵。很多人为了保住自己的饭碗，哪里敢向自己的顶头上司或学术权威和当权者们提出自己不同的意见，更不要说批评他们了。

再看，他的一个重要的教育思想见解，即中国的教育要现代化，是很正确的。试想，一个国家要富强起来，要现代化，从何"化"起？科技兴国，又由谁来兴科技？显然，首先要兴教育，兴现代化的教育。美国在两百多年前大部分是荒原，然而在它未独立的一百多年前，即 1636 年，已成立了哈佛大学，1870 年已有圣约翰大学。由于美国重视大学教育，在其独立前后已有了一大批大学，有三千多所大专学院。正因为如此，美国才能在短短的两百年从一片荒原建成世界超级大国。

此外，父亲对大学教育的思想见解也很深刻，即大学教育要兴不能废，大学学科应较全面，不应仅重工、农、理科而废文科、法科，以及大学是为求知，职业学校是为应用，大学教育比之职业教育还要专门、还要彻底，等等。

　　谈到这里，再回顾祖父要父亲到美国留学后，又坚持他去欧洲留学，确实有远见。一个人真要做学问，是不能坐井观天的。美国的教育制式虽然源于欧洲，但毕竟还是有所差异。就以哲学来说，社会主义学说就出自欧洲。以理工科学来说，20 世纪 30 年代之前，美国注重应用科学，而在理论科学上还赶不上欧洲。父亲从小既受过最传统的中国教育，又在国内受过由西方引进的教育，最后又亲身在美国、欧洲接受高等教育，在美国或欧洲都学习研究了两年以上，对中外教育方式的优缺点都很了解。所以他能提出教育要彻底地现代化。也因此，他才敢于向当时的大学校长、中外教育专家权威们的言论提出批评。像他批评勒克教授对中国文化教育的言论，就指出勒克不过是照十年前的罗素、杜威的说法去说，结果只有错误。这里他连罗素、杜威这些权威名人对中国的言论看法也毫不客气地批评，指出其是错误的！同样的，他在以后研究和提出的文化学学说或其他论著，也不是盲从哪个西方的权威大师的。

　　历史的实践证明了父亲当年的教育思想方针是对的，最后还是要走教育现代化的道路。

　　从 1931 年到 1934 年，父亲在岭南大学任教，此间他只是教书和做学术研究工作，而没有担负任何行政职务。在他的一生中，只有这一段时间和 20 世纪 50 年代中期的三年时间，他不担任行政职务。他特别缅怀这段时间。因为这段时间，他能完全像祖父希望地那样全心全意地去教书和做学问。而他一生中影响最大最深远的学术思想也是在这个时期形成。如"全盘西化论"的理论根据"东西文化论"，就是这段时期奠基的。其后他的"文化学系统"的组成部分"南北文化观"也是在这时期形成。而中外闻名的中国文化大论战，更是发生在这段时间。他的一些重要的教育思想见解，也是在这段时间公之于世。

　　正是由于他上述的学术论著引发在全国展开的有关文化与教育的大论战，使他这个名不见经传的青年教师，开始为国内学术界所认识。

其实他在岭南大学任教的这一期间，还曾发起建立岭南社会调查所，主要是调查华南，尤其是广东疍民的情况。文学院和学校领导当时要他去当这个研究所的负责人，不过他想起祖父的话，坚决推辞了，而提议别人去当所长。

3. 北上南开任教

1931年父亲自德国返国的前后，上海和北京都有大学拟请他去教书。当时祖父在世，身体又不很好，所以父亲没去北方，就在岭大任教。

到了1933年，北京大学又旧事重提请他去任教，同时南开经济研究所也请他去当研究教授，每周授课最多不超过6小时。在那时候，一般学校教书每周至少9个钟头。虽然北大授课时间也比较少，但在当年他对国立大学没有好感，所以没有接受北大的聘请。

1933年，祖父既已逝世，他也就考虑换一个地方教书。这年年底，他决定答应南开大学的聘请，并通知南开大学将于1934年的暑假到任。

他对当时的国立大学没有好感，一个主要的原因就是在国立大学教书往往要受政治影响。有些国立大学的学风亦不浓厚。在他的一份手稿中，他就曾批评当时的中山大学校长。他写道："我觉得中山大学最令人不满的地方，是主持中山大学的当局太不负责，以戴季陶先生去当正校长，朱家骅先生当副校长。正校长在京时多在校时少，副校长也是在杭时多在校时少。当了广州的中山大学校长同时可以在京当要职，做了广州的中山大学副校长同时可以在浙江当民政厅长。在同一地方而身兼政教要职已难兼顾，在距离这么远的地方而身兼二职，那是太不负责了。"他也批评邹鲁在西南政务委员会时兼任中山大学校长："给我们的印象只是发威……中山大学在那时薪水时时拖欠，校长的卫队可以坐汽车，而教授的薪水却常无着落。"原来当年的邹校长有两部汽车，办公室的门口有两个武夫守卫。父亲批评他忘了做校长是做学生的模范。当年的某国立大学，也有人认为其黑幕重重，有暗潮。

虽然父亲当年对国立大学没有好感，但他也并非都带偏见地看待国立大学。例如，有段时间有人对中山大学批评相当严厉，如朱光潜就说过："广东的中山大学，虽然历史很悠久，面积很广大，建筑物很好。但除此以外，却没什么。"

父亲并不同意上述说法。他说：

> 过去主持中山大学的人们，虽然因为只顾了政治上的地位，而忽略了办教育的职责，使中山大学吃了很大的亏。然而若说中山大学，除了历史久、面积大、房子好之外，却没什么，却是十分不公平之言了。中山大学的农学院、医学院，都有其贡献，其他的院系，也有其饱学的人士。
>
> 新办的北京大学的学院的昆虫系，还邀请了中山大学昆虫学的教授去帮忙。
>
> 所谓著名的大学，既未必样样好，被人讥骂的大学，也未必样样坏。

父亲对人、对事物的看法，不抱偏见，没有戴有色眼镜来对待人或事物，这是他的一个优点。从他对国立大学的一些看法，可以看出，他对国立大学没有好感只是针对某些事、某些人，对于国立大学里面那些有真才实学、真正做学问的教授学者们，他总是很敬重。已故著名人类学家、中山大学教授梁钊韬曾和我谈到，当年父亲在昆明西南联大时，受到南北两方面师生的尊重。当时南方有中山大学，北方即西南联大三个学校。南北学校之间是有些派系矛盾的。

本来，一个人尊重别人，同样别人也会尊重你，这是一个简单的为人的道理。尊重别人的意见、劳动、成果、贡献是一种好的品德，不过不是人人都能有这种品德，特别当有的人手头有点儿权或钱时，往往会飞扬跋扈，目中无人。难怪父亲批评有的人只是发威。

他在《公论耶？私论耶？》一文中曾写道：

　　国立大学，固可以成为政治上的党派人物所利用，而不得其公，国立大学，也可以成为教育上的学阀所利用，而不得其公。所谓国立者、公立者，在这种情形之下，只是假公济私而矣。反之，私立大学，虽名其为私，固未必是为私，除了一些办学以敛钱的外，办教育总是为公。

　　他的这一番话耐人寻味，也由此可知他为什么当时舍国立大学而去了私立的南开大学。

　　在离开岭南大学去天津南开大学之前，1933 年 8 月 1 日，母亲又生下第二个女儿，可能是因为在夏天出生的吧，所以取名夏仙。不过很多年后又按出生地改名为穗仙。

二、在南开任职期间

1. 在南开经济研究所

　　1934 年夏，父亲结束了岭南大学的教书生涯，应南开大学之聘，到该校经济研究所任职。他虽然在经济研究所任职，但仍教授一门社会学的课，所以是社会学教授兼研究员。

　　南开大学在 1946 年以前是私立大学，成立于 1919 年 10 月 17日。南开中学成立于 1904 年 9 月，张伯苓先生任南开中学校长。南开中学前身源于严氏家馆，它原是清末进士严修（字范孙）的家庭学校。

　　父亲非常敬佩张伯苓校长。他在《二十年来的南开经济研究所》一文中说道：

　　　张伯苓先生，用苦干、硬干、蛮干的精神，从办小学而中学，由办中学而大学，以至研究所，五十年如一日，直到现在，还继续不断的努力去提倡教育，所以南开经济研究所也像大学、中学、小学一样能够慢慢地发展起来。

南开大学与岭南大学最大不同之处，乃是南开大学完全是由中国的爱国开明人士创办起来，不像岭南大学是由外国传教士开办的格致书院发展而来，也不像清华大学是用庚子赔款退款办的。一个完全由中国人私人创立的中学和大学，办成国内外皆闻名的学校，这是一件极不容易的事情。这也是张伯苓先生和严修先生令世人敬佩的原因。

南开学校有很优良的校风学风。抗战期间，我在重庆南开小学和南开中学初中一年级读过书。当时读南开中学的学生都要剃光头。我家虽住在南开中学内，但上了中学也要住进学生宿舍。令我印象最深的是，在宿舍里每个同学的床都要用白床单铺得像豆腐那样平整，所有衣服什物全放到地下储藏室去。五十年后我有机会去参观广州的黄埔军校旧址，那里模拟当年黄埔军校的学员宿舍也不过如此。也是差不多五十年后的1996年6月，我有机会在四妹云仙的陪同下重访我的母校之一天津南开中学，怀旧一番。小时上课的楼房和宿舍依旧如故，只是教室大楼已变为纪念馆。

南开大学的经济研究所，驰名国内外，有中、英文刊物出版。它创立于1927年9月10日，初名为南开大学社会经济研究委员会，后该会与大学文学院的经济系合并，成立经济学院，1934年该院的教学部合并到商学院，而该院则改成商科研究所经济学部，简称经济研究所。经济研究所的创立和发展是和张伯苓校长的领导与支持分不开的。此外，父亲还提道：

> 直接负责去推动这个研究所的是何廉先生。他有苦干的牺牲的精神，有发展事业的热情，有努力求知的兴趣。
> 研究所成立一年之后，方显廷先生从美国回来，参加本所的工作。方先生是一位对于研究工作最有兴趣而最有恒心的人物。……假使没有他，也许南开经济研究所的工作不会发展那么快。

此外有丁佶、林同济、李卓敏、林维英、吴大业、陈振汉、袁贤能、鲍觉民、丁洪范、杨学通以及好多位先生在研究所的发展史上，没有一位不占了重要的地位。

上述南开经济研究所的一些成员，不仅在当年是南开大学的著名学者，而且日后也是国内外闻名的学者。他们日后不仅是父亲的同事，而且成为挚友。

父亲到南开大学之后，主要从事研究工作，也教一门课。从1934年夏至1935年，他还继续参与由广州扩散到全国的文化大论战。他的重要社会研究工作之一的疍民的研究，也是在这个时期着手的。在南开经济研究所的《政治经济学报》（中文）、《南开社会经济季刊》（英文）、《经济周刊》（由《大公报》印行）上，他都有文章发表。

在南开经济研究所工作不到一年，学校要父亲当研究所研究主任。他再三推辞，可是他们说这是主持计划研究工作，不是管行政的，当时还有所长。父亲说，他没有办法，最后只好迁就。尽管是主持计划研究工作，但是要布置工作，就要经常到外地去了解各种调查研究工作的进展，而且常常多少要参加一些行政工作，如参加所里的行政会议，讨论经费分配等。从此以后，除了在20世纪50年代中约有三年没承担任何行政职务外，他一生都在学校担任行政职务。

南开经济研究所在那时的研究范围已很广泛，其专刊包括了统计、工业、农业经济、地方财政、经济史、政治和社会研究诸方面。

本来他一向对主权观念的研究比较有兴趣，这也是他在美国和德国的主要研究内容，来到南开他也继续进行研究。他在文化问题方面也很有兴趣，文化大论战更使他重视这方面问题。但是，自他在1935年任研究所的主任后，精力主要放在工业发展对社会影响的研究上。

自1934年后，南开经济研究所一个主要的工作是研究有关工业发展对社会的影响。他任研究主任后花了不少时间在这方面的工作上，当时研究所有多位研究人员在河北省白洋淀附近的高阳县从事调查工作，1936 年还到广东省的顺德县做调查，并打算接洽在河北省塘沽进行调查，还计划在其他工业区做调查。这是一个很大的研究计划，准备用研究所的大部分人力和财力去完成这项研究。父亲说，他们这样做的目的是要在中国各地找出几个工业发展的代表区域去做集中的调查，看看工业对社会或文化的影响程度怎样，再把工业发展的社会生活与我们固有的农村社会生活做比较。

2. 乡村建设的大论战

父亲积极推动有关工业的发展对于社会的影响这一课题的研究，也是有他自己的目的。他是极力主张以工业化来立国的，而极力反对当时流行的以农立国的主张。他不仅要从理论上去说明他的主张，而且要从实际的社会生活中找出一些事实去证明他的主张。

为此，他经常到高阳、宝坻、塘沽、静海、定县等处去了解工作进展情况。父亲对待工作，总是亲力亲为，不光是坐在办公室听汇报看材料。他在以后担任各级行政事务工作时，都是这种作风，所以对一些情况有时比具体工作人员还了解。

1936 年 4 月，他在《独立评论》第 196 号发表了一篇文章——《乡村建设运动的将来》。此文发表后，即引起了一场有关乡村建设运动的大论战。

原来自 1926 年到 1935 年这段时期，国内很多人极力提倡以农立国，乡村建设运动可以说蔓延全国，北至河北，南到广东，西到四川，东到江浙。不仅在理论上很多人提倡，还有很多人做乡村实验工作，如定县、邹平、辉县、新造、巴县等地都有乡村实验区成立。

他在《乡村建设的途径》一文中概括了以农立国者的立场：

> 一般提倡乡村建设的人们，都以为中国自来是以农立国，所以今后的中国，还是要以农立国。他们所提倡的乡村建设运动，也可以说就是农村建设运动，因而他们遂成为农本主义的推动者。在积极方面，他们既主张以农为本，在消极方面，他们是反对工业的发展，反对都市的发达。

"作农人"，这是他们的口号，"下农村"，这是他们的呐喊。梁漱溟先生固是这样的大声疾呼，其他的一般从事于乡村建设运动的人们，也是这样极力唱随。梁漱溟先生还以为我们的工业太过落后，假使我们与欧美日本各国在工业化上去赛跑，结果是人家走十步，我们只能走一步，这样的比赛下去，我们是终必落后，而且要愈趋落后。所以我们只能从农业方面去发展，中国才有出路。

父亲批评了以农立国的理论的根本错误：因为目前工业落后，不得不主张以农立国是自暴自弃。他也指出："一般提倡乡村建设运动的人们，大都是一般迷恋于复古的人物，欲以'以农立国'、'死不出乡'的传统思想，以应付现代的世界，这是愚妄，这是幻想。"

乡村建设运动者，忘记了世界是一个向现代化转变的世界，农业的发展，有赖于高度的工业化。他指出：

> 农耕之需要机器，农品运输之需要便利的交通工具，以至农田肥料之依赖于新式化学工业，都可见得工业之于农业的关系的密切。农村或乡村的建设，主要固是要看农业是否发达，可是农业的能否发达，又要看工业是否发达。

其实，父亲何尝不知：

> 中国的百分之八十的人口，是住在乡村，乡村在我国所占的地位的重要，是无疑的。……至于乡村建设的前途，究竟如何，主要的，要看我们对于乡村建设的理论，是否健全，要看我们对于乡村建设的方法，是否妥善。

他指出，今后的乡村建设应该是："以工业为前提，以都市为起点。"其理由是：

原来我国人口众多，而土地过少……土地的面积既已很不够用，而人口是逐渐增加的，假使我们只靠农业以解决中国的农村问题，这是不可能的，反过来说，必要极力去发展工业，以吸收农村的过剩人口。

总而言之，我们的意见是：这种乡村建设工作，最好是以都市为起点，先从在都市左近的乡村下手，尽量利用都市中的行政机构，如工务局，公安局，卫生局，教育局等等放大其工作范围……充分的利用这些机构中的人才设备，以及都市中的其他的人才与设备，去帮忙其左近的乡村的各种工作……逐渐的放大其范围。

以农立国倡议者们把世界看成静止的，中国似乎可以安然孤立地进行乡村建设。然而"七七"事变给了这项运动一个很大的打击、教训。面对残暴的日本帝国主义者的烧杀抢掠，我们用锄头、大刀去对付敌人的飞机、大炮、坦克、机关枪行吗？没有工业化行吗？这个问题已不容争辩了。从今天看来，他当年有关农村建设的理论见解是对的。今天农村发展的道路也正是像他当年指出的那样。在不断工业化的过程中，农村大量的过剩人口，一方面靠乡镇企业吸收，一方面流向全国工业化程度高的大城市和地区。

有关乡村建设的争论双方有好几十篇文章发表，父亲曾把他的文章集成一册题为《乡村建设运动评议》。乡村建设争论的高潮是在1936年至1937年间，但在抗日战争期间，双方对有关问题仍时而发表各自意见，不过以农立国的主张已明显站不住脚了。

3.其他方面

1934年秋，父亲第一次在北方做了一次旅行，当时他陪同林崇祯自天津乘海轮到青岛，由青岛乘火车到济南，再南下徐州，从徐州转车去郑州和西安等地，此次旅程约半个月。

同年他也曾南下到南京参加一个学术会议。从南京回天津时，和他同行的有陈寅恪先生。他们一起坐火车走津浦铁路北上。

陈寅恪先生当时任清华大学历史系教授，已是著名的历史学家。父亲亦闻他的大名，通过这次开会见面并同乘车返津京，增进了他们之间的彼此了解和友谊。

父亲走出广东到南开大学任教，除了学术工作外，有机会和北方一些知名学者们交往接触，特别是以后在西南联大时，能有更多机会更广泛地接触到他们，这对他日后办学有很大的好处。像姜立夫先生就是他当年在南开大学教书时认识的。日后父亲出任岭大校长时，能请到陈寅恪先生和姜立夫先生到岭大任教，是绝非偶然的。

1931 年以前，我家住在天津八里台南开大学柏树村 22 号。这所住宅早些年已拆了。

1935 年 3 月 25 日，我在天津一所私立医院出生。按我们祖辈排行下来，父亲是序字辈，我是其字辈，我之下辈是大字辈。由于出生地是天津，故取名其津。我是第三个孩子，在我之下还有两个妹妹。据说，当年母亲生我后，在出院的时候，护士抱了一个女婴给母亲，母亲细心，发现不对，这才换回男婴。当我会站立行走时，又遇一次劫难，我打翻一盆开水直烫到我的胸口，母亲说幸好是烫到右胸，否则性命不保。

我出生的时候，父亲正去了南洋暹罗（即泰国）考察。在他的研究工作中，除了上述的工业发展对社会影响、主权观念、疍民的研究外，在这期间还进行暹罗与华侨的研究以及社会学起源的研究。他对文化学的研究本来也很有兴趣，在南开经济研究所填写研究内容时，他也曾把文化学的研究写进去。不过自从他当了研究所的主任后，他已没什么时间从事文化学方面的研究了。

为了进行暹罗与华侨关系的研究，他于 1935 年 1 月至 6 月这段时间去暹罗考察。

父亲小时候跟随祖父去南洋多年，以后回国读中学和大学，也因祖父在南洋做生意，常在假期回南洋看祖父。由国内去南洋，常会到沿途一些国家参观游览。

例如，他在中学时代回新加坡的一个路径就是由我国广州到香港，再乘船到菲律宾的马尼拉，上岸游览后再乘船到新加坡。在大学时代，他回新加坡则循另一路径走：由我国上海乘船到香港，再乘船到越南的西贡，从西贡坐汽车到柬埔寨的金边，从金边坐火车到暹罗的曼谷，由曼谷坐船或坐火车经马来亚到新加坡。

在学生时代，假期他还去过加里曼丹岛北部，加里曼丹岛当年叫婆罗洲。此外，他还去过印度尼西亚爪哇岛的雅加达等地。在柬埔寨的时候，林明兆夫妇曾陪他游览金边、暹粒、河仙等地。

就是在1933年他还去了一次暹罗，在那里见到了他小时在新加坡育英小学的美术老师柯葆华。柯葆华后来离开新加坡到曼谷任一小学校长。在曼谷他也见到了读大学时认识的张德绪先生。父亲每次去曼谷必是要和他们见面的。泰国、新加坡、马来亚和越南等是父亲经常去的地方，那里有很多他从小就熟悉的老一辈的和同辈的同乡、朋友、同学。

由于他经常往返南洋，对于南洋的情况甚为熟悉，而那里又是全世界华侨最多的地方，所以他一直都非常关注南洋与华侨的情况。因而他在南开经济研究所时，把南洋与中国关系问题也列入了研究课题之中，而且首先是研究暹罗与华侨的关系。

在研究暹罗与华侨关系中他指出：一来，因为当时在那里华侨已占了该国人口的三分之一到二分之一左右，可以说是当时华侨在南洋人口比例最高的地区，也成了该地区的"多数民族"。二来，在20世纪初暹罗的第六世皇就位后，排华浪潮渐涨。到了日军侵占我东三省后，暹罗更偏袒日本，加强排华，一些暹罗的历史学者及政界领袖鼓吹大泰主义。

父亲研究中暹关系一个主要的目的，就是关心维护华侨在当地的正当权益，驳斥大泰主义，指出华侨为当地的繁荣进步做出的贡献。

他还指出，暹罗当年借助日本势力排华，默认日本占领我国东北。而日本人利用暹罗排华达到目的后，就进一步侵略暹罗。在太平洋战争爆发后，日本就侵占了暹罗。暹罗为虎作伥，结果引狼入室，自食其果。

1935年，他对暹罗做了近半年的调查研究，访问了该国西部、中部、东南部。此外，他还由暹罗的廊开前往老挝万象附近进行考察。经过近半年对暹罗的考察，他在后来写了一本书，叫作《暹罗与中国》，于1941年由商务印书馆出版发行。

当然，他不仅对暹罗华侨特别关心，对整个南洋的华侨都很关心，在完成《暹罗与中国》这本书后，他又准备撰写《南洋与中国》一书。

他在 1935 年去暹罗考察期间，经常和张德绪先生见面。他们除了在上海读书时接触最多外，就是这一次父亲访暹罗了。张德绪先生当时在曼谷做汽车零件及汽车制造生意。那时他的汽车零件生意不好，几乎倒闭。父亲在暹罗的最后一个月由他陪同到各处去访问。父亲和他在一起时，常给他一些鼓励和劝告，这样他继续做生意，后来生意好转，1936 年以后又赚了钱，1945 年他赚得最多。由于日本投降，暹罗许多汽车零件价格低廉，他大量收购汽车零件，在价格升高时出售，把赚得的钱又用来买地。在距离曼谷 10多公里处 60 多万平方米地上盖了几十栋房子，出售房屋又赚钱。在抗日战争期间，父亲和他失去了联系。但 1945 年在昆明，父亲收到他一封发到南开大学的电报，说他多年未与父亲见面想知道父亲的地址。1948 年初，父亲去马来亚、新加坡，动身前发了一电报给他，他即从曼谷乘飞机到我国香港等候父亲，约父亲经曼谷到新加坡去，父亲这次随他到曼谷住了半个月。

父亲虽然自己不做生意，但他偶尔会替朋友们出点主意，毕竟他跟随祖父多年，耳濡目染，多少知道点生财之道。张德绪后来做木材生意，主要是柚木。父亲就曾建议他在我国香港开设德兴利行销售加工木材。1948 年父亲到曼谷时曾介绍当时在曼谷任中国银行行长的张镜辉先生和金城银行经理周兆之先生与张德绪认识，他们三人合股在曼谷开了一个公司做房地产，也赢利。

三、西南联大时期

l. 南迁昆明、重庆

1937 年 7 月 7 日，日本帝国主义在我国的卢沟桥挑起战争。中国军队奋起抵抗，从此开始了可歌可泣的全面抗日战争。

7月12日日军向天津进攻，到了7月29日更野蛮地炮击南开大学，日机分批轰炸南开大学、南开中学。学校被毁，师生员工的财物尽失，大批书画被日本侵略者掠夺走。南开大学是抗战开始后我国第一所蒙难的大学。

日本帝国主义侵略我国暴行累累，洗劫南开大学仅是个开端。张伯苓先生毕生致力于教育，从小学办到中学，再办起大学。他之所以立志于终生从事教育救国事业，就是因为目睹了中日甲午战争中国战败后所蒙受的屈辱。他本来在清朝的北洋水师学堂学习，毕业后投效海军，但目睹清廷的腐败无能，愤然退出海军，从事教育救国事业。南开被日军野蛮炸毁，张伯苓先生固然悲愤不已，而南开的师生亦无不痛恨日军的罪行。日本帝国主义侵略我国，给我同胞造成的灾难又何止南开一校呢？仅南京大屠杀，我同胞就被日军杀害数十万人。

虽然日军野蛮地炸毁南开大学，但是并不能摧毁南开师生员工们抗日办学的决心。他们有的投入到抗击日军的战斗中，有的南下继续办学。

1937年卢沟桥事变发生时，父亲正在广东省顺德县考察那里的蚕丝工业。他那年6月南下到广东，当时吕学海先生已在那里从事蚕丝工业的调查工作。"七七"事变发生时，天津家里只有母亲和我们三个孩子。母亲带着我们仓促南下，在天津的全部书籍、家具、衣服等都损失掉了。

对于父亲来说，损失最大的就是他的书籍、手稿和一些在他指导下做的重要的调查资料。

母亲带我们三个孩子回到广州后，先是住在我四姨黄素莲家里。当时四姨父伍锐麟先生在岭南大学任教，住在岭大校园内西南区16号。

"七七"事变后，父亲于7月底北上，但是到了南京后，已不能再往北去。张伯苓校长在南开被毁时也不在天津，他于7月初去了庐山参加蒋介石召开的一个谈话会。国民政府教育部在北平沦陷、北京大学与清华大学相继被占领后，经与南开、北大和清华三个大学有关负责人多次磋商，决定由这三个大学合并而设立临时大学，校址选在长沙。南开大学经费也由国家提供，使南开能在这一时期渡过难关。

在确定了建立临时大学于长沙后，父亲于1937年8月20日离开南京前往长沙。他乘江轮到汉口，在那里停留了五天，曾到湖北公路局局长王祝民家做客，随后由汉口前往长沙。父亲说，他是临时大学同人中第一个到达长沙的。其后，他和杨石先先生、黄钰生先生等人参加筹办临时大学。父亲初到长沙曾经找过湖南省教育厅厅长朱经农。当时筹备临时大学的负责人还未到长沙，他觉得在旅馆住不便，便去教育厅问朱经农，他能否搬入长沙圣经学校居住。朱经农说，圣经学校已商定为"临大"校址，可是"临大"能否成立还是个问题。于是父亲乃先搬到青年会去住。

在长沙住下后，张伯苓先生也到了长沙。时任广西省政府主席黄绍竑写信给张伯苓先生，建议在广西设立分校，广西大学校长黄裕初也想请张伯苓先生兼任广西大学校长。张伯苓先生虽未答应，但还是同父亲以及杨石先先生一起乘广西大学派来的小汽车前往广西大学住了十天。回长沙后，张伯苓先生就去了重庆。全面抗日战争期间，张伯苓先生家住重庆南开中学内。

临时大学几经困难在长沙成立，其校址主要借用圣经学校和涵德女校的校舍，于1937年10月25日开学。南开大学的老师也有部分到了长沙，如杨石先、黄钰生、王赣愚、柳无忌等，南开经济研究所的方显廷先生、李卓敏先生等也都到了临时大学。

可是到了1937年11月，日军侵占了上海。12月13日，南京失陷，不久武汉也告急，日机轰炸长沙日频，于是临时大学又准备搬到昆明，成立国立西南联合大学。1938年1月20日，校常务委员会决定让教职员和学生迁往昆明，结束了长沙的临时大学。学校的迁移分成两路：一路从陆路走，经常德、沅陵至贵州玉屏再到贵阳，然后由镇宁向西过胜景关入云南，直到4月下旬抵达昆明；另一路走海路，即由粤汉铁路到广州，再去香港，由我国香港乘船到越南的海防，从那里乘滇越铁路火车到昆明。

父亲与方显廷先生于1938年初乘火车离开长沙到桂林，再乘汽车到梧州，由梧州乘船到广州，再去香港，从我国香港乘船到越南海防，再到河内乘火车到昆明，最后去蒙自。当时他们与南开师生数十人运了一部分书籍到昆明去。

由于临时大学要迁到昆明，所以母亲也带我们几个孩子于1938年中去到香港。在香港最初住在华开基先生家里。华开基和祖父都曾在源昌号当过店员，与祖父关系比较密切。在那个年代，家里的财物有时也放在他那里。他那时在香港做盐生意，在青山经营永联泰店号，由海南榆林买盐到香港、广州等地出售。后来我三姨黄素英结婚，在香港定居，母亲和我们又搬到三姨家住。

1938年4月，长沙临时大学正式改为"国立西南联合大学"，以后人们都简称其为"西南联大"。学校最高行政领导机构，是常务委员会，由三校校长担任，即北京大学蒋梦麟校长、清华大学梅贻琦校长和南开大学张伯苓校长。

在西南联大成立之初，由于昆明校舍紧张，故文学院和法商学院设在蒙自。父亲在法商学院，所以在蒙自。半年后，蒙自的校舍由于军事机关征用，文学院和法商学院又搬到昆明。

由于父亲工作固定在昆明，于是母亲就带了我们三个孩子于1938年冬启程去昆明。我们首先坐船去越南，父亲则由云南到越南去接。我们在越南期间是住在大姐夫林道英家里。林道英的父亲林明兆先生与父亲是同乡，在越南堤岸、柬埔寨金边等地都有生意。母亲和我们在堤岸、金边等地住了一段时间。到了年底，母亲带我们由金边去河内，父亲到河内接我们乘火车到国内昆明。

在昆明时期，我们家住在鸡鸣桥复兴新村的一栋两层楼房，这是南开租给经济研究所部分职工住的房子。那时我家住二楼，楼下住的有吕学海夫妇和岑家梧夫妇。他们两家当年是和父亲交往较密的。岑家梧先生是民族学家，当年曾著有《西南民族文化论丛》一书。他也是海南人，"文革"期间去世。1986年，我有幸在美国三藩市（即旧金山）见到吕先生夫妇。

我们住在昆明的时候，二婆及序海叔，二姑及两女儿李春容和李春华，还有三姑，均由海南来到昆明与我们同住了一年。这是我们和父亲家乡亲戚相聚最长的一次，以后除了大婆和三姑偶尔来和我们相聚外，就是春容表姐来往最多了。以后来往较多的是母亲家里的人。

我对往事开始有些记忆是从昆明开始的。在那里我和二姐一起去上幼儿园，每天有辆黄包车接送我们。

在昆明，1939年10月13日，母亲又生了一个女儿，取名云仙。此时家乡来了很多人，显得特别热闹，母亲也得到较好的照顾。

在全面抗日战争期间，重庆与昆明是日军飞机空袭最厉害的地方。1940年，西南联大在昆明的一些校舍也遭日机轰炸。当时政府曾考虑让西南联大迁校。在这种情况下，我家也决定迁往重庆。南开经济研究所在1939年后已在重庆沙坪坝南开中学内恢复，昆明则设有办事处。

这里值得一提的是，张伯苓校长在全面抗战前已有远见，他感到北方的局势不稳定，于是在四川重庆沙坪坝筹建了南开中学，该校最初叫南渝中学，具体校务由喻传鉴先生主持。南开经济研究所在南开中学校址内恢复后，还在南开中学内新建了一个教职员的宿舍新村。天津南开有柏树村，所以这个村叫柏树新村，就在张伯苓先生住的津南村后面。

我们家由昆明迁往重庆时，多亏韩鸿丰先生一路陪同护送，此外还有三姑和春容表姐帮忙，方得顺利地从昆明迁到重庆。当时租了两部大卡车（货车）连人带行李运走。我们行经贵州黄果树大瀑布时，大家还下车观看了一阵。途经贵阳时也小住了几天。到重庆后，我们家就住在南开中学内的柏树新村。

重庆南开中学是当时最好的中学之一，它继承了南开的优良传统。整个校园也建设得很好，利用凹下地势建了一个大运动场，周围是阶梯座位，除了运动外，还常在这里放映露天电影。南开经济研究所就设在入校门右边的图书馆内。

柏树新村的房子是单层瓦顶房子，每两套连在一起，墙壁都是用泥土打桩砌起来的泥墙（干打垒）。时隔五十五年后的1995年，大姐曼仙重游重庆南开中学时，还到我们住过的柏树新村怀旧一番。我们住过的9号仍有人住，大姐还在门前留影纪念。从照片上看到范孙楼、宿舍和大运动场依旧存在。柏树新村由村口正门进去，分左、右两排房子。左边由 1 号到 6 号住六家人，右边由 7 号到 10 号住四家人。这里居住的多数是南开经济研究所的教职员。1 号住的是张伯苓先生的二儿子张锡羊先生，他的隔壁 2 号是严仁颖先生。3 号最初是陈国平先生，后住的是张纯明先生。4 号住的是方显廷先生。5 号曾住过图书馆的一位郑先生，后来陈振汉先生住下。6 号住的是李卓敏先生。7 号住的是叶谦吉先生，隔壁 8 号是吴大业先生。9 号是我们家。我们隔壁 10 号是何廉先生。何廉先生原住在城里，后来那里被日机炸毁，大儿子也被炸死，以后就搬到了柏树新村。

可以看到，柏树新村当年聚集了南开经济研究所的一批精英。南开经济研究所的创建和发展固然与何廉先生的贡献分不开，但方显廷先生对当时研究所的发展贡献也很大。他们都是国内著名的经济学家。翻开南开经济研究所在 1946 年的研究著作，方显廷先生的最多。1936 年何廉先生出任国民政府行政院政务处处长，研究所的日常事务主要由方显廷先生主持。1949 年何廉先生去了美国哥伦比亚大学任教。方显廷先生则于 1947 年在上海联合国亚洲及远东经济委员会（ECAFE）任职。该组织 1948 年迁到曼谷，方先生在 ECAFE 工作直到退休，后在南洋大学任教三年。吴大业先生也于 1949 年去了 ECAFE 工作。李卓敏先生后来成为香港中文大学的首任校长，他一生对教育、学术的贡献也很大。柏树新村这些人家的孩子们经常在一起玩耍，每到假日热闹非凡。我印象尤深的是有段时间，我们经常到住在 5 号的郑先生家里。他很随和，我们叫他郑老头儿，他亦不介意。他每天晚饭后给我们一群孩子讲故事，讲起来有板有眼，手拿一块惊堂木，开讲中时而拍下惊堂木，或卖下关子，吊起我们的胃口，我们个个都全神贯注地听。他讲故事确实是引起了我看小说的兴趣。

在柏树新村住的这十家人，在抗战胜利后，各奔前程。几十年后还有缘相逢的，有张伯苓校长的孙女张媛贞，此时她已是全国政协常委。方显廷先生的长女方露茜一直在北京教书，我到北京多住在她家。1981 年方显廷先生回国访问，途经广州时，我和王正宪先生一起去广州白云宾馆拜会，这是最后一次见到方显廷。1984

年 5 月初，我在美做访问学者时，在三藩市湾区见到了方显廷最小的女儿菊龄。在她的陪同下，我有机会再次见到李卓敏先生本人，他也住在湾区的伯克利。李先生还是那么风趣，虽然高龄但仍在写作。菊龄还带我拜见了在湾区住的岭南大学老校董林逸民先生和富伦教授的儿子奥斯汀。1984 年 6 月，大舅父黄振权带我去纽约市哥伦比亚大学宿舍拜见了何廉先生的夫人。何伯母还是那么慈祥。1979 年她的儿子三保从加拿大回国到广州时我们已会过面。从我开始懂事起就熟悉的人们，近半个世纪后还有机会见面，真是出乎意料。

我们家在重庆一住就是六年，直到抗战胜利。南开大学于1946 年在天津复校，我们离开了重庆南开中学柏树新村。

父亲在昆明的西南联大法商学院任教，但仍兼南开经济研究所的工作，所以当联大开学时他在昆明，到了放寒假和暑假时就回重庆家里住。从 1939 年到 1944 年间，他就是这样每年两次往返于昆明和重庆之间。有时他回重庆是从昆明坐汽车入贵州，在贵阳停留一下，再乘车前往重庆；有时则乘飞机由昆明飞往重庆。

在抗日战争的年代，百姓生活很困难，教师生活也很清苦。父亲在 1943 年 11 月 1 日曾写了篇文章《国立西南联合大学六周年纪念感言——谈联大的精神》，文中这样形容：

> 我们知道这三个大学在北平天津的时候，不只学校环境较好，而且教职员以至同学的生活也较为优裕，离开平津以后，而特别是到了昆明后，因为物价的增涨，薪俸的低薄，不只比之以往的生活有了天渊之别，就是比之昆明一般车夫工人的收入，尚且不如，其困苦的情况，可想而知。不久以前一位同人因为有了小孩，太太不能工作，不得已请老妈，可是加了老妈一个人吃饭，米不够吃了，他自己只好吃稀饭，有一天老妈问他为什么老不吃饭，他不好意思说出实在的苦处，只好告诉她因为有胃病不能吃饭，然而因为这样他的身体日弱一日，结果害了一场大病。

　　说起当年西南联大教师们的穷窘状况，曾在西南联大读书的周泽华先生对我说过一个笑话。在抗战时日机常去轰炸昆明，有一次跑警报躲避轰炸，有个小贩挑了一担豆腐花到师生们躲避的地方向一位哲学大师兜售，这位大师说话有点儿口吃，他对小贩说："吃……吃……"没说完小贩就舀了一碗豆腐花，他才说："……吃不起！"

　　在全国抗日战争期间，学校经费很困难，可是张伯苓先生对父亲很是关怀。父亲每年两次往返昆明与重庆间的路费都由南开报销。父亲在西南联大领一份薪水，但张伯苓先生又从南开大学经费中给他一份薪水，作为他兼南开经济研究所职务之薪俸。1944年8月至1945年8月，父亲去美国讲学，学校每个月还给他三百美元的薪金。不仅如此，母亲在重庆因病住院，费用也是张伯苓先生补助的。每次父亲乘飞机到重庆，都由张伯苓先生派辆小汽车到机场去接他回家。伯苓先生确实是非常厚待父亲。

　　在那个艰难的时期，除了张伯苓先生外，还有其他人对父母很关心的，如姜立夫先生的姐夫黄志新。父亲是在新加坡中华书局买书时认识他的，那时黄志新是书局店员。抗战时，他是新华银行总经理，1944年父亲出国，他以我父亲之名向银行借一笔钱放定期，把利息给我母亲补贴家用。一年后父亲回来才发现此事，乃停止取这份利息。父亲在中华人民共和国成立前旅经上海主要住在他家里，由他接送。

　　父亲在岭大附中读书时认识了郭开基、郭开始。郭开始的父亲郭新先生曾在四川宜宾的中原造纸厂投资，抗战时期郭开基与郭开始都在中原造纸厂工作，他们的妹妹郭开兰与郭开华在重庆南开中学读书。郭开始曾邀请母亲、大姐、二姐和我去中原造纸厂和峨嵋山参观游览，在那时候，这对我们来说无疑是"奢侈"的旅游，同行的还有开兰和开华。我们乘造纸厂的江轮前去宜宾，那次二姐因病留在宜宾而没能上峨嵋山。当年上峨嵋山都是很窄的羊肠小道，游人也不多，还能保持点"原始"的景色，不像当今开发的有些旅游区，不啻破坏环境。

　　我记忆犹新的是上到了一片云海的顶峰，母亲和我都在那里的佛庙抽了签。每根签上有写着多少"斤油"。母亲抽了一根签，多少"斤油"我已记不得了。但是解签的说，父亲是书香之家，而且会是单传。虽说占卦之类不可信，但母亲这根签倒是有点儿灵验，从我曾祖父开始，到第五代我的孩子，都是单传。

父亲在抗战时期大部分时间在昆明，在重庆的家就全靠母亲支撑着，那段时间母亲最辛苦。大姐刚到重庆时不到十岁，四妹云仙不到一岁，等她略大，1945 年 2 月 17 日五妹渝仙又出生。在抗战的艰难时期，母亲把我们五个孩子都养大而无一夭折，真是很不容易。母亲在德国的时候，曾到医院专门学习婴幼儿护理，所以，照顾孩子很有办法。而三姑（玉英）那时和我们住在一起，也帮了不少忙。有一次母亲因阑尾炎住进了歌乐山的中央医院开刀，家里就靠玉英姑照顾。左邻右舍的父亲好友也不时关照我们。

全面抗战期间，不少人逃难到重庆，家里常有父母亲的亲友来住，如大舅父就曾在我们家里住过。大舅父早起后常让我陪同他去村外散步，他还喜欢哼莱哈尔的歌剧《风流寡妇》（*The Merry Widow*）中《维尔亚之歌》（"Song of Vilva-Lied"）的曲调，这是我第一次听到外国歌剧曲子。大舅父为人和善，是个虔诚的基督徒，在他近九十岁高龄的那年，还不辞辛劳地和舅母从纽约到1600 公里外的肯塔基州参加我的长子大淳的硕士毕业典礼。他享尽天年，九十二岁方逝世。三姨有段时间也住在我家，母亲中学的好友赵玉叶一家也曾在我们家住过。在那个国难年代，人们真是有难同当，同舟共济。

此外，那时候有不少华侨子弟和南方子弟来到重庆读书。我的大姐夫林道英，他的大哥林道华和姐姐林杏莲，以及他们的舅舅蔡其岭、蔡其鄂也都到了南开中学读书。

虽然是在抗战的最艰苦时期，但是因有张伯苓校长以及各方朋友的关照，我家的日子也总算过得去，给我的童年留下了难忘的记忆。我五岁便入南开小学读书，一直到小学六年级毕业，再入南开中学读书。

2. 任教西南联大

由北京大学、清华大学和南开大学组成的国难时期的产儿——西南联大，集中了国内许多一流的教授，三个大学的校长——蒋梦麟、梅贻琦和张伯苓都是曾经留学美国的学者。正如《南开大学校史（1919—1949）》一书中指出的："三校都学习美国大学教育制度，同具民主办学、教授治校、学术自由的传统……"在联大读过书的周泽华教授说过，那时西南联大学风很好，它的一个特点是兼容并蓄，只要有学问的人都能容。周泽华先生说的这一点很重要。不是这样，何来学术自由？没有学术自由，又何来学术繁荣进步？

在抗战年代里，物质条件非常差，经常要跑警报，然而联大却能培养出很多高素质的人才，包括日后诺贝尔奖获得者，靠的是什么呢？就是靠那里一流的教授。这是值得一些办教育的人们深思的。当今，有的人认为一流的大学要有高精尖实验室、计算机、仪器、图书，课室校舍又要达到什么标准，可就是看不到人是最关键的因素。只要有有真才实学的人，就可以创造出前人未有的东西。

西南联大成立后，校方要父亲当法商学院院长，父亲极力推辞，连张伯苓校长也帮父亲推辞。但是蒋梦麟与梅贻琦两位校长一定要他干，父亲推辞不得，只好先接下来。当时他以为特殊时期，暂时做一下，谁知一直做了多年。他是当时联大最年轻的院长，年仅三十五岁。从此他便为行政事务所缠身。

虽然他有行政职务，但他仍抓紧教学和学术方面的工作。他自己回忆：

尽管轰炸得厉害，对我个人的写作工作影响不大。我每天早上 4 时半左右就起来写作到 7 时。吃完早餐往往即来警报。每天约有两个半钟头的写作，积之既久，也写了不少。我写了一部"文化论丛"约二百万言，共二十本，从第一至第四本于今年（1948 年）由商务印书馆出版。此外，抗战时期，整理一本《蛋民的研究》，十多万言，《暹罗与中国》约十万言，也均由商务印书馆出版。另整理一本《乡村建设评议》，约六七万言。此外还写了一本《南洋与中国》《越南问题》及一文章在各报章杂志发表。1944年至1945年，到美国一年，也用英文写了约二十多万言。计在抗战时期约写了三百万言。

全面抗战八年，他在如此困难和敌机经常空袭的环境下，写出了三百万言的著作，占他一生写作总数近一半的字数，可见他当年做学问的毅力。正如他在纪念联大成立六周年时说的：

> 联大之所以成为联大，除了有真正合作精神之外，又有其真能吃苦的精神。

父亲自己就体现了能吃苦的精神。此外，这也是和当时学校学术自由的风气分不开的。像王力先生的有关中国语法的权威著作也是出自联大时期。

虽然西南联大有民主办学、教授治校和学术自由的作风，可是当年国民政府的教育部为了控制联大，规定凡是联大院长以上的高级行政人员都要加入国民党。在这之前父亲已被任命为法商学院院长，按规定他也要加入国民党，但是他不肯加入，于是教育部让北大校长蒋梦麟特为此事去劝说父亲。

父亲的回答是："如果教育部不任用非国民党员当法商学院院长，那么撤我的职好了，我宁可被撤职不当院长，也不参加国民党。但是我不会自动辞院长职。"

这事后来由张伯苓先生及蒋梦麟先生去和教育部商谈圆场，以后也就没有再要父亲加入国民党了。此事在联大影响不小，他的刚正立场受到人们赞赏。其实父亲从来不想担当什么行政职务，绝无当"官"的念头，可是他也不会在无理的要求下"自动辞职"。

此外，当年教师出国访问考察先要到国民党中央训练团受训。抗战期间，有一些联大的教授出国讲学。父亲也曾被美国国务院聘请前往美国讲学，但他拒绝去中央训练团受训。他的态度是宁可不去美国讲学也不去受训，最后他没有受训也前去美国讲学了。

父亲一生的学术著作中，我认为他在抗战期间完成的"文化学系统"最为重要，且影响深远。他还为此在西南联大开了一门"文化学"的选修课。他指出，文化学是自有其对象、自有其题材的一种学问。

> 据我所知的，应用这个名词而为一种课程的，在中国的大学里固是没有听见，在欧美各国的大学里，也是没有听见。虽则这个名词的本身，在应用上，历史很为久远，而流行也相当普遍。

可以说把文化学作为一个系统独立的学科而且开门课，是他的一个创举。关于他的"文化学系统"，以及如何写成这一系统论著，在后面的其他章节将另行介绍。下面继续介绍他在联大的其他活动。

1944 年 8 月，他应美国国务院邀请前往美国讲学。他出国前虽然拒绝去中央训练团受训，但同意当局请他去集训团讲一次课。那次他去谈了约两小时的中国工业问题。出国前陈立夫请他吃饭，他推辞。

这一年 8 月，他和联大的杨振声教授一同乘飞机从昆明启程赴美。为了避开敌机截击，航线是飞越喜马拉雅山的重重高峰到印度的加尔各答，这条航线也就是当年曾一度为唯一的向中国运送物资的所谓驼峰飞行路线。父亲说："机上二十多人，除驾驶员、电讯员和我之外，其他人都要用氧气，驾驶员说我最好学飞行。"旅途经过新德里、卡拉奇、巴格达、耶路撒冷、开罗、的黎波里、突尼斯、阿尔及尔、卡萨布兰卡，再经大西洋的亚速尔群岛、加拿大的纽芬兰，最后到达纽约市。回来也是走此路线。在那战争年代不能越太平洋去美，加上交通工具还不是那么先进，去一次美国须花上一个多月。如今喷气机直航，还用不了一天，可见现代化的必要。

他到美国后，前半年在那里主讲的内容是中美关系及国共合作，去过的地方有纽约、克利夫兰、芝加哥、欧班那、圣路易、洛杉矶、三藩市、西雅图、华盛顿等大城市。

在洛杉矶，他停留约一个月，当中去了婆摩那。当时陈受颐先生在那里的波莫纳学院（Pomona College）任教。1983 年 12 月我访美时，陈受颐先生已去世。我在加州洛杉矶附近的克莱蒙特（Claremont）有幸拜见了陈受颐夫人。在同一地方还见到了富伦教授夫妇和曾朝明教授，他们当时都退休了。

在美国的后半年，父亲在美国东北部康涅狄格州纽黑文（New Haven）的耶鲁大学讲主权论，每周上课两小时。在此期间，他参加了在弗吉尼亚州的霍特斯普林斯（Hot Springs）举行的太平洋国际学术会议。他在会议上发表的论文是《南洋与中国》。

父亲说，他过去在美读书，假期虽也去了一些地方，但因功课所限，去的地方不多。而这次访美，他能畅所欲游，对于美国的情况了解得更深更广。

这次去美国讲学，他还到过爱因斯坦所在的研究院，在爱因斯坦的办公室和爱因斯坦谈话约三十分钟，并参加了该研究院的教师茶会。

1945 年春，他还在美国见到了当时考取公费留学哈佛大学读书的吴保安先生。吴保安后来改名吴于廑。在抗战期间，他在贵阳由方显廷先生写了一封介绍信给父亲，主要是请父亲帮他找工作。父亲在昆明南开经济研究所无法为他安排工作，但父亲和他谈话中得知他从东吴大学历史系毕业，教过中学，觉得他颇有才智，建议他学经济，去研究所做研究生。开始吴于廑不愿意，但生活困难，他找不到工作，于是同意到经济研究所做研究生，同时到西南联大经济系三年级听课，后随南开经济研究所迁到重庆。吴于廑先生后来成为著名的经济史学家，并担任武汉大学副校长。

父亲在识才、量才方面有其过人之处。吴于廑先生在他的著作《吴于廑学术论著自选集》（首都师范大学出版社，1995 年版）中说道：

一九三八年冬，在经历了抗日战争初期一段流离失所的生活之后，我到达了昆明。当时昆明已经设立了包括北大、清华、南开三大学在内的西南联合大学。陈序经先生任西南联大法商学院院长兼南开经济研究所研究主任。由于朋友的介绍，我见到了陈先生。陈先生同我谈话约一小时，问了我好些问题，其中有的涉及东西方对知识的看法。谈话将要结束了，他说："南开经济研究所正在恢复，计划招收几名研究生。你来吧，不用考试了。"陈先生当时给我的印象是气度舒徐，善于体察人，让人感到明达而又易于接近。后来他历任岭南、中山、暨南、南开诸大学校长、副校长，其所以能够做到知人善任，罗致并团结了不少知名学者同他共事，我想必定和他为人的这种气质有关。在他同我仅仅作了一次谈话就决定收我作研究生，这对我确实是出乎望外。我后来自己也做点大学的行政工作，常常想起陈先生的行事。陈先生爱护后进，从不吝惜给青年以增长和发扬才能的机会，这一点给我的影响很深。我有心学习他，但远远没有学好。

　　一个青年受前辈的影响，还往往是由于片言只语。当陈序经先生决定收我为研究生的时候，我感到犹疑，说："在大学读历史的，能进经济研究所么？"陈先生答复说："在学术道路上，不怕转弯，多转几个弯，自有好处。"他还说他自己就是转了弯的。陈先生这几句话，其实是不少学者的经验，我当时听后不但觉得新鲜，而且不用多作解释就为之说服了。于是决心进入南开经济研究所，打算学点经济史，试着在学术上转弯。后来渐渐体会：所谓转弯，就是踏进一个相关的学科领域；多转几个弯，就是多踏进一些相关的学科领域。这样做的好处，在于能够开阔视野，不以一隅自限。学术上转弯，看来有不同发展的可能。一种是转变后不再回头，一种是转了弯又踏上原路。不论是前者还是后者，都有利于祛除狭隘之弊。学历史的人，我觉得，应当力避狭隘，因此不妨转转弯。这在当时，自然还没有很清楚地想到。

这里再举一个父亲识才的例子。

1946 年美国国务院给中国二十五个留学生名额。当时费正清是美驻华使馆文化参赞，负责此事。他们要从国内三十所大学选派六十名优秀研究生，再从中挑选二十五名留学生。南开大学推荐了两名，一位是化学系的陈天池，另一位就是父亲推荐的南开经济研究所的杨叔进。杨叔进最后入选，到美国威斯康星大学经济学系攻读博士学位，其后为方显廷先生邀请到联合国亚洲及远东经济委员会、经济调查处及发展计划处任职，曾任高级经济专家及处长，并曾任菲律宾国家经济委员会短期顾问，后转任世界银行经济发展学院、亚洲部及方案审核局的高级经济专家，曾考察亚、欧、非、拉十余国的经济并提出咨询，曾任南开大学国际经济研究所所长及教授，有多部中、英文的经济学论著和大量论文。

3. 文化学系统

父亲在抗战期间，法商学院尚在云南蒙自时，就拟定了他要写的"文化学系统"的大纲。在第八章将列出他撰写的二十部著作。

这套二十部长达两百万字的"文化学系统"著作是在抗日战争期间写的。在完成此书稿后，他曾写过一篇文章，谈他怎样开始注意文化问题，以后对这方面问题的兴趣逐渐增浓，而逐步收集这方面的资料，进而有目的地对文化学方面问题做深入广泛系统的研究，最后着手撰写"文化学系统"论著。在这篇稿子里，他回忆了二十年以来的一些经历活动。这对了解他自 1925 年到 1943 年的活动，如何写两百万字的"文化学系统"论著，如何做学问即如何治学，都很有帮助。为此，在这里把他的这篇文章全文录下，也作为对他的纪念，虽然前面有的地方已引用了其中某些内容。该文曾以《我怎样研究文化学》为题登载在 1948 年《社会学讯》第 3 期。下面录其全文：

　　二十年前，我也梦想不到，我会写了关于文化这个题目的文章。然而现在，我却写完了廿本的关于这个题目的册子。我为什么要写这一部"文化论丛"？我愿意在这里略为说明。

　　我虽说二十年前，我也梦想不到，我会写了关于文化这个题目的文章；但是人们自小到大，既都不能离开文化的环境而生活，那么人们对于这个文化的环境的发展与功用，以及其有关的好多问题，总免不了有多少意见。我对于这一点，不能算作例外。不过在我所过活的文化环境之中，不只在种类上有了好多不同，在程度上，也有很多的差异。我住过穷乡僻壤，我也住过最大都市，我住过人们所谓不大开化的南洋，我也住过文化日新月异的欧美。一叶扁舟的蛋艇，我也过了不少时日。寂然无声的青山，我也耗了不少的时间。我所见的文化的环境，既有了不少的区别，我对于文化的兴趣的发生，却可以说是很早。然而有了兴趣，却未必要去写作关于这一方面的文章，这可以说是二十年前的情况。

　　然而二十年来，不只观察文化的兴趣，日加浓厚，对于一些关于文化的著作时常阅读。自民国十四年到美国读书之后，对于这问题尤为注意。同时因为友朋之中，谈及中西文化的既是不少，而身处西洋，东望故国，感触尤多。回国之后，于民国十七年间，常常有机会去谈及文化上的各种问题，有时免不了觉得手痒，而忍不住地写了一些关于这些问题的意见。文章发表之后，有时免不了引起人们的批评或同情。同情于我的意见的人们，固然给我很多的鼓励，可是批评我的主张的人们，也给我以不少的机会来说明我自己的立场。因为这样的原故，使我对于这个问题，不能不加以特别的研究。

　　民国二十年的年底，我既写完了《中国文化的出路》，一本约八万言的册子之后，我曾写了一封信给陈受颐先生。这本书是由商务印书馆出版，而这封信又是这本书的代序。我愿意将这篇代序的大部分，抄在这里。下面是我对着陈受颐先生所说的话：

忍耐和勉强的静理案头两个星期，现在也算作把前信所允许的稿子，呈上你看了。从岭南到燕北，虽是长路悠悠，然我总能想到你看它时，免不得又要说道：'序经，你又来谈大题目了！'但是我竟然谈起大题目来。我想大题目固不易做，小题目更是难写。三年来，我差不多每天都费过十多个钟头，去研究主权能分论，不但欧洲公园的瑞士，没时间去领略，连了人家每月一次送来的国家戏院（State opera）的入场券，我也抽不出空暇来陪我妻去听听。至今稿子已积了两三尺，我也颇信对于这问题有了多少把握，然直到现在，还是写不出来。我且恐怕再过三年，也许还写不出来！

然而这一次，我竟敢冒昧的写出大题目来。这并非没有原因的。

第一，我在德时，无意中写了一篇约有万五千字左右的同这题目的文章，登在社会学刊（二卷三期）。我写这篇文章时，不外是信笔所之，没有什么可取的地方。但是回国以来，观伟（卢）兄再三要我印成单行本，给与学生看看，以便了解我们对于东西文化的态度。我检阅一遍，觉得尚须略为修改，无奈下笔后，好像难于自休。同时绝没有去学人家著书立说传之后世的志愿，但我终于写出一本七八万言的书来。我本来是糊里糊涂的写去。写完后，翻阅一过，除了个人的观察，持之甚力外，只觉得百孔千疮配不上把来发表。然而寒假的空闲，只是两星期，开学后，免不得为功课所缠。而且去年在欧时，呻吟于病院者数月，医生要我至少须静养年余，每日工作又不能超过六小时。

假使要我再把这些稿子来抄一回，已是一件很不易的事，要我去搜集材料来做研究性质的文章，这是目前我决做不到的。

第二，东西文化的接触，已有了数百年的历史，但是国人对于这个问题的研究，却是十余年来的事。片段的文章之发表于各处者，除了翻译者外，自著的并不算多。至于著之成书者，除了梁漱溟先生的《东西文化及其哲学》外，再也不易找出来。然而梁先生不但是自己打了自己的嘴巴，他的结论，正和我们见解处于对峙的地位。梁先生的书，出版到今，已有十余年，这么长的时期内，竟没有人去写第二本。中国智识界的饥荒，一至于此。我未尝不觉到像我这样的门外汉，来做这么大的题目，是一件很不幸的事，然假使我而能"抛砖引玉"，也要算作不幸中之幸呵。

第三，我父亲今年是正如俗人所说"甲子回头"。他六十年来的生活，太辛苦了！然他二十余年来，能备尝辛苦，来育我和教我，在叻（按：指新加坡）、在穗、在沪、在美求学，他还觉得不够，而要我由美直赴欧洲，再做数年工夫。后来因二弟夭殇，由美回国，这时南洋生意，已再维持不了，然他仍是努力，使我继续他的素愿。我在欧时，早想将比较有点心得的主权能分论，写成一册，来恭贺他的生日，但是去岁因病回国中辍不写。且听他说过：前数年所刊行的《现代主权论》一书，因为是英文本，他连一句也不懂。我想旧式的庆祝既非我所主张，亦非在中国今日赖"舌耕糊口"的人所能为，假使把个人的薄薪来替我做门面，不但他不喜欢，也非我所当为。我思量再三，迫得把这本书做我的礼物，去送给他。我想这些礼物，也许一文不值，但却是我一点努力的真东西。是我自己的东西，把来给与他，无论外人怎样鄙视，他总是肯受的。这个原因，差不多可以说是我把它来出版的重要的动机。

这篇代序是民国二十一年一月二十八夜写的。差不多过了一年，我又草了一本《东西文化观》，后来由岭南大学的《岭南学报》发表，并印为单行本。在民国二十二年一月一日所写那本书的自序里，有了下面几段话，今且录之于后：

这本书是民国二十年冬所草成的《中国文化的出路》一书中第三、四、五的三章扩大而来的。我当时草那本书的目的，是想把它来当做我父亲六旬寿辰（民国二十一年八月二十七日）的小小礼物。谁料寿辰还未到期，我父亲竟于去年的夏天因病而辞世了。

在哀痛之余，我的回忆中的父亲，以及我二十年前辞世的母亲，都是使我稍知努力向前不敢怠逸的一个榜样。他们虽已先后去世，而予我以很大的不幸，然这个榜样，却是时留在我的心头里。这本书所以能够草成，和此后对于前书的其他部分的扩大和增益的计划，也许其中一个志愿，是为着想把这些回忆常常活现在我的心头。

一本为着庆贺而写的小书，竟变成一部像为着哀悼而作的东西。人世间最觉得难过的事情，恐怕没有像这样的了！何况，我的父亲和我的母亲，都可以说是生存在我们因袭固有文化，和目前中国的奇形怪状的文化之下无数牺牲者中的两个。所以，不只是为了中国文化的前途计，我很深切的相信，我由这些研究所得到的结论，就是为了个人的幸福计，我尤相信而且诚恳和坚定的相信这个结论。个人尚不应该死的时候而死去了，是不可复活的。

但是整个中国的固有文化，走错了路，却未必是再没有希望的。假使这本书能引起国人的反省、觉悟和信仰，那么这些因为意外的不幸而变为有哀悼性的著作，也会再变为庆贺中国未来的新文化的小小礼物。

　　从一方面来看，这里的二十本书，也可以说是上面所说那两本书的扩大和增益而来的。我写作这部著作的一个目的，也可以说是为着想把前面所说的那些回忆，常常活现在我的心头。

　　我回忆，而且常常的回忆，我父亲在少年的时候，真是穷苦万分。在我少年的时候，还可以处处看出他的穷况，虽则他处处都使我感觉到舒适与快乐。然而在很穷苦的时候，他已有了一个志愿：这就是教我入大学，送我留学欧美，他固然在不应该死了的时候而死去，可是他这个志愿，早已达到。假使我的这点小小的写作的志愿不能达到，那是太不肖了。

　　上面是指出我计划去写作这二十本书的动机，我现在且来把我对于文化学，以及文化上的问题的研究的经过，稍为说明。

　　民国十七年，我在广州岭南大学当教席，有一次在一个学术讨论会上，我曾用过"文化学"这个名词，等到散会之后，有了数位同学曾问我道："文化学这个名词是不是一个很新奇的名词？"我的回答是："在中文上，这个名词虽是一个新奇的名词，然而在西文上，是一个久已应用的名词了。"

　　没有多久，在一个社会学科的讨论会上，我不只是提起"文化学"这个名词，而且指出"文化学"是自有其对象，自有其题材的一种学问。在我说这话之后，就有了数位同学，对于这一点提出好多的疑问，我当然虽曾一一的加以解答。然而，这数位同学，始终觉得文化学要成为一种专门的学问，却是一件很不容易的事情。

　　我个人在美国时，一方面因为对于文化的研究，从来颇有兴趣，一方面又因对于东西文化的问题，又有所主张，故平常也很喜阅读关于文化方面的著作，因而在谈话或演讲的时候，有时总会有意或无意的说及"文化学"这个名词，或是谈及这个名词所包含的意义。然而在民国十八年以前，对于文化的本身的问题，并没有作过系统的研究。

民国十八年的夏天，我到了德国之后，除了研究政治哲学，而尤其是主权的观念之外，对于这个问题，慢慢的加以考虑，而且注意搜集关于这个问题的材料，特别是德文方面的材料。凡有所得，就作一记号，而由我妻用打字机打起来。到了民国二十年夏回国时，得到不少关于这方面的材料。从民国二十年夏天到民国二十六年夏天的六年中，我因为常常有机会去讨论东西文化的问题，而连带的参考关于这方面的材料，然而为了他种工作的相缠，始终没有拿出时间来整理。记得民国二十三年，我离开岭南大学到南开经济研究所之后，大家填起研究工作的题目与大纲，我曾填了关于文化的本身的研究的题目。然而，从民国二十三年到民国二十六年的三年，我除了写了一些关于东西文化的问题的文章之外，对于文化本身这个问题的著作，始终没有写过一点。

民国二十六年，"七七"事变发生的时候，我已回广东顺德主持调查工作，家人从天津仓促而归，除了携带一些必需的用品之外，书册差不多完全失掉；至于稿件，除了关于主权的观念的一部分材料之外，文化方面的材料，一点也没有拿出来，连了在南开经济研究所在我指导之下的几种重要的调查工作，如高阳的工业与社会的调查资料，也完全失掉。其实，关于主权论的一部分材料，是得了天津工商学院沈诚斋神父费了不知多少的时间与力量始得保存。

"七七"事变以后，我从广东北上到南京时，就不能回去天津，没有多久，而南开大学被毁，继而北平沦陷，北京大学、清华大学皆相继被占。这三个大学的当局，以及中央教育当局，经过几次磋商之后，决定由这三个学校合并而设立临时大学于长沙。我是八月二十日离开南京而经汉口赴长沙，算是临时大学的同人中第一位到长沙的。

自平津失陷以后，这三个大学的同人，四方星散，各自逃命，直到十月底，同人之到长沙的还是很少。同时，三校的图书仪器，损失殆尽，就是有了多少于事变时移置他处的也不能搬运出来。所以长沙的临时大学，在十一月以前，除了借用长沙圣经学校校舍之外，教授既少，设备更差。我记得当我初到长沙的时候，我到湖南教育厅去看朱经农先生，谈及临时大学的事情，他很坦白的说："临时大学犹如空中楼阁，能否成立很成问题，你实在来得太早了。"

长沙临时大学，虽然经过不少的困难，然而终能开课。可是，临时大学的图书既少得可怜，而长沙的图书馆的设备，又简陋不堪，同人之在临时大学的，有些连讲义也带不出来，所以上课讲授，就不容易，至于研究工作，可以说是完全谈不到的。

我们在长沙上课，不久，而南京失守的消息又传来，敌人既从南京，而向西南推进，长沙又常常被空炸，三个大学所合办的临时大学，又不得不设法迁移，经过长期的考虑，我们决定迁到云南。我们是分两路走，一路是从长沙经广州、香港绕海防而到昆明，一路是经湘西、贵州而到昆明。从后一路走的是一些教授和三百多的学生，他们是徒步而走的，他们历了千辛万苦，跋涉了二千余里的途程，经过了二个月的时间，而始达到最终的目的。

我们初来昆明的时候，因为昆明的借用校舍不敷应用，于是文学院与我所主持的法商学院乃在蒙自上课。蒙自的图书设备，更为简陋，研究工作是更不易谈，可是这个富有乡村气味的县城，加以景色宜人的城南南湖，使同人得到一种清闲幽静的生活，而特别是自从"七七"事变发生以后，同人既备尝流浪紧张的艰难的生活，现在能够稍得安静，至少在心神上，可以说是一种很好的休养。

我们迁到云南以后，临时大学的名称，就改为西南联合大学。法商学院既在蒙自，我个人也不得不到蒙自。法商学院与文学院的校址，就在城外的南湖旁边。我家居近海，素喜水景，南湖的水，虽像沧海一粟，然而在山国的滇黔各处，有了这样的一个小湖，也不容易。

以平常散步的速度来说，南湖的整个周围，差不多要一个钟头始能走完，而其风景较好的半个周围，约需半个钟头就能走完。我在蒙自几个月，每天早起，至少围绕南湖的半个周围二次，而晚饭前，往往环绕南湖的整个周围一次。而且在我所住的哥老斯的洋楼的楼上，有个阳台，对着南湖。平时对湖而坐，近看清风徐来而水波不兴的湖水，远望云烟掠过的层叠起伏的山峰，在享受自然景色之余，有时免不了生出不少的感想。

我常想，假使在这个地方，我们能够有了丰富的参考书籍，我们很可以写点东西出来。

然而在这里，要等丰富的参考的书籍而始从事于著作，那是等于缘木求鱼的空想。

我自想十余年对于好多问题，虽有不少兴趣，然而主要的研究工作是主权的观念，其次是在南开经济研究所在我计划之下的工业发展对于社会的影响的调查工作，再次就为文化问题的研究。关于主权观念的研究，我在国内大学读书的最后一年，就有兴趣，后来到了美国进研究院，更努力于这个问题的研究。从美国回国后，在大学里当教席的时候，而特别是在德国二年，差不多完全用工夫在这个问题上，然而材料搜集得愈多，愈不容易下笔。从德国回国以后，一方面因为图书的缺乏，一方面因为别的工作所缠绕，"七七"事变，有一部分的材料又遗失了，所以直到现在还没有机会把遗存那部分材料整理出来。至于工业的发展对于社会的影响的工作，本是南开经济研究所自民国二十三年以后的主要的工作，我因为任了该所的研究主任，对于这个研究工作，花了不少的时间。除了找了好多位研究人员在河北省的高阳，从事二年多的调查工作之外，民国二十五年又在广东顺德开始工作。此外，在河北塘沽的调查工作，亦正在接洽，且其他的工业区域的调查工作，也正在计划。我们的目的是要在中国各处找出几个工业发展的代表区域，去作集中的调查，而看看工业对于社会，或是文化的影响的程度是怎么样，然后再把这些工业发展的社会的生活去与我们固有的农村的社会的生活，作比较的研究。这是一个很大的研究的计划。我们希望利用南开经济研究所大部分的人力、财力去完成这个研究。我们可以顺便的说，我是极力主张工业化，而且极力反对当时所流行的"以农立国"的老调；不过我并不只从理论上去说明工业化的需要，而要从实地的社会的生活里，找出一些事实，去证明我们这个主张。然而，很可惜的是，当我们的调查工作正在顺利进行的时候，"七七"事变就发生起来，我们的调查工作的地方，相继被敌人占据，在同人仓卒逃命的时候，不只工作整个停止，就是已经找得的一些材料，也差不多完全遗失。

　　我对于主权论与工业化的问题，既因"七七"事变而不能积极去研究，在到了心神比较安定的蒙自的时候，我乃计划对于文化这个问题下点工夫。参考的书籍虽然很为缺乏，然而这是一个比较普遍的问题。而且十余年来，我一方面既阅了不少关于这个问题的书籍，一方面因讨论中西文化问题，而发表过不少的文章。而且我在当时虽然想不到抗战的时期，会拉到这么久，然而要等抗战完后，再从事著作，那是一种怠惰心理的象征。而况抗战以后，就使读书的环境较好，参考的书籍较多，我未必就有时间去专门研究这个问题。因为我的主要的研究工作，本来就不是这个问题。

同时，从一方面看起来，参考书籍的缺乏固是研究工作的最大困难；然而因为所要参考的书籍太多了，看了一本又想看别本，这样的类推下去，有的时候反而不大容易动笔，而且没有机会把整个问题好好的加以详细和彻底的思索，好像一个人跑入广大的森林里，终日奔走，有了见树而不见林的感想。

从这一方面来看，对于文化这个问题的研究的兴趣，逐渐的浓厚起来，而且在蒙自那个环境之下，很适宜的使我把这个整个问题好好的加以详细与彻底的思索。我当时对于这个机会并不放松，除了上课讲演与学校行政的工作之外，在阳台闲坐，在南湖散步，以及其他的空闲时间，都可以使我对于这个问题，作了多少考究。

大致上，我几本《文化学概观》，以及下面十数本书的大纲，是那个时候拟定的。

恰巧在这个时候，社会学系的同人，觉得社会学系的课程太少，有人提议我们应该多添三两个新的课程。有一天，社会学系的同人，因为讨论系中的各种事情，而对于加开课程的提议，也正式提出。同人之中，多以为我也应当在社会学系讲演一个新课程，而这个课程，最好是关于文化方面的问题。有些同人以为这个课程就叫做中国文化问题，有些同人又以为这个课程就叫做东西文化问题。我当时表示，我不大愿意在课堂上去谈这些实际的问题。不过我很愿意把文化的本身上与根本上的一些问题、或原理，加以讨论。因而，又有些同人以为这个课程的名称，可叫做文化原理；也有些以为这个课程，可叫做文化问题，我自己都觉不大满意，最后我乃提出"文化学"这个名词。当时也有一二位同人，对于用这个名词去作下学期的一个新课程的名称，表示怀疑。

我记得后来我回昆明时，以至我到重庆时，都有友人很奇怪的问我，为什么要开这一个学程？因为照他们的意见，哪里有所谓"文化学"这门学问？其实，他们从来就没有听过这个名词，然而我却并不因此而放弃我个人的主张。

自从民国二十七年的下半年起，在每个学年中的第一学期，我都在国立西南联合大学里主讲这个课程，这就是"文化学"。据我所知的，应用这个名词而为一种课程的，在中国的大学里，固是没有听见，在欧美各国的大学里，也是没有听见。虽则这个名词的本身，在应用上，历史很为久远，而流行也相当普遍。

这个课程，在国立西南联合大学的法商学院的社会学系里，是一种选修的课程，社会学系的学生在这个大学里，虽特别的少，然而选修这个课程的每年都有十多位。我每周讲两个钟头，此外往往用些时间去与同学们讨论，这不只是引起学生的读书的兴趣，而且也给我不少的益处。

因为对学生讲演，我自己不得不先把这个问题，作成系统化的大纲，同时分为细目，使在讲演的时间上，得到适宜的分配。又因年年要讲演，使我对于这个科目的兴趣，能够继续不断。所以数年以来，而特别是自民国二十七年至民国二十九年的两年，我大部分的时间，为了别的工作所缠绕，假使不是为了上课讲演，说不定我根本又把这个问题置诸脑后，而且说不定我今日不会写出这部著作。

至于我所讲演的内容，大致上就是这部《文化学概观》的大概。

我自在蒙自拟了文化学系统的大纲，与决定在国立西南联合大学开设文化学的课程后，我就想能够用点工夫去写这部著作。

我的计划是：在可能范围内，把我所找得的材料及我个人所能记忆的材料，按照我所预定的计划，循序写出来，希望先打了一个底稿，将来再慢慢的去增补与修改。

然而，当我正在要开始工作的时候，我们在蒙自的校址又为军事机关征用，文学院与法商学院又不得不迁回昆明；同时南开经济研究所又有在重庆与贵阳恢复的建议，此外南开大学在天津事变时，抢出一些书籍、仪器，又正在设法南运，这正是民国二十七年夏天的时候，而这几件事与我都有关系。此外，不久广州失守，海南被占，安南屈服，南洋沦陷，敌人在广州湾登陆，无论在直接上，在间接上都对于我个人以及我的家庭，有了很大的影响。而数年以来，而尤其是自民国二十七年夏至南洋沦陷的三余年中，我时而到贵阳、重庆，时而到香港、安南，一年之间，有时来往于这些地方，有了四五次之多。我在天津南开经济研究所的时候，每因调查工作而常到各处，友朋曾给我旅行教授的别号，到了这个时候，真是要成为流浪教授。我自己想想，实在觉得太难过了。

这么一来，文化问题的研究的计划，从民国二十七年夏以至民国二十九年夏的两年中，几乎置之高阁。在这两年中，我除了整理一本《疍民的研究》的十余万言，以及陆续写了一本《暹罗与中国》约六万言之外，根本就没有写过什么文章。

民国二十九年的暑假期内，我预备从安南到暹罗、马来半岛、新加坡各处一行，然后再从缅甸回国。可是很不幸的，我要到了暹罗的边境的时候，我却染了病。我不得已在金边（Pnom Penh）的亲戚家里调养。金边是柬埔寨的首都，是东方一个很整齐的美丽的城市。我好多年来虽常常到这个地方，然而很少住过一个星期。我的亲友除在金边有房子之外，他在金边东南数十公里的河仙港口也有房子。河仙港口也是我所常到的地方，可是从来没有久住。河仙港口是安南西南部一个海港，城市并不大，风景却很为宜人。我这次因为染病的原故，遂决意在这两个地方稍事休养。在这个美丽的城市，与风景宜人的海港中调养，不但使我身体逐渐复元，而且使我精神格外振发。我在这个时候，又于不知不觉中，想及文化问题的研究的计划，而对于这个问题的著作的兴趣，也特别的浓厚。我在这两个地方住了一个多月，暑假的时间已过了大半，暹罗、马来半岛、新加坡、缅甸之游，只好作为罢论，决意回来昆明。

一个多月的休养，既使我对于文化问题的著作的兴趣特别浓厚，我回昆明之后，遂决意开始工作。

然而，从民国二十九年的秋天至民国三十一年的秋天的两年中，是昆明遭受空袭得最厉害的时候。有的时候，整天有了警报，因海南的失陷与安南的屈服，使敌人的空军根据地距离云南愈近。昆明为我们后方的空军要地，又为战时的国际交通的中心，所以除了重庆之外，遭受空袭最多而最惨的，要算昆明了。除了空袭之外，我在这两年内，因为公私事务，每年来往于昆明、重庆之间，总有两次，所以对于写作方面，受了很大的影响。所以两年之中，我对于文化方面的著作，统共不过写了三十余万言。而且这三十余万言，差不多完全是我在天还未亮的时候所写的。

我父亲从来最喜欢早起，他无论春夏秋冬，每早五时以前就要起来。我少年跟着父亲的时间最多，因而有意或无意的也染了这种习惯，所以从民国二十九年的秋天至民国三十一年的秋天的两年中，除了八九个月离开昆明而不能写作之外，每天早晨，我都写了一千字左右。虽则有的时候并非写作关于文化方面的问题，然而十分之七八的时间，却是为了这个问题而写作。我想只要一个人对于工作能够有了恒心，无论他一天作得怎么样少，苟能天天一点一点的做去，过了一年或数年之后，总能有点成就的。

民国三十一年的整个夏天，我住在重庆，九月底我回昆明。我很自悔在过去数年中的工作太过迟慢，因而极力避免一些无谓的应酬，专心去继续文化问题的研究，同时设法每天于早晨四时至四时半之间起床工作，从十月至三十二年的五月底的八个月中，我平均每月差不多写八九万字至十万字。这八个月里，有一二次是因为染了小恙，而使整个星期不能工作，有好多次是因为事情而离开昆明三二天，有了十几次是忙于校事或私事，而整天不能接笔，然而有好多时候，一天之内，我草了五六千字，又有了好几次，一天之内我草了一万多字。然而主要的大部分的文章，是在早晨未吃早饭之前写的，因为日间不但往往为了别的事情而忙，而且除了写作文章之外，还要参考书籍。

参考关于这个问题的书籍，在昆明是十分困难的，往往花了半天工夫，在图书馆翻来翻去，结果还是一无所得而归。此外，有的时候，花了一天工夫，阅了一本书籍，然而能够采取的材料，往往只是一点。但是我既打定主意去赶紧工作，我就照我所定的计划，在可能的范围之内，把我所找得的材料，以及我个人所能记忆的材料，先写下去，至于所写的是好还是不好，这是我在所不管的。

我很深刻的感觉这种工作的范围，是一种广大的田地，因为不只每一部分可成为一部大著作，就是每一部分里的每章，以至每段都可以扩大而成为一部书。我在这里所作的工作，只是一个大纲，只是一个概论，其实只是一些普通与根本的原则；同时为了解释这些原则，我又只是随便的举出一些例子，无论这些例子是一些事物，或一些人物。

而且我在这里所举出的事物，又是一些比较浅白的事物，所举出的人物，也是比较显著的人物。

一个人的精力、时间有限。无论他怎样去专门研究一个题目，然而要想对于这个题目所包括的整个范围与有关的一切材料，都想完全无遗的去搜罗研究，却是一件很不容易的事情。

我很深切的知道，这种工作的对象是一种新辟的田园，因为不只在我们中国这样的从事研究这种工作的没有几个，就是西方学者之这样的从事这种工作的，也并不很多。我是从文化本身上的普通与根本原理而谈到东方与西方的文化，再从东西两方的文化，谈到所谓南北的文化。这是一种理论的研究，这也是一种事实的解释；这是一个历史观，也是一个世界观（Weltanschauung）。文化学的本身，是近二十年来的一种新产儿，虽则文化学的名词是源始于百年以前人类学者、社会学者、历史学者、地理学者，以至哲学家与科学家等等。各人都从各人的立场而研究文化，然而从文化的本身而研究文化，还是很少。文化本身是有了自己的范围，有了自己的对象，是自成一个格式，是自成一个单位；所以应当自成为一门学科，应当自有其一种立场。

我们相信只有这样的去研究，只有这样去推动，文化学才能发展。假使我们只是从别的专门学科的立场而去研究或推动文化学，文化学只能当作这个专门学科的附庸，结果恐怕永远不会成为一个独立的科学。

同样，关于东西文化这个问题，一般人，而尤其我国人，数十年来对于这个问题虽然发表了不少意见，发表了不少文章，然而所谓有系统的著作之关于这个问题的，就找不出几本。二十年前，梁漱溟先生所出版的《东西文化及其哲学》，六七年前，张君劢先生所出版的《明日之中国文化》，以及二三学者之关于这个问题的著作，无论其主张是否得当，无论其内容是否充实，然而就像这样的著作，已是很少。

至于所谓南北文化这个问题，严格的说，研究的历史既是更晚，研究的学者更是很少。

在所谓东西文化的问题的研究上，或是所谓南北文化的问题的研究上，我个人都有我个人的主张，可是我的个人主张，也是以文化的普通与根本的原理，以及其历史的发展的事实为根据的。其实，所谓南北文化，根本既与东西文化，有了密切的关系；而所谓东西文化，根本上又是与文化的普通与根本的观念有了密切的关系。我这二十册的"文化论丛"，就是透过文化的普通与根本的观念，来讨论东西文化与南北文化的问题，自成系统的。

以上是《我怎样研究文化学》的全文，主要是谈自 1925 年至 1943 年近二十年中主要有关"文化学系统"的研究工作。而在这一时期，他还在国内引发了"文化问题论战""教育问题论战"和"乡村建设论战"。而围绕这几次争论他发表了大量文章及有关著作。此外，他还对政治学进行了研究，对工业化问题也做了不少调查研究，东南亚方面、社会学等方面也都有研究论著。

可见，他很多重要的有关文化学、教育学、社会学、经济学及东南亚等方面的思想论著都是出自这段时间。

四、二战后恢复南开

1. 南开复校

1945 年 8 月，在中国军民多年的浴血奋战之下，在同盟国的反击下，日本法西斯侵略者终于不得不举起白旗投降。

　　1945 年 8 月 15 日，日本广播了天皇的投降声明。9 月 2 日，日本帝国政府及日军总司令代表在美国的"密苏里号"战舰上正式低头签字投降。

　　我的童年是在抗战中度过的。虽然我们家在抗战期间住在后方的重庆沙坪坝南开中学，但是日军飞机对重庆的狂轰滥炸，迫使我们经常要跑警报，躲入昏暗、空气污浊的防空洞。日军令人发指的暴行更是常常听闻。日本投降，爆竹之声不绝于耳，我们年纪虽小，但无不兴高采烈。

　　父亲于 1945 年 8 月由美国回到昆明再回重庆，正值日本投降的时候，所以家里更充满了欢乐的气氛。他还在美国的时候，就写信回来问我们每个人喜欢什么东西。我记得当母亲问到我的时候，我说，我喜欢夹克和足球。果然父亲回来给我带了这两件东西。父亲和我们离别一年，我又长高了不少，夹克我刚好能穿下。不用说，那年冬天我就老穿着那件枣红色的、胸前是棕色皮子的灯芯绒夹克，脚上踢着那个足球。这是我记忆中童年所得到的最好的礼物。

　　由于抗战胜利，西南联大三间学校都考虑各自复校。张伯苓校长住在重庆南开中学内，所以从 1945 年夏到 1946 年夏之间，父亲更是频繁往来于昆明与重庆之间，以便和张伯苓校长商量有关南开复校的各种事宜。

　　父亲在抗战期间，由于经常往返于云南、贵州和四川之间，所以对西南的情况，也了解不少。这也为他后来写一些有关云南少数民族的著作打下了基础。

　　虽然 1945 年 8 月日本投降，而西南联大正式分家是 1946 年得到批复的。不过在这一年中，各校都派人回到北京或天津筹备各校的复校工作。

　　在西南联大正式分家之前，北京大学有人请父亲到北大去任教。可是父亲说他觉得南开大学被炸得四壁全无，觉得有责任去南开帮忙。父亲还说："张伯苓先生与同人对我特别器重，要我当教务长兼政治经济学院（等于西南联大的法商学院）院长，以及南开经济研究所的所长。"

　　父亲不是那种沽名钓誉、见异思迁的人。张伯苓校长器重他，是有其原因的。端木正先生在纪念父亲九十周年诞辰的一篇文章中说道："我曾请教过他，他是一个年青的广东教授，怎么到了天津南开大学会受到张伯苓老校长的重用？陈先生说，张校长有一次说南开经费困难，需要赶紧借一笔钱，很费张罗。陈先生就向天津几家银行的朋友通电话，钱就借来了。张校长问，你用什么担保？陈先生答，没有担保，靠朋友交情，张校长又惊又喜，就说办私立大学要靠两桩本事，一要能找钱，二要能找人，现在你都能做得到了。其实这两桩本领，都是靠找人，平时如果没有银行家和学者朋友，需要时就一筹莫展了。"

　　所谓靠朋友，也可以说是靠朋友的信任。父亲一不做官，二不做生意，不贪财，是真正做学问、办教育的人，所以才能取得朋友们的信任。这对他以后办教育都有重要的作用。另一点，父亲办事非常负责，全心全意地为教育工作。此外，他的办事能力很强，这也是人们要找他负责行政工作的原因。

　　1946 年的 3 月到 4 月间，父亲曾去越南河内与海防。日本投降后，云南卢汉部一度驻扎越南北方。父亲去那里是为了取回南开大学留在那里的一部分书籍。但去到那里后，方知道书籍已被日本人运往东京。后来经交涉，这些书由东京直接运还天津南开大学。这次他到越南北部，也去那里做过一些调查。

　　虽说 1946 年夏，西南联大三校都各自复校，但是那一年的暑假，父亲还是代表西南联大三校去了一次广州主持招生工作。这次他乘飞机从昆明到广州，住在广州东山，当时中国银行经理张镜辉先生家里，据说这房子曾是宋子文住过的。招生地址设在长江中学内。这次在广州招生，他住了近两个月。当时的广东省政府主席罗卓英认为三校来招生是件大事，便请父亲吃饭，在座的有市长、教育厅厅长及局长等人。后来香港一位学督到广州来，也请他做客。

　　这次招生完毕，父亲返回昆明，然后结束在昆明的事务再到重庆，为家里安排前往天津事宜。南开复校后，父亲身任几个要职，很多事情要去天津办理，所以他只身先行前去天津。他是乘飞机由重庆飞往北平，然后坐火车去天津。

　　1946年夏，我在重庆南开小学读了六年书毕业，在重庆南开中学初中一年级读了约两个月，我们家就搬回了天津。全面抗战八年，我们在重庆住了六年多，在当时要搬个家去天津，也真不容易。我记得母亲日夜收拾东西，装箱打包，一些怕打烂的瓷器用废纸、碎布衣服包好，最后大件行李都由水路运走。母亲和我们五个孩子，则从重庆坐飞机先到北平。我生来第一次坐飞机，记忆犹新。我们坐的航机，其实是一架双引擎的军用运输机，像是当时用得很多的DC-3型运输机，座位都是靠着机身两侧壁的吊着的位子，也就坐二十多人。由于上机随身带的行李很有限，母亲让我们身上尽量多穿戴点儿衣物，走起路来很不自然。这种现今看来很小的双螺旋桨飞机，一遇云层气流变化，突然升高或下降，乘客往往就会呕吐。好不容易飞到了北平，父亲那天因有公事不能来接机，委托了亲友接我们前往前门火车站坐火车去天津。

　　1941年12月7日，日本偷袭珍珠港后，美国在第二天即向日本宣战。张伯苓校长预见到美国参加对日战争，日本必败，所以在1942年已着手考虑南开大学复校问题。父亲与何廉先生以及杨石先生，还有其他人都先后参加了复校讨论，他们考虑南开复校后仍为私立大学。然而到了日本投降，抗战胜利，真正着手在天津复校，立即面对复校需要大量经费的问题。南开大学不得不向国民政府当局请求拨款解决，以及以敌产赔偿，并提出十年计划，政府给的经费每年减少十分之一，到十年以后完全不要政府经费。但是由于蒋介石坚持南开大学要改为国立大学，政府方才给予拨款，无奈，南开大学在经费极为困难的情况下，不得不同意改为国立大学。这样，南开大学从1946年9月起成为国立大学。

　　父亲也自1946年8月返回天津南开大学，担负起了繁重的行政事务。我们家住在八里台南开校内的柏树东村，已不是战前那个柏树村了。

　　南开大学在战后接收了六里台、迪化道（今鞍山道）一些敌人产业。南开经济研究所设在六里台，教务处仍在八里台，政治经济学院则设在迪化道。父亲身任教务长、经济研究所所长和政治经济学院院长三职。他说："我每天都必到每个办公处一次，在教务处的时间较多，政治经济学院次之，研究所又次之，有时黄子坚先生外出时（如到南京催款），他的秘书长（即总务长）的图章也交与我。我同时还教三门功课九个钟头，有时写文章。"

其实父亲除了上述几处每天要去之外，还到其他地方去，如去学生宿舍巡视。

当时的政治经济学院包括：政治学系、经济学系、商业管理学系、银行会计学系等，学生人数在全校最多，占全校学生一半左右。而这个学院里的很多教授学者也多和父亲关系密切。我所熟知的如政治学系的王赣愚、王德辉、冯恩荣等先生，经济学系的何廉、鲍觉民、方显廷、陈振汉、吴大业等先生。当年南开还有很多父亲的好友，如袁贤能、傅筑夫、杨学通和严仁赓。他们四位在父亲逝世后平反时，还联名写了一篇感人肺腑的悼文。他们都是南开经济研究所和经济学系的著名教授学者。在当年，南开经济研究所和经济学系是南开办得最好的两个单位。张伯苓校长除了让父亲当教务长之外，还把经济研究所和政治经济学院交给他主持，确实很器重他。

1946年春，张伯苓校长因病去美国治疗，直到年底方回国。在张伯苓先生出国期间，父亲固然要负起学校繁重的教学行政任务，但在张伯苓先生回国后，父亲的工作也没有减轻，因为张伯苓先生回国后，开始介入政治活动。此外，一些对外的活动，父亲也常要陪同张伯苓先生。父亲曾谈到1947年美国的魏德迈（Wede-meyer）到天津找张伯苓先生谈话。魏德迈先是找张伯苓先生谈，但因为张伯苓先生说英语有时有词不达意的地方，所以张伯苓先生又找父亲去帮忙解释。父亲还说，后来魏德迈与父亲谈话时，他问父亲假如美国要帮助中国，应该帮哪些人。父亲回答，不应帮助国民党，而应帮助私营工业界以及文教机关。

2. 教育问题大论战

前面曾介绍父亲在1932年5月下旬发表的一篇文章《对于现代大学教育方针的商榷》，引起了有关教育问题的一场争论。

1947年，父亲又引发了第二次的教育问题争论。以他的话来说："曾因胡适之的大学教育计划，而发表文章，引起了一场大争论。"

　　胡适（字适之）当年是北京大学校长。他在 1947 年 9 月 8 日的天津《大公报》上发表了一篇文章《争取学术独立的十年计划》。在这里胡适提倡"中国学术独立"，"要做到这样的学术独立，我们必须及早准备一个良好的、坚实的基础。所以我提议，中国此时应该有一个大学教育的十年计划，在十年之内，集中国家的最大力量，培植五个到十个成绩最好的大学，使他们尽力发展他们的研究工作，使他们成为第一流的学术中心，使他们成为国家学术独立的根据地"。他在该计划中提出在第一个五年内，由政府指定五个大学做到第一等地位。这五个大学是：北京大学、清华大学、国立中央大学、武汉大学与浙江大学。此外，他还反对当时的留学政策。

　　胡适作为北京大学校长提出教育方面的"十年计划"，是有其背景的。这里引用曾任南开经济研究所所长何廉先生的回忆录中的一些叙述。这回忆录是用英文写的，以下是其大意：

　　　　中国在 1947 年以前，即国民党统治时期，在高等教育领域里北大派（Peita Group）明显地占支配地位。大多数的国立大学，如国立中央大学、武汉大学、中山大学、浙江大学和山东大学等等，是在北大派的控制之下。除了陈立夫任教育部部长那段时间外，在整个国民党统治期间，国民政府教育部都由北大派的人主宰，中央研究院以及两个重要的基金会也在北大派的控制之下。1948 年，学术地位较高的国立大学里，大概只有南开大学仍能享受行政上的自主。像胡适、蔡元培、朱家骅等都是北大派的主导人物。如朱家骅曾任中山大学校长，后任教育部长。

　　按何廉先生的看法，像胡适、蔡元培等对一些大学内的北大派学者，他们尚能容忍具有不同政治、社会和宗教观点的学者，但有的北大派头面人物就不那么容忍独立于北大派以外的教育学术界。

作为南开大学校长的张伯苓先生与北大派的领导者们蔡元培、胡适及朱家骅之间是有矛盾的。在胡适他们看来，南开大学只是一所工艺专业性大学，所以他们看不起南开大学与张伯苓先生。而张伯苓先生则不买他们的账。

了解上述有关当年高等教育界的一些背景，有助于了解这场"十年计划"的争论，以及下章将介绍的有关张伯苓先生被迫当了考试院院长，而朱家骅则趁机逼张伯苓辞去南开大学校长的原因。稍后，还可看到父亲进一步披露围绕这场争论的一些实质背景。

对胡适的教育"十年计划"，父亲在 1947 年 9 月 9 日写了篇文章《与胡适之先生论教育》。在这篇文章里，父亲批评了胡适的两点意见：一为主张在第一个五年内，由政府指定五所大学做到第一等地位；二为反对近年来的留学政策。

父亲说：

> 大体上，我们反对近年以来的大量创办专门以上的学校，而不注意这些学校的质的问题。……然而我们所不解者，是胡先生不知何所根据，而推荐这五个大学？胡先生抗战开始就出国，战后很久才作归计。十年来的中国真面目，或未必很了解，十年来的中国的大学教育，或未见得很能知道。若只凭着那"一点偏私"的感情作用，而随便去提议，随便去推荐，这不只是为了胡先生的地位与声誉而会引起很重大的影响与不公平的结果，而且失了胡先生的一向的"拿证据来"的治学的精神。

父亲又指出：

> 不但这样，胡适之先生一方面虽反对大学教育的重量不重质的政策，一方面好像又歌颂这种政策，甚至实行这种政策。……这是有例可举的。胡先生是北京大学的校长，我们且以北京大学为例。北京大学在战前，只有文理法三

个学院，学生人数大致不过一千。抗战以后，虽然承受了伪北京大学不少遗产，然而现在不只学院增了两个，学生也增加了数倍。以北京大学的目下的经费及设备来说，专办文理法三个学院，犹嫌不足，可是同时却增加了两个最费钱财与最缺师资的医、工学院。再加以数倍的学生，这岂又不是拼命去实行这种政策而成为一个最大的矛盾吗？

父亲在《公论耶？私论耶？》一文中也指出：

> 国内大学，在战前，设备较好的，要算清华。可是清华之所以能这样，主要是依赖于美国退还的庚子赔款。清华直到今天，在美国还存了好几百万的美金。所以在全国大学中，还是最富的大学。但是我们不要忘记，清华历年来所用的金钱，以至现在所存的美金，不外是抽了四万万五千万的同胞的人头税而来，在经济与外汇这么困难的时候，存钱在美国，由清华独享，是否公平，也是一个问题。

父亲又指责：

> 而况，反过来看，有些大学，在战前已有的院系，办理已有相当的成绩，而教育部却不愿使其恢复。教育部厚于北京大学，而薄于其他大学，这是不公平，这是有偏私。

从上面这几段话，已可以看出 1947 年的这场教育问题大争论的实质了。那么父亲反对"由政府指定五个大学做到第一等地位"，他的想法又是怎样的呢？他在 1947 年 12 月 5 日的《论发展学术计划》一文中提出：

> 总而言之，在目前的中国，大学教育既在萌芽，而学术水准又很为落后，我们对于大学教育假设要有计划的话，

合理的计划的话，那么我们对于已经办理得有成绩的院系，既应该加以特别的鼓励，而对于大学教育的区域的特殊性，也应该加以特别的注意。

对于胡适反对近年来的留学政策，父亲也认为他的看法"从表面上看起来，虽是很有理由，可是事实上，也有很多的错误"。

父亲指出：

第一，我们要指出，北京大学一年所得的美金或以好几个大学一年所得的美金，来比胡先生所估计的四百万美金的留学费用，无疑的后者是一笔很大的数目。然而我们不要忘记，把四百万美金的留学费来比政府每年的无益浪费，恐怕真是微乎其微，试问今日因贪污而浪费的金钱与战争而浪费的金钱，究竟多少？试问今日因缺乏行政效率而浪费的金钱与因许多骈枝机关而浪费的金钱，究竟多少？试问今日在美国好多有名无实的我国政府机关所消耗的美金，究竟又多少？试问今日在美国一些花钱如泥沙的所谓高等华人所消耗的美金，究竟又有多少？……胡先生对于这些浪费，不加指摘，而却对于四百万美金的留学费加以非难，真令人莫测高深。而况专以今日教育经费来说，其中浪费的，也不知多少啊！

第二，我们要指出在抗战以前，我们的学术水准，已是很低，而大学设备，也是很差。经过八年来的抗战，再经过两年来的纷乱，其水准之低与设备之差，更不待言。国家专门人才的需要，大学师资来源的枯窘，若说不靠留学而只有金钱便可在很短的时期就能解决，那又未免把这事看得太容易了。

……我们不要忘记世界学术而尤其是自然科学日新月异，若说我们只靠买大量图书与最新仪器，就可以赶上人家，那是一个最大的错误。这是八十年前曾国藩的思想，还跟不上五十年前张之洞的留西洋不如留东洋的浅见。

还有一段有趣的话：

> 记得在纽约的时候，胡先生曾说找《水经注》的版本，在美国比中国为容易。胡先生久住美国，不用时间去研究外国最新颖的哲学文学，以介绍于国人，而在美国研究线装书，已不免使我们惋惜，然而连《水经注》的研究，也是以在美国为最宜，那么不只日进千里的科学需要我们到美国去研究，就文明古国的国学，也要我们到美国去研究了。

对于胡适用的"学术独立"这个名词，父亲也指出未甚妥当。因为学术是没有国界的，所谓学术独立，会变为孤立，成为闭门造车的流弊。与其说是争取学术独立，不如像袁贤能先生所说，是争取学术并立。换句话来说，我们所要争取的是想与欧美的学术并驾齐驱，或是进一步地去驾而上之，并非独立。

还值得一提的是他认为：

> 我们知道，在世界上无论哪一个著名或所谓第一流的大学，未见得样样都办得很好。所以一个著名大学，其院系或学系，尽管很多，或是几乎无所不有，然而办得好的，往往也只是少数或一部分的院系。

我国大学教育，一向集中于京津沪数个地方，这本来就不很合理。

父亲与胡适在教育计划上的争论，也有人认为他在南开教书又担任了南开的行政工作，为此而站在南开的立场说话。像阎简弼就以为他"这是愤懑之言"。还有说得很刻薄的，像吴景超先生，以为"这是吃醋之言"。父亲也在他的《公论耶？私论耶？》一文中予以说明。他说：

> 其实，专仰政府的鼻息，以讲求学术独立，从学术的立场来看，是一件致命伤的事情。近年以来，一些政府人物所提倡的思想统一，以至党化教育，何尝不挂起学术独立的招牌。
>
> ……
>
> 国立大学，固可以成为政治上的党派人物所利用，而不得其公，国立大学，也可以成为教育上的学阀所利用，而不得其公。……政府是代表人民的机构，官吏是人民的公仆，政府设立学校，固为民众而设，人民自己设立学校，又何尝不是为民众而设？
>
> ……
>
> 现在呢？……（南开）经费虽完全来自政府，然而政府的钱财，是一般人民的血汗挤出来的，用能出钱或是有钱的人们的钱，南开还是不敢随便的用，用一般人民的血汗挤出来的钱，南开更何敢多所浪费？更何敢多所要求？所以若说我们是愤懑，若说我们是吃醋，那是太误会我们了。

最后我觉得有两点值得一提。

一点是，父亲很同情并支持私立大学。他说：

> 我们不要忘记，在我国大学的发展史上，尤其是早期的发展史上，私立大学，在学术上，在教育上，贡献很大。北京大学的理学院，正在胚胎的时代，好多私立大学，尤其教会所设立的大学，已有了很完备的实验室。清华大学还未成立大学之前，私立大学，已经出了不少的优良的大

学毕业生。在国立大学，只能发三成薪水的时候，好多私立大学除了薪水发足之外，还有住房以及好多其他的便利。……

　　胡先生告诉我们，他的学术独立的计划，在南京时，曾与蒋主席谈过，那么蒋主席对于胡先生的意见，我们相信必定很为尊崇而受了影响。

国民党政府想控制一些大学，特别像南开大学这样有成效、有影响的大学，趁它因日军野蛮轰炸摧毁，十分困难的时候，需政府资助经费的时候，而要挟南开改为国立方予以经费。尽管南开早已提出十年计划，政府提供的经费每年减少十分之一，到十年后完全不用政府经费。

而胡适抛出的十年教育计划，从他自己的讲话中已披露出，他是和包括蒋介石在内的国民政府要人商讨过的。父亲虽然知道胡适提出十年教育计划的背景，可是他仍不畏权贵，对这个计划提出批评，甚至提出尖锐的批评。如前面他指责国民党搞党化教育，国立大学也可成为教育上的学阀所利用。

第二点是，父亲批评反对留学言论，他说：

　　三十年前，一般反对出洋留学的是一般不知世界大势的当局，与没出过国门的士人，而今日一些反对留学的却是好多镀过金、吃过洋面包的人们，自己有了机会去留学，返国之后，又因有了留学的资格，而得到较好的地位，不去鼓励后辈留学也算罢了，还自以为自己学问已驾西洋人之上，所以劝人不用留学，这是自夸，这是自私，这是自欺欺人！

无论是1932年的教育方针的争论，还是1947年的十年教育计划的争论，父亲都是不畏权贵、不惧学阀，敢于公开表明与他们的不同意见，而提出批评。这点是他当年难能可贵的精神之一。不像有些人，唯首长领导的话是从，做什么事情都要看长官的脸色，对顶头上司唯唯诺诺，唯恐自己的饭碗不保，升不了迁。

尽管当年的三次大论战，背后多少都有国民党要人牵涉，但是争论的双方还能充分地发表自己的意见，报章杂志也把双方的文章言论都登了出来，可以说还不失学术讨论或争论的自由，尽管其中很多问题牵涉了方针政策和中国走何道路的重大问题。

1947 年 9 月，父亲对胡适的十年教育计划的批评，引发的一场教育问题的大争论，是他一生中引发的三次大争论的最后一次。严格来说，应该为四次大争论，两次是有关教育问题的争论。不过父亲在世时，他喜欢提三次大争论，所以我也仍用他喜欢用的提法。

围绕教育间的争论，父亲把他对大学教育的见解，如大学教育的方针、中国教育的现代化、发展学术的问题、国立大学和私立大学、留学的主张以及论师范学院等方面都进行了论述。

他有关教育方面的思想见解，陆续发表于他自 1932 年到 1947 年的两场争论的一些文章中。他把这些文章以及有关西南联大与南开经济研究所的纪念文章集中在 1949 年由岭南大学西南社会经济研究所印行的《大学教育论文集》一书中。

3. 南方之行

1947 年夏至 1948 年春，母亲和父亲先南下广州，后至南洋地区。

由于我们几姐弟妹从小在北方和西南地区度过，所以母亲乃于 1947 年夏天，带了我、二姐及两个妹妹回广州一游。

这次与我们一同南下的还有林道英的弟弟林道兰。当时林道英在清华大学读建筑系，而林道兰则在北京的汇文中学读书。我们是坐海轮从天津到上海。在上海逗留期间住在北四川路新绿里方显廷先生家里。方先生在 1946 年已离开南开大学，在亚洲及远东经济委员会（ECAFE）工作。当时 ECAFE 设在上海。

我们在上海逗留不久就去杭州游览了一次。我的三姨黄素莲和三姨父陆思集那时都住在杭州。三姨父是浙江人，在杭州有自己的房子。我们在那里尽兴而游，住了不少日子。

从杭州回上海，再乘海轮南下经过台湾海峡到广州。那时行驶沿海的轮船不过两三千吨大，经过台湾海峡的时候，风浪非常大，不少人晕吐。母亲带着我们四个小孩儿，辛苦极了。我们到广州后住在四姨父伍锐麟家里。那时四姨父在广东国际红十字救济会（KIRC）任职，家住在东山马棚岗。

后来母亲带了两个妹妹回天津，我和二姐则留下在广州读书。我在广雅中学读书，二姐在真光中学读书。周末，我们常常就近住在百灵路我的表姨黄碧霞家中。我和二姐自1947年夏回广州后，就再没有回天津了。

1948年春，父亲因家事回了南方一趟。他先回广州，和母亲团聚两个星期，乃至香港。他本打算立即到新加坡去的，但他的挚友张德绪先生，在他未到我国香港前，已先到港等候他。张德绪坚持要父亲和他同去泰国，然后再去新加坡。父亲同意了，于是随他同往泰国。在泰国住了两个星期，随后坐火车南下去马来亚，在槟榔屿、吉隆坡、芙蓉等地停了几天，在那里见过了他的堂叔陈运谦和陈运进等亲友们，然后到新加坡。

到达新加坡时，本来韩鸿丰先生已为他订好了旅店房间，但南开大学经济学系龙吟先生的兄长龙学书先生很是客气，一定要请父亲到他家住下来。在新加坡期间，他还和那里的知行学社的朋友们聚会。郭开基先生还陪他到马来亚各地游览。

在新加坡，父亲听到有人传说岭南大学要他去当校长。回到香港时，岭南大学董事会与同学会好多人到机场迎接父亲，使他感觉有点儿莫名其妙。他们坚持留父亲在香港住了几天，此时父亲方觉在新加坡的传闻是有其实的。

在香港期间，岭南董事会与同学会的负责人力劝父亲出任岭南大学校长。父亲说，在我的思想上，不只没有半点儿准备，根本就没考虑过这个问题。

父亲从香港回到广州后，岭南大学的董事与同学又力劝他回南方到岭南大学任职。他为了避免麻烦，并表示不愿做这个校长，乃与母亲和妹妹们乘飞机经上海回天津去了。

第五章　主持岭南大学

一、重返岭南

1948年5月中旬，父亲和母亲及两个妹妹乘飞机由广州经上海回到天津。到达天津的当天，他就到张伯苓先生家里，和张伯苓先生谈他南行及学校事务。伯苓先生早已知道岭南大学要他去主持岭大工作，但是他只谈别的事，而未谈岭南的事情。最后还是父亲对张伯苓先生说："你可能知道岭南大学要我回去之事。"父亲请张伯苓先生代他发一封电报给岭南大学董事会，为他坚决推辞去岭大任职，并告诉伯苓先生，母亲和妹妹们都回到天津了，表明他决心留在南开大学工作。

张伯苓先生对岭南大学请父亲前去工作之事，没有说什么。刚好他家中开饭，要父亲同他一起吃饭。大家坐到了饭桌上，他说："今天不谈你刚才谈的事，今天张太太预备了一点儿菜，我们多吃点儿吧。"在席上，他问的都是南洋的一些情况，并且略谈在父亲离校时的一些情况。吃完饭，父亲就回家去了。

过了两天，伯苓先生到我们家来，对父亲说："对于岭南大学的问题，你应考虑考虑，不必坚辞。"张伯苓先生说岭南大学是有基础的学校，听说岭南大学在南方叫作"南大"，南开大学在北方也叫作"南大"，都是"南大"，而且已故的校长钟荣光是他的老朋友，而父亲在岭南大学又曾教过书，可以到岭南大学当校长。

　　张伯苓校长的这番话，很出乎父亲意料。父亲说，他在南开兼了好几个事情，在南开的时间也不算短，伯苓先生放他走，绝不是不喜欢他，而是另有原因的。

　　父亲笑对张伯苓校长说："你是不是要赶我走？"

　　张伯苓校长哈哈大笑地说："你这样说也可以。"

　　他们谈了一个多钟头，伯苓先生临走前，紧紧地握着父亲的手，很诚恳地说："你虽去岭南，但也绝不是离开南开，打定主意，做好准备，暑假就到南方吧。"

　　父亲觉得此事实在有些莫名其妙。在暑假之前，岭南大学曾派了很多与他有关系的朋友，劝说他回岭大。甚至陈受颐先生也曾亲自去天津劝他到岭大任校长，父亲都没有答应。而现在张伯苓先生和他谈，要他打定主意去岭南，他也就不能不考虑伯苓先生这番诚恳的意见。

　　张伯苓校长无疑很器重父亲，而父亲也正为发展南开努力，并做了一套发展的打算，例如他当时就要着手筹建南开的医学院。而伯苓先生怎么会放他去岭南呢？原来是岭南大学董事会致信张伯苓校长，邀请父亲前往岭南大学出任校长。而张伯苓校长则提出父亲去岭大只能是暂借两年，岭大董事会同意了这个条件，张校长才答应岭大董事会的邀请。

　　1948 年 7 月底，父亲把南开的事情安排出头绪后，就只身一人南下广州到岭大任职，而家仍在南开。

　　父亲于 1948 年 8 月 1 日抵达广州。有一天岭南大学董事会的秘书拿了一封电报给他看，该电报是张伯苓校长给岭大董事会的，电报中说道："可以答应陈序经到岭南，但每年陈序经需回到南开三个月至四个月。他的往来旅费由南开出，他的薪水也可以考虑由南开给。"

　　看了这份电报后，父亲才知道那天张伯苓校长在我家临走前说，他虽然去岭南，但也绝不是离开南开的意思。但是伯苓先生究竟为什么这样做？父亲说，他仍是不太清楚。

　　父亲到岭南大学走马上任还不到两个星期，伯苓先生就从南京发了一封电报给他，要他立即到南京商量一些要事。

当时张伯苓先生已做了国民政府的考试院院长。父亲始终反对他去做考试院的院长，认为伯苓先生内心未必愿去做，但是又没有勇气去推辞国民党里的好多人的劝请。

在接到伯苓先生的电报后，父亲就乘飞机到上海，再转乘火车去南京，住在南京考试院。考试院的秘书长雷法章曾是南开大学教务主任，他到车站接父亲时就告诉父亲，伯苓先生颇懊悔劝父亲到岭南，现又想让父亲回南开去。

等到父亲见到张伯苓先生时，伯苓先生才告诉父亲，他原来也不愿意做考试院院长，但是他们逼得太甚，不好意思去推辞。在未就任考试院院长职之前，他曾对南京政府说，他还要做南开校长数年，南京政府答应他兼任南开校长。可是他到南京任职之后，教育部把宪法给他看，做考试院院长不能兼大学校长。这是当时教育部部长朱家骅提出来的。朱家骅对伯苓先生说："你虽不能兼做校长，但是关于南开的继任人选，可由你指定，教育部没有意见。"

在伯苓先生心目中认为父亲是南开继任人选，所以他对父亲说，希望父亲能发电报或同去广州与岭南董事会商量，回去南开任校长！

父亲认为南开校长有几位很适当的人选，伯苓先生问他是哪几位。

父亲先提出张彭春先生，也就是伯苓先生的弟弟。伯苓先生立即摇头说，这绝不能提。然后，父亲又提出何廉先生。伯苓先生虽然没有像拒绝张彭春先生那样坚决，但也不发表什么意见。父亲指出："何廉先生在南开十多年，不只对于商学院，而尤其是南开经济研究所，有很大的功劳，就是对于整个南开大学、中学都有很大的贡献。何廉先生在南开同人中，无论是大学的、中学的，都有威信，他们对他有好感，最为适宜。"

当时在座的雷法章也同意父亲这个意见。

但是，伯苓先生沉默了很久之后才说，何廉先生有他的好多优点，可是他虽然在学校有十多年之久，但这七八年中，他在外时间多，不知他是否安心办学。

父亲再三为何廉先生解释，雷法章也赞同他的意见，但是伯苓先生总是希望父亲回南开。

可是父亲从个人来说，答应了岭南，而且又已到职十余天，忽然又走掉了，这是十分难为的事。而且主要问题是父亲觉得他在南开的历史不算长，真正地说，在天津南开只有六年。此外还有其他原因，他觉得管理南开很不适宜。所以坚决要求伯苓先生找何廉先生回来，而且他也相信何廉先生是愿意就任的。

他们谈了三天，伯苓先生觉得确实没有其他人较何廉先生更适合任此职，终于同意父亲的提议。到了第三天中午吃饭之前，伯苓先生让父亲叫人送一封电报给何廉先生。

吃了午饭睡觉前，伯苓先生忽然又有点儿变卦说："我们再谈谈，电报可以暂时不发。"父亲告诉他，电报已送出去，这样伯苓先生才没有说话了。

何廉先生收到张伯苓先生的电报后，感到很惊讶。对此事他也有些犹疑，后来他又收到张伯苓先生的一封信，向他解释了前因后果。因为他是很敬重张伯苓先生的，于是决定回国。不过由于何廉先生在接到信前未即复电，张伯苓先生焦急得不得了，又要父亲考虑回去南开。他还和父亲说，他答应岭南大学董事会时，是有条件的，父亲可以在短时期内两处兼任，因为南开虽为国立，但岭南却是私立的，他可以和教育部说清楚。父亲觉得这就滑稽了，两校相距很远，岭南大学极力要父亲去，也是因为有困难；他若要搞好岭大，就很难兼顾南开的事情。所以父亲仍是劝说张伯苓先生，希望何廉先生能回来。

到了9月中旬，何廉先生终于有电报来，说他准备回国。他是诚心回来为南开大学效力的，故带了夫人和两个孩子一起乘船回国。

何廉先生乘船抵达香港时，父亲亲自到香港，并上船去接他。然后何先生和夫人、孩子们先回到上海，随后他即去南京与张伯苓先生会面。何先生与张伯苓先生会谈后，感觉到张伯苓先生从感情上是不愿意放弃南开大学校长这个职位的。所以在其后一次有张伯苓先生与朱家骅先生的会谈中，何廉先生提出，张伯苓先生暂从他任的考试院请假离职，而他自己则以经济研究所所长的身份代表张伯苓先生出任南开校长。这样无须教育部的任命，既满足张伯苓先生的愿望也不违反教育部规定。只是在座的朱家骅先生并没有表态。

到了9月下旬，父亲打算去北方一趟，接母亲和姐妹们回广州并办理一些其他事，故取道上海陪同何廉先生前去天津。

南开大学在国内外是著名大学之一，张伯苓先生从一开始就是南开大学的校长，这是第一次由别人来接替，无论对南开大学或是社会上来说，这都是一件重大的事。为此，南开大学举行了何廉先生的就职典礼，张伯苓先生向全体师生们介绍了新校长何廉先生。午后张伯苓先生还举行了一个招待会，参加者除了本校教职员工外，还有天津当地的头面人物，以及外国领事馆的代表。

何廉先生在南开大学任职到1948年11月底，就南下到上海与夫人、孩子们相聚，以后由于政局变化，他与家人取道中国香港去了美国。父亲从此未再见过他，但他们之间的间接联系还是有的，并承何廉夫妇的关心不少。

在天津这段时间，父亲数次到北京，聘请医学放射学专家谢志光教授到岭南大学医学院任职。次年，谢志光教授不仅自己到岭南大学任教，并且还带了好几位各科知名医学教授到岭大。

父亲在天津逗留一个多月后，于11月中旬与母亲、大姐及两个妹妹一起南回广州。

我们家从天津搬到广州岭南大学后，最初住在东北区32号。这是一幢很大的花园洋房。在岭大校园内，一些教授，特别是外籍教授多住在东北区或东南区。当年设在美国纽约的岭南大学基金会（The Trustees of Lingnan University，New York），又称美国基金会（以下简称美基会），美基会对岭南大学资助的一个主要方面，就是聘请外籍教师，并支付他们的薪金。而东区有的教授住宅也是由美基会出资建造给外籍教师住的。

由于这所住宅很大，父亲把他的继母大潭婆也接来岭南住。我们孙辈都和大潭婆相处得很好，父亲也很希望她能长住下来。可是她一生都在故乡居住，虽然这里条件比起乡下要好得多，可是她住了一年后，还是回清澜乡下去了。像她这样的老一辈，乡土观念非常重。父亲虽然受过那么多年的西方教育，但晚年也说退休后要回清澜养老，终其一生。

我们住进这所房子后，母亲的真光中学同学邝慈悲医生见这座房子很大，厨房外面有围墙的后院也很大，就送来一只全身黑毛叫"黑仔"的哈巴狗。此狗对人特别热情，为我们增添了不少乐趣。

在父亲决定于1948年夏到岭南大学任职前，就在暑假带我和二姐一起去了一趟香港旅游。抵港后住在父亲同乡挚友黄坚先生家中。黄坚先生家乡在海南文昌清澜大潭村，比父亲小一岁，曾在上海暨南大学读书，以后在新加坡、中国香港做生意，在香港开过一间环球旅店，也曾和周成泰先生合股做汽车零件生意，1949年曾租挂英国旗的大金山号货轮运汽油去天津、青岛等解放区。他日后的大女婿，是任广州暨南大学副校长的云冠平教授。黄坚先生后来还任香港中华总商会荣誉商务会董、香港海南商会会长、广东省第四届政协委员、广东省第六届人大代表。这里提到黄坚先生，因为父亲和他很早就认识，父亲经常出入来往国内和南洋各地，以后北上天津工作和到岭南工作，路经香港，常得到他接应，以前家里的旅行箱子贴满各地旅店的标签，环球旅店的标签是必有的。我家因父亲工作常有变动，有些财物也交由他保管。他在生意上偶尔有困难时，父亲也给予帮助，主要是向银行贷款。父亲有些著作手稿也请他保管。黄坚先生在父亲回岭南大学任职后，常帮助父亲接应一些留学回国的学者和回国读书的侨生。例如留英学者王正宪夫妇自英国坐船回国，船到中国香港，父亲请黄坚先生去接船。黄坚先生亲自上船去接王正宪夫妇，并带他们到六国旅店安顿下来，以后又送他们夫妇离香港回广州。在20世纪50年代到60年代期间，中山大学一些老旧进口汽车，常因国内买不到零配件而不能行驶，也多由父亲请黄坚先生帮忙解决。1948年暑假我在香港还见到父亲同乡好友周成泰先生。他也在香港经商，是一位虔诚的基督徒。他和黄坚先生在国内改革开放后，慷慨解囊为家乡兴办教育，包括捐款给海南大学。他们日后和周成泰先生的公子周德导先生对父亲和我的学术工作都给予了莫大的支持。

这一年暑假我和二姐自香港回来后，因父亲到岭大任职，都转学到岭大附中初二班就读。附中传统是，自初中一年级起各年级都成立自己的社。我们初二年级的叫建社，初三年级的是羽中社。在读完初二年级的暑假，父亲请人为我补习数学和英语几门主科，使我能读完初二就考上高一班读书。有一段时间父亲还让我去请教姜立夫先生，指点我学习代数。姜立夫先生还借些中学生看的科技杂志给我，这使我开始对科技感兴趣。父亲请姜老师辅导我中学数学，真是"杀鸡用牛刀"，我当然受益不浅。

自我家从天津搬到了岭南大学后，父亲多年的藏书也都放在了高达两米多的书架上。在书房里、走廊里和客厅里都立起了许多高大的书架或有玻璃门的书柜，使我有机会畅游在知识的海洋中。除父亲感兴趣的学术领域的书籍和杂志外，我还看一些科技方面的书籍和杂志，如《电世界》之类的杂志，它们引起了我日后喜欢读电子工程学的兴趣。

也是自 1948 年夏起，我能够和父亲朝夕相处了。过去在抗战期间，父亲只有寒暑假才回家，时间有限。到了我上南开初中，又是寄宿在学校。就是周末在家，父亲也忙于应酬。不久我们南下广州，又是分开一年。只有他回岭南任职后，我们上学不用寄宿，才有机会和他经常相处。这时，我已开始懂事，也就是从这个时候开始，他时常和我们讲祖父、乡下的事，也谈到他办学的一些事和他的一些学术工作。他对我的一些教诲，令我终生难忘。

由于东北区 32 号这所住宅很大，花园也很大，所以一些学生团体也爱来这里开会活动。有一年，岭南的华侨学生圣诞节晚上在我家聚会聚餐。本来他们还打算晚餐后在家里开舞会，不过父亲没有同意。还有一次，社同学与协和女子中学同学开联欢会，也借用我们的花园。我目睹我的同窗刘树炯与何惠珍小姐从联欢到联婚。

说实在的，父亲和母亲都不喜欢这所大房子，所以后来把家搬到了比较小的东北区 17 号。这所住宅比较适合我们这样的家庭，也易于管理。这是父母亲住得最久的地方，从 1949 年一直到 1964 年。

1948 年 10 月，方显廷先生在上海的家也搬到了广州，暂住我家，方家的儿子也都分别转学到岭南大学和附中读书。此时，方显廷先生已在曼谷主持 ECAFE 的工作。他在上海的家搬到广州后，他还回到广州岭南大学住了几天和子女团聚。他再次回国已是三十年后的事了。

说起来，父亲只在岭大附中读了两年书，其后于 1928 年至 1929 年在岭大教过一年书，又在 1932 年至 1934 年间教过两年书，比起很多岭南同学和校友来说，他和岭南的关系并不是很深。此外，从传统上来看，岭南大学在他之前的八位校长都是基督徒，而父亲却不是。那么为什么岭南大学董事会要他到岭大做校长，即使张伯苓先生提出了那样的条件仍然接受呢？应该说当年岭南大学董事会的董事们很有头脑，很有见识，很开明，在选择继任校长时，是用贤，而不是用人唯亲，也不受宗教传统的拘束。这也说明了岭南大学不是教会学校。

二、治校方略

1. 长远目的

1948 年春父亲南下前往泰国、马来亚和新加坡，于 5 月初回到香港时，岭南大学董事会与同学会同人力劝他到岭大任职，当时父亲没有同意。回到天津后，虽然张伯苓先生非常希望他留在南开，可是又力劝他去岭大任职。父亲觉得很奇怪，伯苓先生为什么这么做？后来父亲知道张伯苓先生愿让他南下任职是有条件的。当时张伯苓先生还不知道他如果当了国民政府的考试院院长就不能兼任南开大学校长。如果张伯苓先生知道这一条规定，相信他是不会劝父亲去岭南大学的，哪怕只是去两年。我认为，很可能张伯苓先生力劝父亲去岭大的一个意图，是让父亲在岭南大学当两年校长，积累些经验，以后好回去南开接替他任南开大学校长。

但是据父亲和母亲对我们说的，父亲最后决定到岭南大学任校长，是出于一个很关键的考虑，那就是他觉得当时南方，特别是广东，在高等教育方面是落后于北方的，既比不上京津一带的几个著

名大学，也不如上海、南京的一些高等学府，尽管岭南大学在 20
世纪 40 年代已是一间比较全面，在广东也称得上办学条件最好的
高等学府。他深切地感到，在南方，特别是自己的家乡广东，应该
至少有一所学术水平国内一流的高等学府。基于这样的一个想法，
他才决心答应岭大的邀请。而且他认为岭南大学也有条件可以做到
这一目标。所以说，他南下，是有其重大长远的目标的，并不仅是
考虑母校当时存在的一些经济和其他方面问题，虽然这些也是他必
须面对和要解决的问题。

　　他的既定目标是要把岭南大学办成学术上一流的大学。他的治
校方针，也都是围绕这一目标。

　　要办成学术上一流的大学，关键是要有学术水平高的教授。当
年即 1933 年底，父亲感到广东地方的高等学府，学术气氛不够浓，
而应邀去北方南开大学任教，此举实在对他日后办高水平的大学有
很大好处。他到南开教书，不仅认识了当时在南开数学系的姜立夫
先生和许多其他院系的学者，而且在 1934 年在南京开会认识了陈
寅恪先生。抗战期间他在西南联大更有机会和北大、清华等学校的
教授学者接触交往，如王力先生、陶葆楷先生等，彼此有了更多的
了解。这些为他回岭大任职时邀请一些北方的著名学者到岭大任
教，提供了很有利的条件。他一不经商，二不做官，三不入国民
党，一心从事教育、学术工作的精神，在西南联大也为学者们所了
解。他的学问，他在有关文化问题、乡村建设问题以及教育问题等
大争论中所表现出的不畏权贵的作风，以及他的为人诚恳、处世不
搞派别、办事认真负责等，都使得学者们敬重他。这也是他能请到
一些国内外知名的学者到岭南教书的原因。

　　为把岭南大学办成高水平的大学，他的治校方针是教授治校，
大力促进学术研究气氛。为此，他尽力聘请了很多国内外知名的学
者到岭南大学任教。如著名数学家姜立夫先生，当时已经去了台
湾，父亲得知他在那里不安心，即去信把他请回了岭大。陈寅恪先
生是父亲亲自去香港把他请回来的。王力先生是著名的语言学家，
原本是清华大学教授，1949 年前去了中山大学，父亲也把他请到
了岭大。父亲还把著名的古文字学家和金文专家容庚先生、著名的

测绘学家陈永龄先生、曾任西南联大土木工程系系主任的陶葆楷先生也给请来了。还有一些曾任教于南开大学的知名教授，如张纯明先生、王德辉先生、吴大业先生等也被请到了岭大，著名学者梁方仲先生也应邀而来。这些人都是一流的学者。

在他聘来的众多的知名学者中，令人注目的还有医学院的一批教授。父亲在南开的时候就曾打算筹建医学院。他甚为重视医学院的原因，前面已提到。岭南大学的医学院已有一定的基础。原岭大医学院院长李廷安先生是很有才干的专家，可惜因癌症过早去世。1948 年 10 月父亲在天津期间曾数次去北平找谢志光教授。其实父亲以前和他并无深交，但父亲知道他是著名的医学放射学专家，所以慕名前去请他。谢志光教授除了答应自己来之外，还带来一批知名的协和医学院的教授，如秦光煜、陈国桢、白施恩、许天禄等，还请来了外科专家司徒展教授。

除了上述一批日后多为一级教授的各科医学专家外，父亲还请来了国内外知名的眼科专家陈耀真和毛文书夫妇。据说，20 世纪 50 年代一位苏联眼科专家八十寿辰庆典，指名请陈耀真教授参加，别人都不要。西南军区得知陈耀真夫妇来了岭南大学后，还要把他调回去，略费周折后，岭大终于把陈耀真夫妇留了下来。

岭南大学医学院增加了这一批医学专家，促使其最终成为国内一流的医学院。

父亲除了在国内聘请了很多知名学者外，还不断地聘请留学回国的学者。如从英国回来的经济学家王正宪和其夫人数学家潘孝瑞、从法国回来的法学博士端木正、从美国回来的电子学家林为干、教育学家汪德亮、数学家郑曾同、历史学家蒋相泽、政治学家钟一均、生物学家廖翔华、外国文学专家杨琇珍等。

岭南大学本来是一间不错的综合性大学，文、理、农、工、医等学院都有较好的基础，如农学院的畜牧、蚕丝研究等闻名省内外。在聘请了这一大批学者教授后，岭大的一些原有的学科得到了加强，一些原来没有的学科，如数学系得以建立。像医学院、文学院、理工学院、商学院等都空前加强，一些院系已堪称国内一流，岭大的学术地位明显提高。

2. 教授治校

请一些国内外知名的教授学者到岭大，固然是提高岭大的学术地位，使之成为国内一流的大学的必要条件。然而如何管理好这个学校，使这些教授学者们能全心地进行教学和研究工作，发挥他们的才智，也是不可忽视的环节。

父亲很重视管理好这所私立大学。对于大学的管理机构最重要的就是教务处与总务处。要搞好日常的教学、研究、招生等工作，教务处是关键机构之一。所以他要选择一位教务长，既要有学问，又要有行政办事的能力。他知人善任，聘请当时已在岭大任教的冯秉铨教授当岭大教务长。冯秉铨先生早年毕业于清华大学物理系，1930 年至 1932 年曾在岭大教过书，后到燕京大学攻读硕士，1934年取得硕士学位后又回到岭大教书。1940 年他去美国哈佛大学攻读博士，在哈佛取得博士学位，留在哈佛教电子学方面的课程，直到 1946 年抗战胜利后重返岭大执教。他是我国著名的电子学专家，学问造诣高深，教学方法高明，非常受学生欢迎，口才很好，善于交谈交际，记忆力很好。他的英语很好，当教务长后，英语系的入学考试的英语试卷也要请他审阅。不论是中国教师抑或是外国教师都佩服他。在一个有中外教师和外国交换生的学校里，有这样一位教务长是很重要的。

父亲虽然和冯秉铨先生以前并没有很多交往，却对他很了解，从众多的教授中选出了他做教务长，人们都认为适选之至。

有冯秉铨先生当岭大的教务长，对父亲来说，在教学方面可以分担繁重的教学管理工作。一些出头露面的工作，如开全校的学生或教师大会，非必要时，父亲都是让冯秉铨先生出面主持讲话，他自己则往往在幕后策划。当然，冯秉铨先生不仅能言善辩，善于交际，而且学问渊博，治学严谨，认真负责，精益求精，这对提高教学质量和改善学风，也是至关重要的。还有一点很关键，冯秉铨先生非常注重学术研究。在这点上，他和父亲都有完全相同的办学指导思想。父亲到岭大就职的一个最重要的考虑，就是要把岭大办成在学术上具有高水平的大学。我于 1952 年至 1956 年直接受教于冯秉铨先生，从 1962 年至 1980 年又在他的指导下在华南工学院任教，对上述他的各方面优点和才干是深有体会的。正是由于父亲和冯秉铨先生在办校治学的根本和重要问题上都有共同的思想认识，所以日后他们不仅在工作上互相配合得很好，而且也成了知心的朋友。

"文革"后期，学校教学工作恢复正常后，有一次我到中山大学冯秉铨先生的家里请教他一些学术问题，他很感慨地对我说起一件事。

他说："你父亲'害'了我！"

我惊愕地问："为什么呢？"

他说："你父亲让我出来当教务长，从此为行政事务所缠，使我没有什么时间去做学术工作，学术成果不多。"

冯秉铨先生此话既是谦虚，也有几分事实。他的学术成就还是很多的。当然，如果他全力去做他最感兴趣的学术研究工作，他的学术成果将会更多。

我听了他一番话之后，心里觉得他这样说也有道理。但他主持教学行政工作，为国家社会培养出更多更好的人才，也是件大好事。此有所失，彼有所得。我把我的看法和他谈了后，他也同意我的看法。

其实，父亲何尝不是想把毕生精力用在学术研究上呢。可是社会的需要，使他不但不能摆脱行政工作，而且是负担越来越重。应该说，父亲和冯秉铨先生都具有为中国教育自我牺牲的精神。

学校行政管理的另一个重要部门乃是总务处。父亲用贤不避亲，他请了我的四姨父伍锐麟先生做总务长。

伍锐麟先生是加拿大华侨，在美国取得高学位——社会学硕士和神学博士，20 世纪 30 年代初应钟荣光先生聘请到岭南大学社会学系任教。他在岭大任教时，建立了西南研究所。父亲在美国求学时已认识他。伍锐麟先生在抗战后期，主持广东国际红十字救济会。他虽然受聘于岭南大学，但他在 KIRC 受薪，故他在 KIRC 工作时一直未在岭南大学受薪。伍锐麟先生为人非常正直廉洁，对工作也非常负责。KIRC 找他去负责，也是因他在岭南大学社会学系工作出色，找到当时在粤北曲江地区的岭大校长李应林先生，借用伍锐麟到 KIRC 工作。在抗战时期广东各地交通极不方便，但是他仍常去基层各个站，经常一去几个月都无音讯。中华人民共和国成立后，他向人民政府移交 KIRC 的财物，账目一清二楚。

伍锐麟先生出任岭大总务长，也可谓适选之至。有相当一段时间，他兼顾岭大的行政、教学和 KIRC 工作，充分显示出了他的才干和学识。父亲有关学校的一些重大问题也多和他商量研究。学校巨款也和他联名存入银行。他们都是公私分明、刚正不阿、忠于职守的饱学之士。

岭南大学董事会虽然是岭大的最高决策机构，但选定了校长后，校长在执行董事会赋予的责任时有很大的权力，特别是拥有人事权和财权。对于一个私立大学来说，如果校长连这至关重要的权力也没有，那就有如傀儡校长，别说想把学校办成高水平的一流的大学，就是要维持管理也难做好。这也是私立大学和国立大学主要差别之处。有了人事权和财权，再有真才实学得力的各部门人选，父亲办学的主张就能够迅速贯彻施行，效率比起当今大学要高得多了。

父亲处事谨慎，周密思考、策划，但也不是独断专行。为了慎重，他在一些重大事情上也常征求他人意见。一个重要的方式，乃是在他的领导之下，形成一个"咨询小组"，讨论一些重大事情。经常参与者除父亲外，有冯秉铨、王力、伍锐麟和富伦。这其实是一个无形的机构，不过有人要称它为"五人决策小组"，也无不可。也有人说它是什么"应变小组"，则是无稽之谈。

我所知道的是，父亲经常和其中某一位商谈，有时候电话里谈，有时候面谈。我就经常做他的跑腿，为他传送条子、文件，或传话。

富伦先生因为是岭南校内美国基金会的负责人，也代表着在岭南大学任教的一批外国的，主要是美国的教师，所以不少事情也常和他商量。但总的格局是，学校是掌握在中国人的董事会、中国人的校长和中国人的教授手里，这是明白无疑的。以父亲的性格，他也不会去做一个受制于他人的校长，或傀儡校长的。他只听命于董事会，董事会同人也很敬重他，信任他。

父亲对富伦先生也很敬重，并不只是因为他是美基会的负责人，而是认为在众多的外国教授学者中，他是最有真才实学的。父亲在聘请外籍教师方面，要哪些学科的，不要哪些学科的，也是有他自己的主张决断的。

以上是他主持岭大时对在校一级的决策人选方面的安排。他主持岭大，并没有设副校长。不像现今的一些大学，有一大堆副校长，可是行政效率很低，人浮于事。其实像冯秉铨先生和伍锐麟先生，他们所承担的任务，已远远超过现在的副校长们。

在下一级，也是很关键的院系方面，原来农学院资深的李沛文院长、理学院院长富伦教授等仍留任。文学院则请王力先生做院长，医学院请谢志光教授当院长，理学院成立的数学系请姜立夫先生当系主任。实际上，院系一级的负责人，也经常参与研究学校的一些重大问题。

父亲在治校方面，更多的是常与做具体工作的教授讨论、研究问题，而不是完全从上而下逐级地贯彻一些方针措施。不论是资深的原岭大教授，如生物系主任容启东先生，或是新从国内外请过来的教授，如梁方仲先生，任校务委员会的秘书端木正先生，等等，他都是常常亲自上门或请来直接面谈。所以很多问题很快得到解决，他的一些想法也很容易得到贯彻。

有一点很重要的是，他对待教授学者们不搞宗派，不分留过学还是未留过学，只要有才学，他都很敬重。此外，他也从不妒才。他的这种作风，在西南联大时已深受当时南北两地来的学者们的欢迎。加上他待人诚恳，没有官架子，平易近人，学者们都愿意和他接近。用今天的说法，他很能团结知识分子。

曾在西南联大读书，后在岭南大学教过书的周泽华教授说，我父亲办岭大，有西南联大的作风。他说，西南联大的作风是学风好，兼容并蓄，只要有学问者，不论什么人都能包容。并说，现在有学问的人没权，有权的人没学问。

可以肯定地说，父亲主持岭大，充分体现了教授治校的精神。

1984年5月我访问美国时，有幸在方显廷先生的女儿菊龄的带领下到三藩市湾区伯克利，拜访了岭大老校董林逸民先生。林校董谈到父亲在岭大办学时，就指出了父亲的办学特点是教授治校和注重学术研究。

拜见了林校董后，我们还拜访了在同一地区住的李卓敏先生。这位是父亲在南开和西南联大曾共事多年的老朋友，对父亲的治学精神也是倍加赞赏。其实李卓敏先生自己在治学、办教育方面也是举世闻名。当年他创办了香港中文大学，为首任校长。

虽然父亲办学行的是教授治校之道，但他也很重视和关心学校上下各方面的员工。在这里我要着重谈一下他的秘书卢华焕先生。卢华焕先生是一位富有才干的行政人员。父亲在西南联大工作时和他认识。1946年西南联大决定到广东招生，并由父亲前去主持。有关这次招生，卢华焕先生在纪念父亲的文章中有所介绍。由于卢先生是广东人，故父亲邀请他一起去。那次广东报考的人非常多，碰到不少问题，但在卢先生的全力配合、支持下，招生工作得以圆满完成。通过这次招生，父亲和卢华焕先生之间的了解和友谊更加深了，父亲很赏识他的才干。1948年父亲决定回南方主持岭南大学时，就想到请卢先生到岭大任校长办公室秘书，卢先生也欣然答应前来岭大任职。

过去的岭南大学，行政机构是比较精简的。一个校长办公室，没什么正副处级、正副科级之类的臃肿机构。卢华焕先生担任秘书，学校里外、上下、左右各方面的事情他都要管和办，可以说是个很辛苦的工作。例如学校的正常运转事务，有些本来不属他的职责，但有些事，父亲为慎重起见也要他参与。新民主主义革命时国币不断贬值，学校买黄金存储，发工资时，再拿黄金去换港币。本来负责财务的是陈炳枢先生，但每次买黄金，父亲都叫卢先生和陈炳枢先生一起去，这当然不是不信任陈炳枢先生，而是为了安全起见。又如学校经常要接送一些来校的教授学者，也免不了烦劳卢先生。陈寅恪先生被父亲请回岭大任教，他的行李是由香港搭秋瑾轮运到广州东郊的鱼珠港。卢华焕先生亲自跟随学校的电船（即小轮渡船）去鱼珠港取回。1951年2月，在岭南大学美国基金会的最后一批外国人，如富伦、嘉理斯和贺辅民等人撤离广州。当时正值抗美援朝时期，反美情绪高涨，这些外国人要申请离境、问话都需有人带领，有的人不敢承担这种事情。但卢华焕先生，承担了带他们去办理手续，以及最后送富伦先生上火车离去的重任。当时富伦夫妇最为狼狈，因为他们的通行证限定在上午十点钟前一定要离开，可是旅行社却买了十点半的车票给他们，他们一头大汗急得不得了。卢先生看了买票处有人排队，他让富伦稍候。他去看时，二等票已没有。恰巧有个小孩过来问他是否要票，卢先生给了这小孩三十元，才买到票赶在规定时间之前出发。最后卢先生亲自送富伦夫妇上车，看没有问题了才回校。

这里仅能举出卢华焕先生的个别例子而已。卢华焕正如他的名字一样才华焕发，为岭大、中大工作任劳任怨，从不计较个人名利地位，特别在困难的时候做了不小贡献，为岭南教师做了很多工作。他的服务献身精神是值得我们尊敬的。

前面曾说到，冯秉铨先生说我父亲请他出任教务长"害"了他。而我倒是觉得，父亲请卢华焕先生到岭大任职是"害"了卢先生。因为院系调整后，由于他和父亲的密切关系，有的人说他是父亲的"私人秘书"，因此他日后前途受到压制，退休前甚至被贬到中山大学电子厂的仓库去。如果他不是应父亲之请来岭大任职，仍留在清华的话，相信他是不会受到如此不公正的对待的。卢先生对我说，尽管他对电子器件设备一窍不通，可是他接任仓库管理员后，不到十天，就把仓库从混乱的状态，整理得井井有条，进出什么零器件，他都一清二楚。

因篇幅关系，在这里仅举出为岭大献身、默默无闻的岭大广大员工中的一位作为代表，并借此机会向他们致以崇高的敬意。

我读岭南中学的时候，父亲经常打发我为他跑腿。卢华焕先生的家，我是跑得最多的。当时还有一位文书冼得霖先生，许多日常工作也少不了他。岭南大学解体后，他回了家乡海南文昌中学教书。

3. 走向发展

父亲来到岭大任职的时候，正是内受学校经济拮据、外受时局变动影响的时期。以岭大学长李毓宏先生的话来说，这是岭南大学历史上最艰难困苦的日子。那时候，作为一间私立大学，要维持教学研究工作正常运转已是不容易，更不要说要招聘一大批新来的教授学者以促使学校进一步发展。岭南大学当时的问题，最根本的还是经济上的困难。

私立的岭南大学，经费来源有几方面：一是学费收入；二是私人募捐；三是美国基金会资助。

学费的收入是一个主要的来源，但要维持像岭南大学这样规模的学校，光靠学费是不够的。当年专为岭大成立的美国基金会，也是从热心中国教育事业的人士中筹款的，其基金有限，主要支付岭南任教的外籍教师薪俸和资助一些教学设施上。学校要维持和进一步发展，还需向社会各界人士、机构筹集捐款。

父亲到岭南上任后，为了解决经费问题，他的一个做法是，争取当时国民政府的资助。国民政府为了控制私立大学，往往趁私立大学经费困难之机，以提供经费为饵，迫私立大学改为国立，南开大学就是一例。岭南大学在抗战期间，国民政府就曾试图借此使岭大为国立。当时李应林校长坚拒，使其不能得逞。李应林校长有"牛林"之称，在抗日战争的艰难年代，没有牛劲、牛气，确实是不易维持岭南大学的。父亲在接受政府资助上，也是本着维持私立的原则，保持了学校私立、自主的性质。

父亲到任后，一些人主动向他提出资助岭南大学。有的事迹是很感人的，过去不便公开，不过现已过去很久了，是让人们知道一二的时候了。1948年8月2日，就是在父亲到岭大的第二天，学校要准备发出八、九月份的薪水。父亲乃至金城银行、新华银行的周兆之和徐湛星先生处，向他们借二十万元港币，待学校收到学费时再还。但周兆之先生对父亲说，有一个人关心岭大，愿借钱给岭大，如果父亲去借，他可以无息贷款二十万元给岭大。有这样优惠的条件，父亲也就借了此款，而没有向金城和新华银行借款。后来父亲准备还钱给这位先生，但是正好岭大医学院的放射科要买一部X光治疗机，需款二十五万元港币。父亲乃对这位先生说，学校想买X光机，想暂时不还。这位先生说："钱不要还了，但是不能说出我的名字！"

　　也是同一年。一天，中国银行广州分行经理王振芳先生主动到岭大找父亲。他对父亲说，他与农民银行、交通银行以及中央银行的经理们说好了，要借四十万元金圆券给岭大，利息是八厘（厘，利率单位，年利率1厘是每年百分之一，月利率1厘是每月千分之一），要父亲签名收下这笔款。父亲开始的时候说，利息高，还不起，不想借他们的钱。王振芳先生再三要父亲借此款，并说，我担保你没有问题。于是父亲乃签了借据。当父亲一签完借据，王先生立刻打电话叫人把这笔款买了港币三十五万元，存在香港金城银行的岭大户头内。以后岭大以四十万金圆券连本带利还给这些银行时，金圆券已贬值一半！岭大不仅还了债，还着实赚了一笔！

　　据父亲说，王振芳先生曾在昆明任中国银行经理，当年国民党的中央政府与云南省主席龙云闹翻时，他曾找王振芳一起去和龙云做调解。最后是由宋子文亲自到昆明和龙云谈判，问题才得以解决。

　　20世纪50年代以后，王振芳先生的儿子王仁梁与父亲在柬埔寨的同乡林明兆的女儿林杏芙结为夫妻，而杏芙的二哥是我大姐夫。于是我们两家人又有了点儿远亲关系。后来，王振芳先生曾回国一游，我们在广州还有机会见了一面。

　　1949年，有一次父亲到香港。香港名绅何东先生得知后，让他女儿到旅馆找我父亲，说她父亲很关心岭大，请我父亲到他家去。父亲去到何东先生家后，他问岭大经费有没有困难，父亲说想在以后建岭大医学院，何东先生说可以借五十万元港币给岭大作为建设医学院的费用。此事后因广州解放，也就作罢了。父亲说，其实他以前并不认识何东先生，只是认识何东先生之嫂，她曾到过天津南开大学，与父亲见过一次面。

　　除了上述几个例子外，还有其他人捐助巨款给岭南大学，既不要父亲写收条，也不要父亲说出他们的姓名。

　　过去不便把有些热心帮助岭大的动人事迹公开，是因为有的似乎"假公济私"。即使今天，仍有一些热心人士为岭南大学做出了不少贡献。一个人行善已不容易，做了善事不留名，更难能可贵。他们的崇高品德，是值得我们缅怀的。

　　从以上谈到的，父亲来岭大后聘请了国内很多一流的人才，各界人士主动帮助他解决经费困难等"事例"，就可以理解为什么张伯苓校长如此器重他，一再想要他主持南开，而岭南大学董事会为什么坚请他来主持岭大了。

　　当我写到这里的时候，有幸得到岭南大学资深学长李瑞明先生赠送的他编的校史《岭南大学》。这本校史无疑是对岭南大学的一大贡献。下面我就引用该书第 117 页中的一段叙述。在 1949 年 6 月 1 日，父亲任职将满一年时，富伦先生在向基金理事会提的一份报告中总结说：

　　　　陈校长 1948 年 8 月 1 日就职。从那时起——

　　　　（1）在他的领导下学校平稳过渡，没有发生任何不满现象。

　　　　（2）他设法得到中国政府的资助，去年没有发生透支现象，而且还有点结余以便应付以后可能出现的紧急情况。

　　　　（3）他重新组建了医学院，它的教职工队伍绝对被视为在中国最具实力的。

　　　　（4）他还加强了其他学院，特别是文学院，吸引了国内外享有声誉的学者。

　　　　（5）他增进了校园的学术气氛，在许多方面超过了战前的水平。

　　　　（6）虽然他不是位基督徒，但他本人和学校的基督教目标及特点都得到广东各教会机构前所未有的信任。

　　　　（7）他逐步加强了大学的中国人队伍，同美国人一道参与学校的管理和决策。

　　　　（8）他服从校董会的领导，校董会如今非常信任学校领导班子，而一年前却不是这样。

　　　　（9）在政治动荡之际，他处事不惊，使得全体师生能面对变迁保持平静，令人赞不绝口，而广东一些人却惶惶不可终日。

以上对父亲上任不到一年的评价，可以说是符合客观事实的。这里还可引用司徒展教授在 1987 年 11 月于美国加州写的一篇文章《岭南，我的岭南》（刊于《岭南校友》第 15 期）中的一段话：

> 最后自 1948 年始应陈序经校长聘请，回到康乐校园充任外科主任，同时应聘者有放射科专家谢志光为医学院院长，及内科专家陈国桢为内科主任，两人皆为岭南老校友，此外更有北京协和医学院毕业生，充任各科主任，医学院教授阵容为之充实。母校医学院开办在各学院之后，自 1948 年声誉骤然公认为全国当时最佳者。附属教学之孙逸仙博士纪念医院在此之前，每月亏达 5000 元港币，自谢院长上任后，虽医药诊疗费与从前一样，每月收入盈余由数千元起，六个月内增至数万元（皆以港币算），其他各学院经费皆不充足，全靠医学院盈余补充，于是其他学院可能继续添聘国内著名教授，岭南母校竟成全国最完善大学之一。

从以上富伦教授和司徒展教授的叙述可见，在父亲上任不到一年内，岭南大学的发展变化是很大的，一些院系已是国内一流或最佳。岭南大学已成为国内较完善的大学之一，这也是事实。其实所谓的一流大学，也不过是有些院系办得较好，并非所有院系都好。

的确，在如何办好岭大上，父亲是有深远考虑的。1950 年 7 月，我随他一起搭花尾渡船从广州去澳门。那时的花尾渡船是一种载客的大型木制客船，有两至三层，由一只小汽轮拖带，行船速度很慢，我们要在船上过一夜。那次他主要去澳门看那里的岭南中学。在这次旅程中，他和我谈到要把岭大办成学术水平较高的国内一流大学，谈到要发展岭南中学。他说大学要质量高，除了教授、设备和图书等之外，另一个方面就是学生来源要有保证。所以他任岭大校长后，很重视发展各地的岭南中学，提高岭南中学的教育质量，不仅办好广州岭大附中，对外地的岭南中学也大力支持，澳门的岭南中学就是其中之一。他还打算加强发展国内其他地方和在海外的岭南中学。

父亲自己年轻时从新加坡回国读书，就对海外华侨学校的教学水平低深有体会，所以他对海外华侨子弟的培养十分关注。他认为，加强发展在海外设立的岭南中学，一来方便海外华侨子弟学习祖国文化，二来可提高回国到岭南大学读书的学生的素质。国外华侨都很热爱祖国，过去很多老一辈华侨在外谋生，愿意把子弟送回祖国读书。很多人都不入外国籍，到了年老之时，仍回家乡养老，我的祖父就是这样，我的四姨父伍锐麟先生的父亲也是这样。伍锐麟的父亲在加拿大打几十年工，最后告老回广州。我1947年回广州时，常住在四姨父家里，那时他的父母亲就和他们住在一起，祖孙三代再加上我们，好不热闹。每天开饭，大桌子坐不下那么多人，小孩子得另外坐一小桌。

当年岭南中学还设有华侨学校，专为华侨子弟服务。很多华侨子弟在回国前都不懂中文，中国是什么样子也不知道，但回国后经过学习就逐渐培养起了他们对祖国的感情。父亲主持岭大后，1948年秋，泰国华侨张德绪先生就曾带他的长子回国到岭大参观，准备让他长子在岭南就读。我陪他长子参观岭大校园时，彼此沟通就很不容易。因为他只会几句中文，而我也只会几句英文。但他参观过后，很乐意到岭大读书，后来因时局变化而作罢。

父亲还考虑到岭大日后发展，校园要扩充的问题。岭大的校园，如不考虑学校的进一步发展扩大，保持现状，似乎是够用，但是他看得很远。所以扩展校园占地面积成了他的一项长远打算。一个例子是，岭大附中当时处在校园中心区，附中的发展受到了限制，所以后来要搬到东区去。当然这里面还有别的原因，但明显的是大学的院系增加了，如不想破坏中心区的格局，学校就要向周边发展，使学校保持一个幽美宽敞的教学环境。岭大校园之幽美，当年在广州是闻名的。到了周末，天气好时，常常有市内不少人三五成群到岭南校园来游玩。岭南的牛奶雪糕也是十分吸引人的。

当年在广州河南的李福林曾提出卖一片地给岭大，为此他请父亲到他在河南的家中吃饭商谈。父亲考虑到农学院在岭南校内的试验场地有限，从发展来看有必要为农学院提供较大的农田做试验农场，所以打算购买那块地。后来因移交手续问题未能成交。李福林在新民主主义革命时期是广州河南地区有势力的人物，曾出任过重要的军、政职务，早年又出身绿林，所以在广东的三教九流当中很有威望。岭南大学当年在河南，离广州市区较远，出入广州全靠学校自己的校车和电船（小轮渡），再不然就是坐小艇渡过珠江到广州。由于学校地处偏僻，学校的治安除了校内纠察队外，也有赖李福林的势力维持，所以父亲为买农场田地和学校治安等事也回请他到学校吃饭。

可惜院系调整之后，即岭大被取消校名之后，由于种种原因，岭大原来的校园不但没有扩展，岭大所属的土地还被侵占了不少。1952 年院系调整之后，父亲还力劝当时中山大学（即原岭大所在地）的主事者，用教育部拨给的建筑房舍款项，收购怡乐村的房屋，既可部分解决房荒，又可扩大校园，有利于日后发展。可惜这些忠言得不到采纳。

父亲当年主持岭大，他的一套长远发展目标和打算，事实证明是很有远见的。

岭大在父亲主持下，不仅扭转困境，而且很多方面都得到了进一步发展。一些外面的单位，如广州的柔济医院也准备加盟岭大医学院。广州解放后，柔济医院最后没有并入岭南大学。

4. 学风改变

岭南大学的学制沿用的是美国大学的教育制式。父亲到岭大后，这一基本制式并没有改变，但在他上任一年后，学风是有明显改变的。应该说，这与父亲、冯秉铨、王力、谢志光以及许多教师学者的努力是分不开的。像冯秉铨先生，治学非常严谨，对学生学习要求非常严格。冯秉铨先生曾拿出过去的实验报告和习题作业给我们看，那都是写得很工整规范的。又如王正宪先生治学也非常严谨。不论是对学生，或是青年教师升级，他写推荐书，从不"卖大包"（送人情），这就免不了有人不满意，但这正好说明他的严。说到升级淘汰率，医学院固然很高，但其他院系也不低，这里面原因有多方面，但是对学生学习要求高和严，是一个主要的原因。对学习要求高和严，学风自然会变好。

学风之改变首先要从教师做起。父亲在聘用一个人之前，会首先对他有所了解，这一点父亲确有过人之处，他要聘用的人要有真才实学。在培养和任用青年教师方面，他既要求严格，又比较灵活。过去岭大教师职称采用美国方式，取得硕士或博士学位后，在大学工作一般是聘为助理教授，然后晋升副教授，再升教授。当年父亲留美、留德回来在岭大任教，也是从助理教授做起，助理教授也就相当于现在国内大学的讲师。不过父亲聘请的一些有高学位的青年学者，并不都让他们从助理教授做起。他对提升教授者，主要还是看其人的学识表现，而不只是看他是否留过学，或拿过什么高学位没有，或是什么名牌大学的。人类学家梁钊韬先生就对他这点甚为推崇。

其实从父亲对过去国内一些大学的批评中，可了解到他对大学师资的看法。他在《论留学》一文中就说道：

> 就以教授而言，我们大学里的讲师、副教授以至有些教授，多是人家大学里或研究院刚刚毕业的学生，外国毕业典礼为 commencement，意义是学业的开始，而留学生之刚从外国大学或研究院毕业返国，大家便谓之为学成回国。一个德国的学生，得了博士衔头之后，除了埋头著书数年之外，在大学里教书，也要好几年始能升为副教授，若要升到正教授，说不定要待他教到发眉俱白。美国之当教授的，虽没有这么严格，也绝没有像我们大学里那么容易，其实十年以前，凡是从国外留学回来的，差不多都可以当教授，教授尚且如此，则学术界水平如何，可想而知。

他的这一番话是在 1942 年说的，可是就现在来看，还有其现实意义。当今有的大学，不论是留学的还是国内大学出来的，只要有博士头衔，很多三五年就可当上正教授，有的还是才毕业的国外博士后，有的大学校长就送上教授头衔将其请回学校，这大概是物以稀为贵吧！这样的"教授"，连书都没教过，岂不可笑。

改变学风的另一个方面，是促进学校的学术研究。父亲作为一校之长，尽管行政事务繁忙，仍以身作则，尽量挤时间做学问，仍如以往一样，每天早上四点多钟即起床做研究。又如冯秉铨先生，身为教务长，也一样讲课，指导几个研究生，进行学术研究。他这时期有好多篇有关电子学领域的高水平学术论文在国内外的重要学术杂志上发表。要说忙，冯先生有时真是忙得不可开交，连学校水电厂机器有故障，他都要经常亲自去指导检修。又如伍锐麟先生，作为 KIRC 的负责人，兼岭大总务长，仍担任社会学系的课，做西南社会的研究。各个院系负责人也都是如此。所谓上行下效，如富伦教授所说的，父亲增进了校园的学术气氛。

三、动荡时期

1948 年 8 月，父亲到岭南大学上任时，国内政局开始发生变化。从 1948 年 9 月至 11 月，人民解放军进行了辽沈战役，解放了整个东北；1948 年 11 月至 1949 年 1 月又发动了淮海战役，基本上解放了长江以北的华东、中原地区。平津战役后，国民党在中国大陆统治结束已成定局了。

在这一段时期，国民党统治区出现惊人的通货膨胀，国民政府发行金圆券以代替原来的法币，但金圆券也很快贬值。在这种形势下，父亲主持校政，很不容易地保持了收支平衡。岭南大学如前所述，储存黄金，用黄金换港币发工资。在通货膨胀、物价飞涨的情况下，如何使教职员工生活仍能较稳定，教学与学术研究工作仍能正常进行，这是他首先面临的一个大问题。由于时局的变化，父亲在这动荡的日子里，担子越来越重，一连串令人焦虑的问题接踵而来。

在政局动荡的时候，一个大问题，即迁校问题被提了出来。岭南大学在其成立后的几十年中，由于时局变化，曾多次迁校，如迁校到澳门，抗战时迁校到香港，后又迁至粤北地区。这次国内政局发生重大变化时，有人提出迁校香港，这是不足为奇的。但是，一个已具相当规模，拥有很多国内一流学者，已成为全国较完善的大学之一的这样一所大学，要搬迁去香港，绝非轻易之举。从父亲的立场来说，他是反对搬迁的。当时他认为国民党腐败无能，共产党会比国民党好，学校是不必搬走的。一旦搬动，会给学校造成很大损失，一切从头做起，要花费很大的代价，要很长时间方能恢复元气。当然，有一点，不论董事会也好，父亲也好，他们都绝对没有预料到没过几年岭南大学会被除名。不管怎样，岭南大学没有搬去香港，说明岭大同人是爱国的，是真正热心于中国的教育事业的。

接着，父亲碰到了李沛文院长被捕事件。李沛文先生的父亲是李济深先生，国民政府以莫须有的罪名将李沛文先生逮捕。

父亲为了营救他，奔波了一个多月。他亲自到监狱里和李沛文先生见面，了解到他被捕的原因是说他运了什么物资去海南。其实并无此事。为了营救他，父亲找过当时广州卫戍司令，也去找过李宗仁一次，和李宗仁谈的时间很短，也没有解决问题。后来又去找朱家骅，为此事还请朱家骅到岭大吃了一次饭。经朱家骅的介绍，到各个机构去活动，最后当局才把李沛文先生释放出来。李院长出狱时，是由冯秉铨先生前去接他回校的。说起来，当年朱家骅任中山大学副校长时，父亲曾不客气地批评过他和戴季陶，也不知他还记得否，但这次他对父亲也算客气给面子了。李沛文先生被捕之事，如处理不好，在那个时候可是会人心惶惶，其他学者是难以安心留在学校工作的。

由于解放军在北方各战役中的胜利，国民党的政要与机构人员纷纷南下广东。这也是李沛文先生被捕时，父亲能找到李宗仁、朱家骅等人去设法营救他的原因。但国民党的政要南下广东，父亲在岭南大学任校长，也免不了受他们的注意。

这些人当中，一位是国民党的领导人蒋介石。他于1949年春来到广州。父亲在1949年3月份的一天上午，收到他的一张午饭请帖。父亲不想去见他，即买当天下午两点的飞机票，借口有公干到香港去了，从而避开了这次见面。

也是1949年的上半年，宋子文在广州请教育界人士参加一个茶话会，这次父母一起去了。后来宋子文托人找父亲，提出要在广州办一个经济研究所，不过父亲没有同意。父亲认识宋子文是在抗战时的重庆。有一天他去江岩村附近金城银行找黄恩东经理，他们在路上走着，碰见了宋子文。黄恩东认识宋子文，乃介绍父亲和他认识。宋子文说，我听人说过你，也是海南同乡，于是叫父亲与黄恩东一起进江岩村他家中坐了一会儿。父亲第二次见到宋子文，是在1945年由美国讲学回来参加的一次酒宴上。那次有多桌酒席，宋子文见到父亲在座，便过来和父亲打招呼，并说："你从美国回来啦，我想让你当暹罗大使。"父亲坚决推辞了。1983年11月我去美访问途经香港逗留期间，黄坚先生请了当时的新华社副社长李启新先生和其他海南人一起吃晚饭。李启新先生也是海南人，他谈话之间，也和我提到当年宋子文曾想让父亲去泰国当大使之事，并说父亲幸好没有答应。

此外，国民党的政要当中，还有何应钦曾打电话到岭大，想到岭大校内住些时间，此事父亲也没有答应。

1949年，在李沛文先生被捕事件解决后，在战争逼近华南、金圆券越来越贬值的情况下，学校还是在有秩序的状态下运作。这一年秋季新的学年开始，入学学生达到一千二百多人，近四百名新生。即使在广州快要解放、国民党军队炸断海珠桥、市面有一阵子混乱的时候，岭南大学校园仍然比较平静。1949年10月14日，广州解放，校园未受到影响，教学照常进行。只是，在11月中旬有一晚，有匪徒冲进新女生宿舍（广寒宫）抢劫了些财物，没有人受伤，这是在学校发生过的唯一事件。

为迎接中华人民共和国成立后的新的一年，根据学生们的建议，学校在1950年1月召开了一次重要的协商会议。包括行政人员、教授、讲师、助教、工人、学生、中小学教师在内的代表们，主要讨论学校的财政、课程、教育政策、大学委员会的组成、福利住房等问题。

对于父亲来说，召开这样的会议是件好事，可以让全体教职员工以及学生们了解岭南大学，包括中学和小学所面临的困难，看能采取什么措施来解决所面临的困难和存在的问题。

1950 年 6 月 25 日，朝鲜战争爆发。从这时候起，岭南大学内开始出现反对美帝的浪潮，美国人被视为帝国主义分子。这一年的 8 月，美国基金会的香雅各到了香港，要找富伦先生商讨岭大校内美国人去留的一些问题。香雅各 1919 年到岭南任职，1924 年曾任岭南大学校长。富伦当时不能去，究竟什么原因，我们不清楚，但父亲应富伦之请求，去了香港与香雅各见面。父亲愿意去，也是考虑到他有责任关心外国教师的去留问题，但他日后却为此行付出了极其惨重的代价。因为国内已有人指控香雅各是美帝特务分子。在抗日战争期间，由于香雅各能讲流利的广东话，对中国，特别是华南情况较了解，所以曾一度被美国在华对日作战机构找去做情报工作。这大概是他被指控为美帝特务分子的缘由。父亲虽然自以为这是去谈正常的校务问题，而香雅各又是代表纽约美国基金会而来的，所以认为没有什么不妥的地方。但是在抗美援朝、反美帝呼声日涨的情况下，去见一个被控为美帝特务分子的人，一些人即使不把这看成是与美帝特务勾结，也认为这是"亲美""媚美"的表现。为此，父亲不仅要在思想改造中对此举进行检讨，在以后的"文革"等运动中都免不了受到批判。

我保存了部分父亲在思想改造运动中写的检查草稿，这里且引用一段他写的材料：

美帝侵略朝鲜两个月后，富伦告诉我香雅各要来香港与他讨论在岭南的美帝分子的去留问题，他已请求政府给他赴港许可证。但他不知道政府能否给他，万一他去不了，问我能否下去看香雅各。我那时认识的香雅各是岭南的董事，是纽约美基会的主管人，他从美国那么远来，富伦若不能去看他，我应该去看他。他到香港时富伦不能去，我决意去。在我未去之前，岑家梧及钟一均两位同志曾到我家，说最好我不要去。我还对他们说，这有什么关系。我到了香港见了香雅各二次。他主张美帝分子全部离开广州。
他说富伦不赞成这样的主张，他希望我回来劝劝富伦。他
为什么主张全部离开广州，他说，美帝分子在岭南的不过
几个人，聂雅德已够退休时间，最迟1951年夏也要回去；
贺辅民、嘉理斯早已决定年底或1951年春回去，老恩赐
70多岁解放后来中国，他本不赞成，舒碧芙是年轻女子，
来时同意二年为期，现已过期，其父母恳切地望其回去；
只剩下富伦与路考活，不如通通回去。

我个人对于这个问题一向是主张愿去者去，愿留者留。
这一主张亦早由富伦函告香雅各，在我与他谈话中他也明
白这一点。他只问我，假如他们都走了，对于教学上有否
影响？我的回答是只有化学系有问题，因此他要我回广州
劝富伦全部撤退。

此外，在谈话中，曾谈及工友住宅问题。我自1948年
来岭南后，曾有建筑工友村的念头，黎寿彬作庶务主任时
曾与当时总务长伍锐麟计划过。也许黎寿彬到美国后曾与
香雅各谈及此事，所以说及此事时，他就说很关心工友住
宅问题，除学校自行设法外，他愿意由美基金会筹5000美
元以为建筑之用。我当时真以为他是关心工友。现在想起，
在大革命时代，美帝分子曾迫害过我们工友，现在在党与
人民政府的领导之下，工友们站起来，他明白再用迫害的
办法是不可能的，因此又要用小恩小惠的方式来收买工友。
此事后来没有作成。

以上这一段话是父亲思想改造运动时写的有关此事的检查草
稿。他最终的检查不完全如此，因为有些内容他打了"×"，是要
删除的。因为从当时的角度来看，这是在交代问题，而不像是"深
刻的检查"，难怪他三次检查才通过。但他的交代也好，检查也好，
倒是给我们留下了一些实况。在以后引用的材料中，还可看到他这

一时期的内心感受。

每看到他的这些叙述，我就感到很难过。父亲背负着岭南大学与美国人、美国基金会有密切关系的重担，给他后半生带来了多少精神上的巨大压力，带来了多少精神上的痛苦。

1950 年 10 月 25 日，中国人民志愿军进入朝鲜参战。此时全国各地反美浪潮高涨，岭南大学校园内也不例外。学校里面热烈进行的活动，一是动员大、中学生参军，我的年级中也有不少同学参军。参军活动先后有多批，我的二姐陈夏仙也于第二年参军去了西安。学校里面也开展了反对和清除美帝文化和对腐朽生活方式的批判，如纷纷撕掉牛仔裤和美国的小说，如《飘》被批判为反动小说，*Lucky Legs* 被视为低俗小说，等等。

另一个高潮就是控诉美帝分子大会。这次大会在 12 月 14 日和 15 日召开，地点就在校园中心区的怀士堂正门对面的大草地上。以富伦为首的美国教授，就在这里面接受学生、员工们的声讨。

父亲对于要开控诉美帝分子大会感到很尴尬，昨天还是朋友，今天就变成了敌人，令他难以接受。他对这控诉会的态度，也可从他后来在思想改造时写的材料看到：

> 直到 12 月中控诉会的时候，我还当在岭南的美帝分子是我们的朋友。控诉会前，我对胡景钊说，美国人都准备走，我们要他们走，就叫他们走，控诉会能够免就免罢。所以我是被动而参加控诉。第一天上午我说了话，听听人们控诉，下午我借故与王力同志到外间，第二天我又没有到会。
>
> 会后有人告诉我，好几位美帝分子被叫到大会中，受群众控诉。我反以我不在场为幸。因为假使我在场的话，我与他们见了面就不知怎样办。此后我天天希望他们快离开学校，我甚至提议政府把他们集中在外间。这也并不是因为我仇恨他们，而是因为他们在学校里使我在行政上有了好多不方便。因为他们的日常生活有好多是与学校有关

系，而有些地方我们又不能照顾他们。

以上这一段话，表明了父亲对待控诉会的立场和态度。虽然其后果不像他与香雅各在香港见面那么严重，但他同情美帝分子的罪名却是难逃了，在思想改造运动中不免又要对此大做检讨。

除了美国人的去留问题之外，在控诉会前后发生的其他一些事件也使父亲感到为难，这里再引用他写的材料：

> 使我最为难过的是控诉会时及控诉会后的两件事：一为唐福祥被捕，唐福祥以至后来被捕的何世光，做了对不起祖国人民的事情，公安机构加以逮捕是应该的。但是唐福祥与何世光被捕时，负责机关既不通知学校，也不告诉他的家属，被捕之后我们派人到有关机关打听消息，仍然不知下落，直到好几天后，才由公安局给我一封信，说是他们被捕了。唐福祥与何世光这样的被捕，不只我作为学校行政负责人对政府表示不满意，就是一般人也很惊讶……

唐福祥先生与何世光先生当年都曾为美国基金会工作，何世光先生是化学系老教授。父亲同情在美国机构工作被认为有罪的人，被认为立场不稳，所以也要检查。不过检查归检查，父亲在他们出狱后，仍多次私下登门去看望。除了上述涉及美国和美基金会的事情外，在这期间还发生过校内天主教神父屋内设有收发报机的涉嫌间谍活动的事件。自然也有人怪罪父亲为什么让天主教会的人在岭大这一据点活动，其实神父屋（Father House）的建立与父亲毫无关系，而所谓那里面有收发报机之事，也不过是捕风捉影而已。倒是其后发生的事件影响不小。

1950年圣诞节前几天，岭南大学发生了一件"枪支事件"。当时在马丁堂地窖内发现一批废旧枪支，学校里有人带了公安人员前来清查，在清查后把枪支排列起来并令美国人站在前面拍照，以后还在报上刊登。同时在财务处的保险柜中还发现两条黄金。新民主主义革命时学校为了保值而存黄金，新民主主义革命后政府规定黄金要全部上缴国库。不知为什么负责财务的陈炳枢先生遗漏两条没有上缴。这样一来，枪支和黄金联系在一起，立即被怀疑学校里有图不轨的阴谋。此事经报刊宣传，更是国内皆知，以至父亲在北方的朋友们都十分担心他，不知出了什么事。在圣诞节晚上，军管公安人员还把富伦叫到我们家里来，质询父亲和富伦有关枪支和黄金之事，有时质问之声很大，我们都很担心。当中父亲不得不说，你们去问问你们的领导是否应该用这种态度。圣诞节晚上本来请了些朋友相聚吃晚饭，如卢华焕夫妇和方显廷先生的子女们。那晚，我们一直等到十点以后才吃饭。对那晚发生的事卢先生回忆说，事后父亲仍请大家入席吃饭，说父亲胸怀宽大，还倒酒给大家，而完全不提当晚发生的事情。

在发现黄金之后，公安人员把陈炳枢先生扣上了手铐要带走，父亲挺身而出说："我是学校负责人，要逮捕，应逮捕我。"结果放过了陈炳枢先生。在"文革"期间，有一次我到陈炳枢先生家里拜访，他还提起当年的事，对父亲勇于承担责任的做法，他非常感动。他说，如果不是父亲这样做，他一入监狱就不知何时才能出来了。其实父亲从来奉公守法，1950年9月就已上报本校纠察队人数和枪支弹药数目。下面举出该函：

1950年9月25日（50）总字第67号函报本校纠察队人数暨枪支弹药数等表请查照由。

广州市人民政府公安局：来函敬悉。承嘱将本校纠察队人数成分，枪支数目列明报告，自应照办。兹造具本校常备纠察队名表暨枪支登记表各一份，随函送请查照，特此奉复。（附表二份）校长陈序经1950年9月25日（此函由秘书拟妥，总务长伍锐麟会章，文书主任冼得霖缮发。）

马丁堂的废旧枪支据说（见李瑞明先生提供资料）是第一次世

界大战时期的遗物，放置了多久也无人得知，早就生锈变废了。

应该说，父亲作为一校之长，未能督促下属彻底清查出学校内废旧枪支和黄金，也是他工作上的一个疏忽，以致为小人利用制造事端。

父亲对发生旧枪支的事情，也曾感到很难过，他写了下面一段话：

> 第二件事情是枪支问题，我承认我管理不周我有责任，公安同志大声叱责的审问我，押我从楼上到地窖，要把我送到公安局，我都觉得罪有应得。但是到了第二天的晚上，要我承认二百余支枪不是岭南学生以前军训所用的废枪，而且要我承认我私藏军火，政府三申五令要我缴出来，而我却违背政府命令而不愿交出。这使我难过极了。
>
> 在几个月内，我自想做校长的责任太大，这非我的能力所能任。我向文教厅杜厅长口头上辞过二次职，既不获批，我曾提议政府加派一、二位副校长，假使派不出副校长，派秘书长以至总务长都好。文教厅既不愿意这样做，而事实上也不容易派出人。我的低落的情绪使我对于一切工作难于积极，但我的责任心又大，我不愿意因为我个人的低落的情绪而影响到同人或同学的工作。我极力压制个人情绪，表面上好似照常工作，而且有时还故意装起积极的面孔，用了积极的语言，但是内心的难堪是很难于抑制的。有时懊悔自己错受了教育，为什么自小不在家乡自耕自食，为什么不就只终身做华侨。假使不是这样，专做教授也比较清高，比较责任小。
>
> 待到后来，我知道政府对于这件事并不追究，我的情绪虽然安定起来，但在思想上一时是不容易转过来。

在发生了上述一连串的事件之后，在岭南大学的美国教师已不可能再继续在学校任教，所以他们分批于 1951 年 1 月和 2 月离开中国，一些其他外国教师也都撤离了中国。

富伦先生的儿子奥斯汀告诉我，1951 年 2 月 4 日，最后一批美国教师离开岭南大学回国，他的父亲是最后走的美国人之一。富伦一早去学校的车房，准备乘车去广州火车站。当富伦走到车房时，父亲单独一个人出现和他告别。奥斯汀说，你父亲当时这样做，是冒了一定的政治风险的。

岭大的外国教师全部撤走，对父亲来说总算少了件令他左右为难的事。但是岭南的其他问题，仍给他很大压力和麻烦，如学校财政经费问题、中学迁校问题以及政府对私立和教会大学的政策及其后的院系调整等。

岭南附中在 1951 年以前位于怀士堂西侧，由张弼士堂、一座男生宿舍和一座教学楼组成，另有一座膳堂，附中行政机构和女生宿舍在张弼士堂内。学校有意将附中迁到校园的最东侧。为此，在东侧地区建了宿舍和教学大楼，还有一个有四百米跑道的大操场。但是这个搬迁计划，却受到了附中很多学生的反对。父亲为此亲自召开附中全体师生大会，向他们解释搬迁原因，说服他们。附中位于校园中心区，环境确实比东区新校舍所在地要幽美很多。不过，最后不管一些学生们想通也好，想不通也好，附中还是搬去了新校舍。

岭南附中在 1950 年以前，刘桂灼先生曾做校主任。他也是老岭南人了，20 世纪 30 年代初已在岭大教育系任教。其后，由大学教育系主任汪德亮先生任附中主任。由于附中迁校问题，有一阵子学生闹得很厉害。这些学生不太好管，于是学校请了王屏山老师出来任附中副主任。王屏山老师是冯秉铨先生的研究生，曾是我中学高三班主任，教过我物理学。他精明强干，又是中共党员，所以可以"镇得住"一些"调皮捣蛋"的学生。王屏山老师办学确实很好，他后来做华南师范学院附中的校长，使该校成为全省最好的重点中学。为此，他日后还做过管理教育等方面的广东省副省长。

以上所列举的仅是父亲曾艰难面对的几个棘手问题。正如岭大学长李毓宏先生说的："1948 年……直至 1952 年国内院系调整为止，在这期间，内受学校经费拮据及外受时局变动影响，是岭南大学历史上最艰难困苦的时期，但他仍能延聘知名学者多人来校任教，发展校务。"的确，父亲扭转了学校经济困境，延聘一批著名学者到岭大任教，使医学院成为当时国内最佳者，加强了文理和其他一些院系，提高了岭大的学术水平，使岭大有明显的发展。

可是在政局的变化下，岭南大学被错划为美国支持的教会学校，终于在1952年夏的院系调整时被取消、解体，原校址被改成中山大学。

四、岭南精神

岭南是我的母校之一。父亲主管岭南大学四年，我也在那里读书四年，直到高中毕业，即1952年夏岭南大学被取消为止。我目睹父亲抱着雄心壮志来到岭南大学，为把岭南大学办成国内一流的大学而付出了巨大的努力；也看着他在剧烈变化的社会中，有如驾着一舟经受着一个接着一个的惊涛骇浪的冲击，艰难地向前行驶，时而听见他叹惜之声；更经常的是看到他不管担子多么重，面对问题多么大，他总是沉着地承担了下来。他虽然最后没有能把南方这个作为国内较为完善的大学之一的岭南大学保留下来，但总算是把这个大学完整无缺地交给了人民政府，把国内的一大批一流的被誉为国家宝贵财富的学者交给了人民政府。他没有把岭南大学迁去香港。千秋功过，后人自可评说。

其实，对主管岭南大学，在1949年以后发生的各种事件，面临的种种困难，父亲在精神上承受着巨大的压力，他也很想解脱出来。本来张伯苓先生是让他来代理校长两年，却没想到会面对如此艰难的局面。父亲也说过，有时他真想辞去这个校长职务，回去南开教书。但是走到了这个地步，显然谁也不会去接挑这个担子的。

事实上他真是不想干，他可以一走了之。早在1949年，临近广州解放的前夕，父亲在国外的朋友就曾多次劝父亲说，他最好先出国避一避，看看国内形势变化，再决定去留。他要出国，不论去东南亚、美国或其他地方，都有朋友愿意提供一切生活费用。就是到了1952年院系调整后，岭南大学被取消，他已不再当校长的时候，有的朋友得知后，再次劝他出国，可是父亲还坚持留在国内。他是一个办事极为负责的人，这也是张伯苓校长如此器重他，岭南大学同人愿将重任赋予他的原因。他不愿出国离去，一来是由于他热爱祖国，二来是他不能推卸重担，三来是他一生做的是办学和学术工作，又从不入国民党，不参加什么政治活动，所以他认为没有必要出走。

岭南大学老校董林逸民先生，在1988年岭南大学创校一百周年时，曾在美国三藩市岭南同学会召开的庆祝会上发表讲话，其中谈到岭南精神，我摘录其中要点如下。他说：

> 什么是岭南精神？根据我的体会，私见认为：第一，实学实干的精神。……平时在图书馆、实验室里苦读苦学，有事时参加社会群众运动以至革命运动，早期的革命先烈史坚如，中期的"沙基惨案"烈士学生许耀章、教师区励周，近期的一生从事革命活动的廖承志，抗战时期参加救亡运动的人民音乐家冼星海，这是大家都知道的。第二，牺牲服务精神。除了在学校各种团体、级社担任工作具有此种传统的优良表现外，从校园走出校门到社会工作的红灰儿女（按：红灰精神是岭南精神的代名词，岭南校友亦称红灰儿女。），大都本着"基督牺牲为人之精神""不至自私自利""为国家为社会尽力的"。第三，团结互助精神。"南大一家亲"，不光是红灰儿女的一个口号，而且是一种实际行动的体现。岭南同学遍天下，凡岭南人所到之处，就有岭南同学会；凡有岭南同学会的地方，就表现一种团结互助的精神。

我认为，父亲正是具有林校董所说的岭南精神，特别是具有那种牺牲服务的精神。大者，为学校的发展、学校的安危日夜操心，为外籍教师的去留不顾个人后果前去香港会见香雅各，为枪支黄金事件挺身而出准备负起责任去坐牢；小者，学校的花木种植，水管漏水，他也去关心过问。

有人认为，岭南大学是"教会学校"，这是一种误会。

岭南同学李瑞明学长在他提供的资料中提出：

> 由于岭南是本着基督教精神立校，许多人喜欢以"教会学校"称之，实本校自始即保持不属于任何教派之性质。哈巴博士在 1887 年 11 月 3 日致函董事会经已说明："本校由设在纽约的基金会与设在中国的董事会管理之下，定当力求与传道总会在共同事业上面衷诚合作。"钟故校长在提到接回国人自办的其中一项理由指出："收回乃始终贯彻立校之初旨。本校非美国政府所供，亦非某一个教会所管辖，历年章程报告经已郑重声明。开办之始，不过几位热心基督教人士，欲以世界之实用之科学，造成中国领袖之人才，加以几分基督牺牲为人之精神，使学成不至自私自利，出则为国家社会尽力，入则负起岭南母校之责任。"

过去有的国内教会大学，不要说学校的校长或教师要信教成为该教会的信徒，即使学生也要信教。而岭南大学请父亲这样一位不信教的人来当校长，也说明岭南大学并非教会学校。原来岭南大学上课中间，即一二节到三四节之间休息四十分钟，人们到马岗堂做早祷，后来由于冯秉铨教务长反对而取消了。

岭南大学的一个重要特点，乃是它的华侨传统。过去几乎没有一间大学能像岭南大学那样为全世界华侨社会服务。原岭南大学的校园，估计三分之二的校舍为华侨捐赠。时至今日，岭南大学同学会仍遍布全世界，可见岭南大学扎根华侨社会之深。而当年父亲主持岭南大学时，对岭大和华侨之间的密切联系及对华侨子弟回国深造都是很重视的。可惜后来他为了加强岭南大学为华侨子弟服务的打算也都付之东流。

第六章　学海沉浮

一、院系调整

在中国共产党的领导下，中华人民共和国成立前开办的大学，显然要进行改造。一个重大的决策是进行高等学校院系调整。在院系调整之前，已就国内高等学校的管理和改革，于 1950 年 6 月在北京召开了全国高等教育会议，通过了《高等学校暂行规程》《私立高等学校管理暂行办法》《教育部关于实施高等学校课程改革的决定》等草案。

1951 年 1 月，教育部在北京召开处理接收外国津贴的高等学校会议，规定一些处理办法，即一为立即接收，改为公立；二为暂时维持私立，准备条件转为公立；三为继续由私人办理，改组董事会及学校行政领导，使其成为完全由中国人自己办的私立学校。像燕京、协和医学院等十一所学校，接收后改为公办。而岭南、沪江等九所学校仍维持私立，政府予以辅助。

到了 1952 年 4 月份以后，就开始大规模进行院系调整了。教育部成立了一个高等学校院系调整办公室领导这场院系调整工作，在学校里也成立了有关这场运动的机构。由于岭南大学被认为是教会学校，所以被取消、解体。其做法是，原来的岭南大学校园被改为中山大学，而原来的中山大学校园则成立两所学校，即华南工学院和华南农学院，以及一个省农业科学研究所。岭南大学的工学院合并到华南工学院，农学院合并到华南农学院，医学院合并到中山医学院，经济和法律等学科也调整了出去。调整后的中山大学，实际上只剩下文科和理科。

广州的岭南大学从此不复存在。一个被认为是美帝国主义扶持的"教会学校"在抗美援朝的高涨形势下，其命运自然在劫难逃。但是一个在广东省是最好的大学，在国内也堪称一流的大学被如此地分解掉，是不能不令人极其惋惜的。

虽然父亲遵守人民政府的法令，协助政府进行了院系调整工作，但他本人的态度是并不赞成当时的院系调整的做法的。他的观点是，在一个像岭南大学这样的综合性的大学里，学生的基础课有较好的师资教学，把外语、中文、数学、物理等基础课都分开了，各个学院的基础课就差了，学生的基础也差了。事隔几十年，人们又走回头路，一些学院又拼命要想办成大学，诸如什么电子大学、经贸大学等，从一个极端走向另一个极端。这些做法，都是对大学教育本质无知所致，不少是好大喜功、追求虚荣的做法。

在中国共产党的领导下，国家实行无产阶级专政，人们的旧的资产阶级世界观要用新的无产阶级世界观来加以改造以适应革命的需要，要肃清人们头脑里的封建、资产阶级思想，要进行脱胎换骨的思想改造。在中华人民共和国成立之初，私立大学、教会大学被认为是产生资产阶级思想的温床，所以首先要把这些学校改掉，同时参照苏联"老大哥"的经验进行院系调整、课程专业改革。思想改造运动也就不可避免要进行。

像父亲这样的人，在中华人民共和国成立前受教育，又出国留学受西方的教育，提倡"全盘西化"，在被认为与美帝关系密切、是"教会学校"的岭南大学但任校长，当然被视为是资产阶级思想严重的人，因此是要重点改造的对象，他在思想改造运动中的自我思想检查，也特别受重视。父亲一向有自己的独立的思想见解，有些思想观点，像"全盘西化"的见解更是"顽固"得很，在文化大论战中，是坚持到底的。现在要来个一百八十度转弯，批判以前的东西都是错的，如何能够一下子转变过来呢？转不过来，肯定是对自己的"错误"思想认识不深。因此他的检查，第一次通不过，第二次仍通不过，一直到第三次才算是勉强过关。显然他要过关，少不了找一些人帮忙"提意见"，他甚至找了卢华焕先生。卢先生说，当时的广东省文教厅厅长杜国庠对父亲较了解，为人也较通情达理，没有给父亲什么硬性规定。可谓是杜老手下留情，最后放他一马吧！

我有幸保留了父亲在思想改造时自我检查的一些手稿。不妨摘录片段，看看他是怎样写检查的。

我生在海南岛一个村子里，小时家境很为困难。父亲在一个市镇的小店里做工，祖母与母亲在家管理家务外，日间种田，夜间织鱼网，早起晚睡万分劳苦。可是就这样的做，每日两餐，也难于维持。父亲为了生计到南洋去，因而我后来也到南洋。

我父亲到南洋后，经济情况逐渐好转。他认为，他一生受尽苦辛，不愿我再过这种生活，因而对我的生活，极力使其舒适。因此，我不只受帝国主义的文化的影响，而且受资产阶级的思想影响，我就这样的开始受了帝国主义的文化与资产阶级的思想所麻醉。

到了这个时候，我的向上爬的自私自利的个人主义遂很快的发展了起来。我不只希望进中学，而且希望进大学。到了暑假我考入了这个美帝侵略中国文化的大本营（沪江大学）。

我父亲因为穷苦而拼命求利，我因为父亲的经济好转而拼命求名，我的"为名"心理，越来越深，所以1925年在复旦毕业之后，就赴美国，学士已得，再求博士，这真可以说只为衔头而斗争了。

我长期受了帝国主义的奴化教育，回国之后，同样的奴化了我国的青年。

　　我的崇美思想，又表现于我的留学英美的主张。

　　我不只追求衔头，做了主任、院长、教务长、校长；又要著书立说。其实，我追求衔头及各种学校行政工作，固是受了帝国主义的文化以及资产阶级思想的影响，我著书立说也是受了这种文化与这种思想的影响。这种影响最深的是我的"全盘西化"的主张。

　　我把苏联的社会主义的文化放在西欧的资本主义的文化的范围之内，而统称其为西方文化。我甚至以为苏联的文化与其工业化是尚赶不上英美的文化与工业化。我又以为苏联的政治制度不若英美的那么民主，因而以为在工业发展上与民主政治上，苏联也正朝着英美的道路而走。这样的曲解苏联，完全是因为我没有了解苏联的社会主义文化的本质，受了资本主义与帝国主义的文化的蒙蔽。我是彻头彻尾的受了帝国主义的奴化，处处为帝国主义而辩护。

　　对于中国共产党，在解放以前，我更不认识。抗战开始，我在南京张伯苓处见过周恩来总理，以后在重庆南开中学又见过他及其爱人一二次，使我消除了国民党反动派所描写共产党的人物的凶暴的面貌。

　　……在这种局面之下岭南的前进更是困难，假使治安不好（指新女生宿舍被土匪抢劫），不只港澳南洋的学生都要通通回去，就是在内地的工商界以至地主官僚的子弟也不会留校。政府命令停止使用外币，本校若使用了是违背政府命令。校长是学校负责人，做了犯法事情，坐牢或任何处分，校长是最先一个。假使不用港币，教职员工的生活又必有了很多困难（有段时间人民币从500元兑换1元港币贬至五六千元兑换1元港币）。私立学校校长在经济上无办法，就做不下去。我悔恨我离开南开而来岭南。我曾将这个意思向杜厅长说，他劝我勉为其难作下去。可是在精神上，在一个相当的时期内，我始终是感觉到痛苦的。

我长期受了帝国主义的奴化教育，回国之后，同样的奴化了我国的青年。在岭南前后教书四年，用的美国课本，讲的英语，1934年，到了南开，还用英文课本。南开经济研究所的一部分经费，是由洛氏基金会津贴。我在1935年后，作了所谓国际有声誉的南开经济研究所研究主任，刊行英文季刊，出版英文单行本，把该所的调查研究所得的结果，供给帝国主义，为他们服务……

父亲检查的内容很多，有些前面章节已引用过了，这里只是随手摘录一些。从他的检查中可以看到，他为了过关，已到了违心地乱给自己脸上抹黑的地步，上中学、大学也变成向上爬的自私自利的个人主义。按此逻辑，不上学，做文盲、做愚民才是最好的选择。违心地把当主任、院长、教务长等说成是为名为头衔，留学也是受帝国主义奴化教育……从今天来看，他有的检查内容是很荒唐的。从他的一些检查可以看到，一个人的人格、人性是如何被扭曲的，也可以了解到他主持岭南大学的后半期，确实给他带来精神上不小的痛苦。然而这只不过是新历程的开始而已。

1952年院系调整后，广州的岭南大学、岭南中学和岭南小学已不复存在，父亲也不再任校长，没有了任何行政职务。海外的朋友知道后，曾再次劝他出国，但都被他婉拒。他的确是非常爱国，愿将自己一生奉献给中国的教育事业和学术研究。他对学术研究特别感兴趣，对中国的文化、社会、教育、历史等方面，感到有很多研究工作要做。

实际上，从1952年院系调整以后，他除了短时间负责在原岭南西区筹建工农速成学校校舍外，没有担任什么行政职务，也没有教书，只是做个研究教授。

其实父亲对搞行政一向不感兴趣，绝对不是像他思想改造时那样违心、被迫地检讨自己"一心想向上爬，当了教务长又想当校长"。能摆脱行政事务，他正求之不得，这样，他正好把精力放在他感兴趣的学术工作上。

不管思想改造也好，检查也好，批判也好，并不能改掉他的独立思考的精神和观察事物的能力。这可从下面例子体现出来。

在美国人全部从岭南校园内撤回国以后，他曾预言，美国人在十五年以后还会回来。1971年7月9日，基辛格秘密访华，双方起草了《中美联合公报》草案，从此中美走向关系正常化的道路。这是在他逝世四年后发生的事情，他已无法亲眼见到所发生的一切。此时也正是大批的知识分子到农村、干校安家落户种地，而美国人则在月球登陆采集月球石头的时候。1980年10月14日，曾被指控为"美帝分子"的富伦教授被中国有关方面邀请访华，并重访岭南校园，可惜父亲见不到这位朋友了。富伦先生在这次访问中，曾在原岭南校园的黑石屋会见了我、二姐、五妹、伍锐麟夫人和胡景钊教授等人。富伦先生说，父亲是他的好朋友（closed friend），他对父亲的早逝表示惋惜。

院系调整的同时，是进行一边倒地学习苏联，整个大学教育体系采用苏联的一套。可是父亲对此心中有数，在1953年，有一次他对冯秉铨先生说："我们学习苏联，苏联学德国，苏联那一套教育体系，完全是抄德国的，那一套我们都知道。"当年苏联是我们的"老大哥"，什么都要盲目向他学习。1952年我入华南工学院读书，所有的课本都用苏联教材，有的教师更是肉麻地吹捧苏联学者。父亲去过德国留学，当然了解德国的教育体系。只是一些人坐井观天，什么也不晓得，以为苏联是世界上最先进的社会主义国家，什么都比资本主义好。他们又怎么知道那些先进的东西竟然会来自资本主义国家呢？等到20世纪70年代末，国家提倡改革开放后，又一边倒地抄袭美国的一套教育体系。至于满街广告什么加州花园、加拿大花园、麦当劳快餐、万宝路、可口可乐、摇滚音乐以至日本的"卡拉OK"等等，这些曾被誉为资本主义的腐朽文化，就更不用说了。

二、默默耕耘

自1952年院系调整和思想改造运动后，父亲已不担负什么行政工作，只是在院系调整时挂了一段时间中山大学筹委会副主任的头衔以及筹划过工农速成学校校舍。这时期他也没有开课，既然他以前教的有关政治学、社会学或文化学等都被认为是资产阶级的东西，当然不能再拿出来"毒害"学生了。只好让他在中山大学做个研究教授。父亲一来非常爱国，不愿出国；二来他也从不计较名利地位，坐坐"冷板凳"，冷静冷静，摆脱令他精神痛苦的岭南行政事务，对他来说未尝不是一件大好事。这一段时间，他倒是可以集中精力做些学术研究。

问题是研究什么课题。有的"老"的学科，在新社会是不行了。在文科方面，他选择了历史学方面的问题进行研究。他感兴趣的史学有以下几方面：东南亚各国历史、匈奴史、中西交通史、西南少数民族史等。

以上几方面课题，也并非是无可奈何，硬找些东西来搞。像西南少数民族方面问题，他早在西南联大任教时已注意了。那个时候他经常出入云、贵、川这几省，所以对西南文化和少数民族情况都有所了解。在天津南开经济研究所时，岑家梧先生也在研究所任职，他们就经常切磋西南文化问题。岑家梧先生是民族学专家，曾在岭南大学任教，后来曾任中南民族学院副院长。他是海南人，著有《西南文化论》。父亲曾为该专著写序，并以《关于西南文化的研究》为题，登于1947年4月16日的中山大学社会学系《社会研究周刊》第14期。他在该文中说道："家梧年前在南开经济研究所，与我朝夕共处，我们常谈及这些问题，总觉得西南既是原始文化的展览会，又是固有文化的保留所，它在人类学及文化史的研究上是极重要的，可是自西方文化输入之后，受了西方文化的影响，而尤其是经过这次抗战以后，西南文化的变迁，极为急速，原始的、固有的文化，就有逐渐消灭的可能，假使我们不从速设法研究，将来时过境迁，到了那个时候，就欲研究，也无从研究了。所以我们很想筹办一个机关，专门从事这种工作。"此外，他又写了一篇文章《研究西南文化的意义》刊于《社会学讯》第七期（1948年4月20日）。可见他早就重视西南文化的研究。

匈奴史和中西交通史，也是他感兴趣的领域。像匈奴史，他很早以前就已对它感兴趣，可以追溯到他早年在德国留学时期。那时他便已注意到国内外对匈奴史的研究情况。只是到了1952年以后，他才有时间全力去写这方面的史稿，也是在这个时期，他对中西交通史很关注，因为在他收集的资料里，不少是涉及这方面的内容。我多次听到他谈及以后能写成《中西交通史》这一心愿，还谈到他有很多其他方面的内容想要写，不知能否了此愿望。这似乎是有点儿不吉之预兆。

在他感兴趣的诸多课题中，最重要的莫过于东南亚各国历史。他自幼到新加坡，以后常年出入东南亚各国，对那里的情况甚为了解，那里的华侨也是世界上最多的。所以很自然的，他对东南亚各国历史情况的兴趣特别浓厚，对这方面的研究工作也特别重视，花费了许多时间。

虽然他着手写上述史稿较为集中在1952年以后，但他在这之前，已收集了不少有关资料。我印象很深的是，他常去文德路的旧书店去找书，而且常让我陪同他一起去，一些旧书店的老板、店员们都认识他，不过他们只知道他是教书先生，别的就不知道了。当年旧书店的存在，对做学术研究的也是很有帮助的，以后这些书店消失，人们把旧书都当废纸卖掉拿去回炉，甚为可惜。

在1952年以后，不论他有无行政职务，他仍旧是一早就起来写作。上述他要进行的几个方面的撰写内容，除了西南少数民族方面外，其他的都是百万字或近百万字的内容，这是要耗费很多时间和精力方能完成的。

从1952年至1964年，他先后写完了近百万字的《匈奴史稿》和一百多万字的东南亚古史研究系列著作。后者共有八本。在撰写东南亚古史的时候，他有幸得到香港《大公报》社长费彝民、李侠文、马廷栋与同乡挚友黄坚等人的鼎力支持与赞助。每写好一册，就在香港印出几百本赠送国内外学者们审阅提意见。除了《越南史料初辑》以外，其他七种都已印出。这些印刷本是非公开出售的。其实父亲何尝不想自己的心血著作能够正正规规地在国内外公开发行呢？然而在当年的政治环境下，搞历史、搞科技，都有阶级立场和观点问题，把关很严。

为了撰写西南少数民族史，父亲曾于1964年夏前去云南西双版纳考察。在云南有幸得到云南大学民族学专家江应樑教授的热心帮助，并陪同他前往西双版纳去考察，使他能在短时期内有所收获。

到父亲去世，《中西交通史》一稿只写了一半，未能完成。从1953年到1966年这十三年内，我粗略地估计他写了近二百五十万字的手稿。而从1928年到1952年之间的二十多年，他写了三百多万字。可见他在1949年后，仍做了大量的学术研究工作。只是由于当时的政策，他的这些心血成果无一能在他有生之年正式出版。

1954年以后，父亲曾参与筹建中山大学的东南亚历史研究室。他认为广东与东南亚关系密切，研究东南亚历史是有意义的。以后高教部批准在中山大学成立东南亚历史研究室，是高教部设立的几个点之一。福建也设有研究东南亚的机构。暨南大学在广州复校后，也成立东南亚研究所。中大的东南亚历史研究室成立后，除父亲外，郭威伯、钟一均、何肇发、张映秋等都是研究室的主要成员或负责人。父亲亦曾在研究室上过选修课。该室的主要任务是培养青年学人。1978年在黄焕秋校长支持下，东南亚研究所继续运转，仍侧重历史方面研究，何肇发、张映秋、黄重言等教授曾先后担任该所的负责人。

其实如前所述，父亲对我国西南民族历史的研究亦是很重视的。过去岭南大学就有西南研究所，社会学家伍锐麟教授就曾担任该研究所的负责人。不过院系调整以后，社会学、经济学和法律学等系这方面的机构已不复存在，留下的这方面教授专家，都不得不改行，甚为可惜。

父亲做学问的一个特点，是不盲从，不赶时髦（潮流），不为名利。他选择的研究课题，固然是他有兴趣的，但也是经过深入调查研究和深思熟虑的。在当时，有人讥讽他钻故纸堆也好，给他扣上"资产阶级学者"的帽子也好，甚至历次政治运动给他施加的压力，都始终不能浇灭他进行学术研究的热情，动摇不了他为祖国学术文化献身的决心。

其实政治运动的冲击，不过是短时间的。即使没有政治运动，他的思想上也并不感到轻松和缓，因为总有那么一些人对他受到高级知识分子的拥戴很反感。他曾对一位朋友诉说，有的人不仅要用脚踩在你的身上，而且还要用脚踩在你的鼻子上。这种人我见过，也领教过。生活在这种状态下是什么滋味，可以想象。父亲为人，一向胸怀坦诚，一心为祖国教育献身，为学术研究而奋力工作，所以他也从不计较个人恩怨和得失，这也是他令人崇敬的品格。

父亲平生最大的兴趣是做学问，做学术研究，不为名，不为利，不计较个人得失，为教育事业献身。

在中山大学内，也有领导同志较真诚地尊重知识分子，如冯乃超副校长和父亲的关系就比较好。有一年冯乃超先生的女儿与女婿回广州看冯先生，冯先生就让他的女儿、女婿到我家探访。他的女婿是位画家，还为大姐曼仙画像。有些事情冯乃超副校长亦找父亲帮忙，例如中山大学领导想找一位能跟陈寅恪先生学习和做他助手的人。陈寅恪先生当年除了医学院的周寿恺教授的夫人黄萱外，就没有其他人做他的助手。中山大学也曾经找过一些人，如在北大曾做过陈寅恪先生助手的陈庆华先生和在武大曾是陈先生的研究生助手的石泉先生，但不是调不来就是陈寅恪先生不愿收。后来冯乃超副校长请父亲去问陈寅恪先生胡守为如何，陈寅恪先生曾为胡守为一个人授过两个学期的课，胡守为平常亦常去陈先生家。父亲乃去问陈寅恪先生愿收胡守为否，结果陈寅恪先生答应了，胡守为便成为陈寅恪先生的闭门弟子。胡守为以后是中山大学历史系教授，也曾做过中山大学副校长。黄萱女士长期做陈寅恪先生的助手，她自己有三个孩子要照顾，其献身服务精神是值得赞许的。陈寅恪先生的著作《金明馆丛稿》之校补，承黄萱、胡守为和周连宽几位先生相助，得以告成。以后（"文革"后期），五妹渝仙和黄萱的儿子周任联婚，我们两家又成了亲戚。能够做世界级史学大师陈寅恪先生后半生唯一的助手，能校补陈寅恪先生的著作者，照理其学术水平若非教授，也至少是副教授了，然而黄萱女士退休时仅是助教待遇，这是历史的无情疏忽。

三、再事行政

20 世纪 50 年代初，与华侨有密切关系的大学，如岭南大学、暨南大学等都停办了。南洋华侨一向热爱祖国和中华文化，一方面仍送些子女回国读书，另一方面则考虑在新加坡筹建一所大学。这无疑对东南亚的华侨有重大意义，其影响更不限于东南亚。1953年华侨在新加坡开始筹建南洋大学并在全世界有名望的华人学者中聘请教授和校长。据伍锐麟夫人回忆，当年南洋大学曾拟聘请在美国任教的陈受颐教授前去主持南洋大学。在他之前亦曾有聘请他人。陈受颐先生因夫人身体健康问题，不能前去，乃推荐父亲。"文革"后期，曾主持过中国台湾东海大学和新加坡南洋大学的吴德耀教授曾到中山大学访问，会见了卢华焕先生与我。他也谈到当年南洋大学是曾有意拟请父亲去当校长的。据说我国香港的报纸也刊登了有关消息，还说父亲在中山大学没事干，看管宿舍云云。这倒是媒体误传，大概把他曾筹建工农速成学校的校舍误传成看管宿舍。

华侨在东南亚办的南洋大学，从全世界有名望的华人中找校长，竟然找到了在国内"被冷落"的陈序经，可见他在华侨中的声誉有多高，影响有多大，华侨对他有多爱戴。估计这对中央有所触动，他又被重视起来。陶铸书记就征询过他的意见是否愿去南洋大学，父亲的回答仍是要留在国内服务。他的这种爱国立场，受到了赞赏。当然，有的朋友也说，他应该去南洋大学。

从 1956 年开始，他的处境有所改善。1956 年初，周恩来总理做了"关于知识分子问题的报告"，这是政治气氛较为宽松的时期。在这种气氛下，他被安排为全国政协第二届委员，广东省政协第一届常委。邀请他参加的社会活动也开始增多，诸如孙中山先生诞辰九十周年纪念筹备委员会、支援埃及委员会、广州地区高等学校教授专家暑期参观团（任团长）等活动。

1956 年 11 月 6 日，国务院任免一批国家机关、驻外总领事和高等学校的工作人员，任命名单中有陈序经，被任命为中山大学副校长。

说实在的，父亲并不喜欢搞什么行政工作，他对名利、政治地位等都看得极淡薄。有人请他参加民主党派，他婉拒了，让他当人民代表，他也婉谢了。影响大得多的南洋大学正校长，他都不去当，当然不在乎一个副校长。但是要他当中山大学副校长，是上面任命下来的，由不得他想做还是不想做。

其实，院系调整后的正、副校长，应该说比私立大学的校长好当得多了。因为经费都由国家提供，不必为此伤脑筋；一切方针政策全有条条规定，负责人遵照执行就是了。上有党委领导，下有一群校长、副校长，每人分担一点儿任务，也就对付过去了。

父亲被任命为副校长，他原来也没有预料到。他曾对我说，院系调整后，原私立和教会大学的校长，没有一个重新当校长的。看来他被重新任命为副校长，主要还是考虑到华侨影响的问题。

他被任命为中山大学副校长后，并未让他挂名摆摆样子，学校让他负责总务方面的一些工作，管管学校基建、房屋、卫生等，父亲从不计较，为人民服务嘛，领导让干什么就干什么。在院系调整后，中大逐步有所发展，学生、教职员工也有所增加，原有校舍渐不敷使用。在他任内，他积极筹建了生物教学大楼、临时性的大会堂（体育馆），还扩建了校医室。

从 1956 年底起，父亲又卷入了他并不想做的学校行政工作中，直到他逝世为止。

这一年他被评为一级教授，这可以说是新民主主义革命胜利后，他所获得的最高荣誉。在中山大学内，还有许崇清、姜立夫和陈寅恪被评为一级教授，后两人都是原岭南大学的教授。在广州，院系调整后，被分去医学院、工学院等各新成立的学院中的一级教授也多是原岭南大学的教授。当然，笔者对当年教授分几级，而一级为最高级教授的做法，究竟有什么利弊也认为值得商榷。学无止境，一个人今天有成就，并不等于明天也有成就有贡献，若仅仅把这种分级当作一种荣誉，倒也可以。父亲被评为一级教授，也不免有人对他的学术水平有怀疑。不过，正如王正宪先生在他的《陈序经校长二三事》一文中说的："某日，中外闻名的明代经济史专家梁方仲教授对我说'我原以为陈序经只是校长之才。但最近读到他撰写的历史，可以肯定地说，他在学术上的功底无可非议。'"梁方仲先生亦是父亲生前的挚友，父亲常和梁方仲先生切磋学术问题。

其实父亲当年读大学时，他感兴趣的是理科，特别是数学。我相信他不论是学理科或是任何其他学科，他的学术水平和成就，也是不会下于他在文科方面的成就的。

他上任中山大学副校长没几个月，1957 年的 4 月，中共中央发起了整风运动，开门整风，其后进行"大鸣大放"运动，动员党内和党外人士帮助共产党整风，揭批官僚主义、宗派主义和主观主义，向党提意见。

父亲一向对政治不感兴趣，可是在形势发展下，在人们的怂恿下，他经过一番考虑，终于还是发表了他的意见。他的《我的几点意见》被刊登在 1957 年 6 月 14 日的《南方日报》上。我在这里把全文抄下，以便可以看到以后的事态发展。下面是《我的几点意见》全文：

　　许多人问我，"你为什么不鸣？"还有人说："你参加学校工作，应该鸣一鸣，起带头作用。"我在一个小会上，已曾表示过，检查自己的错误，我应带头，可是揭露同志间的缺点，由我带头，未必作得好。我这两年来，在全国政协小组上，在高教部座谈会上，以及其他好多地方，对文化教育事业，曾提过一些意见。我主张自觉自愿而鸣，有早鸣之自由，也有迟鸣以至不鸣之自由。既不必人鸣亦鸣，亦不必为鸣而鸣。我还要顺便的指出，鸣有一般普通之鸣，还有研究学术方面之鸣，前者较为容易，后者较为困难。因为对于一般普通的问题，发表意见，较为容易，但要在学术上，尤其是在专门问题上，自鸣或争鸣，都需要有相当的时间和准备。对于我们来说，学术上的争鸣，是更为重要，而且是有长期性的。

……

应该指出，院校调整以后的数年中，在我先后参加学校行政工作时间中，许多事情我与党员同志们是共同负责的。假如说他们做错了，那也就是说我也不能没错。从近来同志们所提出的意见来看，有很多缺点是应当由学校行政领导负责。在这种情况下，我应该倾听大家的意见，努力改进工作。此外，在这数年中，有一半时间我自己没有参加行政工作，只作点研究工作，准备开课。对于学校许多事情，实在相当隔膜，因之提意见也比较困难。我以为过去受"三害"较多的同志，应该多说话，帮助党员一齐进步。

我现在想将我认为比较重要的几个问题谈一谈。

第一点我要说的是，许多在高等学校工作的党员同志们，对一切大小事情，不加区别，都当为政治任务来看待。我觉得假使我们把高等学校的生活，完全当为政治生活来看待，那就是把政治庸俗化了。这么一来，找朋友谈心，便不免有政治意义，同朋友吃饭，也有政治意义，以至古董的欣赏，金石甲骨文的小组讨论，也有政治意义了。这么一来，不只要把所有的高等学校，都变为政治专门学校，而且可能把个人以至男女恋爱、婚姻与家庭生活，都认为是只有政治作用。应该指出，学术是为社会主义建设服务的，学校是需要政治的领导，但学术并不等于政治。学术分门别类，各有专业，欲求学术进步，必先使研究学术者有充分时间去钻研业务和独立思考。一个科学工作者，可能有时候被人看成为想入非非者，他与政治以至现实生活，可能完全没有关系，甚至可能一生想不出也作不出什么具体的东西，但假使没有优容雅量和科学预见，学术就很难有显著的进步，很难有崭新的发展。

第二，许多党员同志，只有主观主义的政治观点，而缺乏法制观点，在新法制还没有制定完备，而旧法制已不适用的情况之下，许多党员同志作事，往往不讲法律，不讲制度。比方，在学校里可以把一些认为有问题的教师集中起来，主要目的虽说是思想改造，事实上便妨碍了人身自由。又如，院校调整，是把广州各高等院校调整，但是在我们同志之中，也有人还存有"你校归并我校"的思想。这是本位主义，这是宗派主义。在这里，我要替许校长和冯副校长说几句话。两位校长是在院校调整之前已任命为中大校长的。到了院校调整时，原有中山大学和其他高校一样的，是由筹备委员会去领导的。但是到了1954年5月29日，中南高教局发出筹备委员会结束的指示，在同一公文中，有许、冯二校长原经任命为校长"迄今未经变动"等语，这么一来，就不见得是院校调整，而却是"你校归并我校"的作法了。既然如此，又何必成立筹备委员会？筹备委员会的任务，明明是筹备新的大学，新的大学成立了，尽管它仍用旧名，但校长的重新任命是绝不可少的手续。所以就法理来说，中南这个指示及其措词，都是错误的。其实，中南也没有权去任命大学校长。他们应该是由中央人民政府重新任命。这不过说明党的某些同志，不重视法制的一个例子而已。我今年到北京参加全国政协会议，在大会发言中，除了董必武院长与黄绍雄委员作了关于法制的报告外，没有其他人谈到法制问题，小组也少谈这个问题。说明直到今天，我们还没有重视法制问题。有人批评一些干部违法乱纪，其实有许多事件，还应该说是无法无纪。

第三，许多党员同志对于办理高等教育缺乏经验，而把他们熟悉的一套搞政治运动的经验，硬套到高等学校上去。他们不只对于资本主义国家的高等教育不见得懂，对于苏联和人民民主国家的高等教育也不见得懂，就是对于中国封建时代的书院制度，而尤其对于中国近数十年来的高等教育经验，也很缺乏。大家记得，有一个时期，凡是阅读英、德、法、日文书籍的，往往被当为资产阶级思想来看待。马克思是用德文来发表其主要著作，恩格斯也常用英文写文章。有些人强调学习苏联，但没有了解苏联的高等教育，也曾用过沙皇时代资本主义的教育遗产来做底子。莫斯科大学还纪念着罗蒙诺索夫，人民民主德国的柏林大学还名为洪堡大学。前一位是18世纪的资产阶级学者，后一位是19世纪的唯心论的个人主义者。中国旧书院制度，也有其一定的优点，用不着说。许多党员同志，把中国数十年来的高等教育，当为完全从英、美、德、法、日搬过来，也是一种不完全符合事实的看法。三十五六年前，我在大学的时候，比方生物系的教授，也开始采集中国各地的标本。在社会科学方面，社会调查工作也在萌芽。所以30多年来，我们在教学上、在研究上，以至在教育制度上，已多少能结合中国实际情况，并不见得全部盲从资本主义国家。而且，在解放以前，也不见得绝对排斥苏联的好办法。现在要积极去学习苏联的先进教育经验，是无可疑的。但对于可以肯定的过去成绩，似乎不须要全部否定。

关于高等学校党的领导问题，我觉得中国今日的社会主义的建设，既然是中国共产党来领导，这种领导不只从上而下，从中央到地方，而且是从城市到乡村，以至工厂机关等等。假使高等学校里不要党的领导，是很难想象的。作为一个非党员的学校行政工作者，我觉得如果没有党的领导，党的政策是不容易贯彻的。所以，问题不在于要不要党的领导，而在于如何领导。

数年以来，广东省委对于高等教育十分重视，比方帮助本校解决外汇问题，组织高等学校参观团，建筑科学馆，以至对于高级知识分子生活上的种种照顾，据我所知比之其他各省较好得多。但也应该指出，省委对于高级知识分子所做的工作，是偏于物质与生活小节方面，对于他们的教学与研究工作方面，较少关心与鼓励。

近来高级知识分子，对于高教部这数年的工作，揭露出很多缺点。大致上，我也有同感。但也得指出，各高等学校没有把高教部的指示，结合到自己学校的实际情况，灵活执行，也是一种缺点。比方，1952年教育部（那时高教还没有成立）拨给约80万元与我校建筑房舍，款项到时已是10月、11月。我曾提议收买怡乐村房屋，因为当时有好多房子愿意低价出卖。有些党员同志说，部方要我们盖房子，不是买房子，购买房子是"先斩后奏"的作法。结果到12月底只好把全部款项上缴。其实为了增加房舍，建筑与购买是没有多大分别的。况且怡乐村就与本校毗邻，购买房屋便可以马上解决部分的房荒。当时有人对我说，这或者是党员同志们的"党性"强的表现。其实，这恐怕是教条主义。此外，又如在院校调整时，本校没有力争保留经济系与法律系，让两系连根拔掉，以及后来的六时一贯制等，都说明了我们自己没有远见，没有好好的考虑到本校具体情况，和本省的长期需要。

我现在所想要说的话，就是这些。

从以上父亲发表的《我的几点意见》到他对自1952年以来高等学校情况的一些看法，如对政治工作、党员、法制、教育、院系调整、思想改造等等的意见，也可看到他的为人处世的方式。他有的意见尽管很对，但在当时是很不适宜发表的。其实，在他发表意见之时，已是反右派斗争即要开锅的时候了。那时候我在北京工作，父亲发表的意见我也看到了，报纸也点过他一次名，我很担心。但是轰轰烈烈的反右派斗争过去了，他似乎安然无事。

可是父亲的好友们却不那么"幸运"了。我的老师冯秉铨先生就被批判。伍锐麟先生被打成"右派"，从教授降级到副教授。全国数以万计的中国知识界的精英被打成"右派"，令世人震惊。

伍锐麟先生是加拿大华侨，小时候在加拿大读书，常被白人学生欺侮，所以他在美国学成取得博士学位后，即回国献身于祖国的教育事业。尽管他随时可以出国到加拿大，以他的学问资历，到国外不愁找不到体面的工作。但是他爱国，坚持留在国内服务。可是哪里想到逃过洋人欺侮，回国来却受自己同胞的批斗欺辱，最后在"文化大革命"中含恨而逝。伍锐麟先生当年在 KIRC 任职受薪，父亲请他任岭大总务长和社会学系教授，期间在未辞去 KIRC 工作前，一直未在岭大受薪。后来岭大被解散前补偿他两千元港币，在院系调整时，竟然也给追缴回中山大学。我自十一岁起就经常出入伍锐麟先生家，得到他和四姨的关心照顾，对他的才学、为人非常敬佩，特借此机会对他致以深切的怀念和敬意。

再说父亲在反右派斗争中未被划为右派，但事情并不是这么平安无事，这里有段故事。1956 年我在华南工学院无线电系毕业后，被分配到北京中央广播事业局广播科学研究所工作。1960 年我们到河北遵化县建明公社劳动锻炼，在那里认识了我妻子许贻婴的姑姑。1961 年我被下放到鞍山市。我是在鞍山认识贻婴的。她的姑姑许欢子得知我和贻婴交朋友后，又知道了我父亲是全国政协委员。正好她住的四合院正中一户是当时政协秘书长张纪元，乃问张纪元有关陈序经的情况，张纪元告诉她，陈序经是"内控右派"！这件事是我结婚后，妻子才告诉我的。由于我在建明公社劳动时许欢子对我印象较好，我在广播局工作也没有什么可挑剔的，加上贻婴父母和姑姑都是极通情达理，我的婚姻才没受到父亲问题的影响。我们始终没有把父亲是"内控右派"的事告诉他本人。父亲要知道的话，心中必定会非常难受。

虽然父亲不知他是"内控右派"，没有为此而难过，但我却为此而感到震动和难过。原来我根本不知道有"内控右派"这回事，我预感到我的前途会很坎坷。事实也是如此。

1957年后，跟着来的是1958年的"大跃进"和随之而来的三年经济困难时期。1961年我自北方回家探亲的时候，见到父亲已苍老憔悴了许多，人也瘦了。自然灾害的影响在他脸上、身体上明显地表露了出来。然而此时正是他一生中极为重要的巨著之一《陈序经东南亚古史研究合集》完成过半的时候，他还担负行政工作，每天仍一早起床写作，还有匈奴史、中西交通史、少数民族史要撰写，他身体的消耗与输入很不平衡。幸好他是瘦了而不是胖了，胖了就意味着浮肿。

四、主持暨大

暨南大学的前身暨南学堂创办于1906年，当时招收的对象是归国侨生。1927年改组，升格为国立暨南大学，校址在上海。到1948年夏，该校拥有四院十七系，形成一所比较齐全的综合性大学。四个学院乃是文、理、法、商。由于1949年后到暨南大学读书的侨生锐减，学校陷于停顿状态。

1957年5月，在广东省政协第一届委员会第三次会议上，有人建议在广州筹建一所适应华侨和港澳学生需要的大学。此建议得到陶铸支持，并在其后省政协常委会通过决议，成立筹备委员会，筹建的华侨大学仍沿用"暨南大学"校名。陶铸任筹委会主任委员，下有十二名副主任委员，父亲也是副主任委员之一。经过一年的筹建，暨南大学在1958年9月开学，筹委会也就解散了，而成立暨南大学建校委员会，父亲任建校委员会副主任委员，陶铸兼任暨南大学校长及党委书记。当时陶铸任中共广东省委第一书记，中共中央中南局第一书记。有他做暨南大学校长，显然是非常有利于暨大的建设发展的。在广州重建暨大，首先就碰到征地问题。暨大校址选在广州东郊石牌的一大片农田上，这就牵涉到农民的切身利益，好不容易才征用了这片田地。

重建的暨大校址设在石牌是不错的选择。因为石牌这一地区聚集了广东几所重要的高等学府，如华南工学院、华南农学院、华南师范学院。与暨南大学一街之隔就是华南师范学院和其附中。

暨南大学重建后，学科包括文、理、医几方面，发展还是很快的。像其中的经济系（后为经济学院），在当年广东的高等学府中是绝无仅有的；它的医学院，其他大学也是没有的。重办的暨大是有其特色的。

然而陶铸政务非常忙，在暨大已走上轨道的情况下，他为进一步发展而另物色校长。他选择了父亲去接替他当暨大校长。陶铸要把暨大办成有特色的华侨大学，让暨大比较开放，可以吸收国外资助，这样暨大会有很多涉外的事情，陶铸身为中南局书记兼做暨大校长也感不便。他认为父亲做过私立大学校长，在华侨中的影响也较大，所以父亲是最适合的人选。这事1962年由陶铸亲自决定，并请王匡找父亲谈话，然后在暨大全校师生大会上，由陶铸亲自介绍父亲继任暨大校长。另一方面，在稍后的1963年初成立了暨南大学董事会，这有利于加强暨大与海内外华侨与各界人士的联系。当时由廖承志任董事长，费彝民、王宽诚、何贤等著名港澳人士，杨康华、郭棣活等国内知名人士任副董事长。此时暨大的党委书记是梁奇达，教务长是黄焕秋。

父亲上任暨南大学校长，并未得到国务院任命，他的中山大学副校长之职也未撤掉。不过既然陶铸书记信任，他也就尽力而为。他认为在暨大要做好的事有：一是提高学校的教学和学术水平；二是建设好校园。为了提高学校教学水平，他曾想从外省外校聘请十位教授到暨大。为此他曾用各种开会出差机会，在北方商调人来。但是显然今非昔比，要从外省调一个教授来绝非易事。以前教授学者们有自己选择工作单位、工作地点的自由，当然也有被解雇的自由。而今人才是由一套严谨的组织系统管着，本省本市想调动，有省委书记支持尚易实现，要从外省调动那是困难至极。虽然调人成效不大，但还是来了一些人，如东北地区哈尔滨工业大学的李天庆教授就调到了暨大。在本省的，相对容易，如中山大学生物系教授廖翔华及他的夫人杨秀珍教授（外语系），以及陈如作教授，我的老师卢文教授也被父亲由华南工学院请到暨大数学系当主任。卢文先生当时已是二级教授，他曾留法两次，他夫人是数学教授，也是我的老师。他常说他很敬重父亲，以有父亲这个朋友为荣。卢文先生总是孜孜不倦地进行学术研究，他曾主持了引力波的研究。此外，也从外校调了一些人到历史系、经济系、中文系。

父亲接手主持暨大，他要重点抓的第二件事是校园建设。这也是顺理成章的，因为暨大是从一片农田中建设起来的，一切需从头做起。尽管在他之前，人们已尽力建起了主要的教学建筑设施和生活居住服务设施，但要建设一个优美的学习环境，不是三两年的事情。暨大是对侨生和港澳生开放的大学，校园环境更是要搞好。

父亲虽身为暨大校长，但他给人的印象是没有架子，平易近人的。有一次暨大前党委书记张德昌先生和我说起父亲为人，说他平易近人，不发脾气，关心下面的人。有的老师生病，求医困难，他亲自带老师去找中山医学院的医生看病。父亲与中山医学院的医生很熟，所以他这方面常能帮忙。他也注意后勤工人的工作条件，曾到食堂去看工友工作情况，看见他们没有风扇，乃先把他办公室的风扇拿去厨房用。他出外过了中午十二点钟，自己出钱让司机去吃饭。

父亲任暨大校长期间，家仍在中山大学。校董费彝民先生送了一部美国产的轿车给暨大作为父亲上下班之用。他见到有学校的教师职员要到市区的，总是停下招呼他们上车一起出去。每天中午他就在暨大招待所一间专用客房休息。1963年我的妻子从上海华东师范大学地理系调到暨大经济系任教，当时她的教研组主任是赵元浩教授。妻子贻婴调来暨大后，为了照顾她不必为上下班奔波，我们在暨大申请了一间住房。后来学校领导提出分一套三房一厅的教授住房给父亲，让我们也和他住在一起，方便照顾。父亲把这件事告诉我们，征求我们的意见。贻婴和我认为，按父亲的资格，他当然可以住进去。但实际上，父亲经常只是中午在暨大休息，难得会在暨大过夜。如果我们住进去，这套房子等于分给我们，当时贻婴不过是刚调来的一个小助教，却住上一套教授房子，这显然很不合适。如果我们不住进去，父亲要这一套房子也很浪费，何况当时暨大教师住房并不宽松，这样他以后也难秉公办事。

最后我们把这想法告诉了父亲，他也同意我们的意见，没有要那套房子。父亲和贻婴此举，在群众中引起了很大反响，特别是贻婴在系里受到了赞扬。

暨南大学成立包括海外资本家的校董会，实行比较开放的政策，华侨生和港澳学生到暨大读书的日益增多。而父亲接触的国外各界人士也渐多，找他的人，有的他认识，有的不认识。但是由于他的影响，特别是对知识分子的影响，在一些极左的人的心目中，已容不得他对知识界影响的"增大"，所以他在暨大的任职也自然是不长的。父亲办学一向重视提高大学的学术水平，极力主张大学要进行学术研究。就这点来说，他一向身体力行，以身作则，挤时间进行调查研究，不断求知，这对推动学校学术研究很重要，这也是有学之士很尊重他的原因。不论是理工科的学者如姜立夫、冯秉铨、卢文，或医学界的谢志光、陈耀真、许锦世……或是文科方面的陈寅恪、王力、梁方仲，等等，都对他非常敬重或引以为知己，而不是文人相轻。

由于父亲主持学校，一个重要的目的是提高学校的学术和教学水平，因而他从事行政工作也是围绕这一目的。他对待知识分子、学者们的作风是鼓励和尊重他们为学校教学努力，而不是我来领导你们，指手画脚，或你们要怎样服从我。正如他在1957年发表的《我的几点意见》中谈道："高等知识分子在思想上，一般比较复杂，权利心较淡薄，但也有其自尊心，甚至有怪脾气。与高等知识分子打交道，重要的一个条件，是要有涵养，尊重对方长处，不须要过分强调对方的弱点。"他也指出："欲求学术进步，必先使研究学术者有充分的时间去钻研业务和独立思考。一个科学工作者，可能有时候被人看成为想入非非者，他与政治以至现实生活，可能完全没有关系，甚至可能一生想不出也做不出什么具体的东西，但假使没有优容雅量和科学预见，学术就很难有显著的进步，很难有崭新的发展。"

他上述一段话阐述了他对待知识分子、对待学术研究者的一贯态度。事实上，现实中很多东西，如飞机、登月等，在一百多年前，被认为是想入非非的事情。爱因斯坦后半生在普林斯顿大学，致力于统一场的研究，虽然他未能成功，但普大并未就此不支持他。父亲能有这种宽容雅量和科学预见，高度重视学术研究，这和他对教育，特别是大学教育有深刻、正确的认识是密切相关的。在本书第四章中他对大学教育的看法正是这样："大学教育的目的是求知……为学问而研究学问。""求知固未必为了应用，然而要有所应用，则不能不求知。"

王正宪先生在他纪念父亲的一篇文章里说道："我曾和几位老师谈起，大家都认为像序师这样合格的校长并不多见，深感可惜。"王正宪先生这一番话说得很中肯。如果全国上下都像父亲那样对待人才，那么父亲自己后来也不会被调去南开大学了。

回顾当年，岭南大学竭力要请他去主持岭大校务，南开大学张伯苓校长也极力想劝说他回南开任校长，甚至想让他身兼两校的校长，南洋大学也拟请他去任校长。后来虽然陶铸书记很器重他，却也留不住他。抚今忆昔，令人感慨。

第七章　陨落北乡

一、奉调南开

　　父亲上任暨南大学校长一年半后，接到中华人民共和国国务院任命书，内容是"任命陈序经为南开大学副校长"，由周恩来总理签署，日期是 1964 年 6 月 5 日。国内报纸在报道他调去南开当副校长时，完全不提他任暨大正校长，只提他是中山大学副校长。

　　对于为什么要调他去南开大学，一种说法是，社会科学院要成立一个东南亚研究所，他对东南亚有研究、比较了解，故要让他主持，但考虑到他的一生都是在大学工作，习惯学校的环境，所以照顾他让他在一学校任职，南开大学是他多年前曾任职的地方，所以就让他去南开。但当时南开大学已有校长六人之多，当然是不缺校长的。

　　不管父亲被北调去南开大学的真实原因是什么，他是万分不愿意去南开任职的。他曾找陶铸谈他不想到南开去，陶铸也表示很想留他在暨大，但上面决定调他去南开也无可奈何。

　　父亲不想北调去南开也和其他人谈过，其中一位乃是梁方仲先生。梁先生是著名的经济史学家，曾在国民政府的中央研究院社会科学研究所任职，他是国内外闻名的研究明代田赋史的权威。1949年他应父亲邀请到岭南大学任教，任经济系主任，院系调整后任中山大学历史系教授。梁先生和父亲关系非常密切，他们经常切磋学术上的问题，父亲写的一些学术手稿有的也请他看阅、提意见，在生活上他们亦相互关注，有次父亲一时手头紧，也向梁先生去借，可见他们关系非同寻常。

此时，父亲已是六十一岁的人了。他在广东生活了近二十年，实在不想再做大的变迁。何况他心中很明白为什么要把他调离南方。但是现实已不像以前那样，他想去南开就去南开，他想回岭南就回岭南。他完全不能自己做主，没有商量的余地。他对北调很悲观，他甚至对我说，他打算再做两三年后退休，回海南清澜去，在老家度过他的余生。

父亲不仅爱国，更是非常热爱家乡。他从不稀罕做什么所长、院长、校长，他早就有打算，退休以后，像祖父一样告老还乡，终其一生。他为此还在乡下祖屋备了些木料。令人万分遗憾的是，他的这一最后的夙愿，未能实现。

由于父亲不打算在北方待很长时间，所以母亲的户口也没有迁去天津。陶铸对父亲很照顾，在中山大学的房子仍给他保留，他愿什么时候回来住和写作都可以。当时只有二姐还和父亲住在一起，父亲要调走，不想占用太大的房子，把家搬到以前陈心陶教授住过的一栋较小的房子去。很多书也留在中大的家里，他只带去一小部分书和未完成的手稿。

陶铸书记器重父亲，对他很照顾。应该说陶铸对知识分子都很重视，不仅对父亲或陈寅恪这些人。他对知识分子的看法和政策是受到知识分子的拥护的。

父亲一来要整理数以千计的书籍和文件稿件，二来对北调心情很不好，所以他迟迟未去南开赴任，以至他的老朋友杨石先校长来信催他上任。尽管杨石先先生来信催他，但他仍不急于北上，他实在不想离开广东。就在他动身后，在经过上海时，还停留一段时间和在上海的老朋友见面叙旧。南开并不需要他，他也不想去南开，却被迫要去，历史就是这样无情。

他去南开后，在副校长中排第七位，管管卫生检查这些事，以俗人的眼光来看，从一个正校长到排行第七的副校长，似乎受贬了。父亲对此绝不在意，相反他少管点儿行政杂事正是好事，可抓紧时间把他想写的稿件写完。从 1964 年秋到 1966 年秋两年时间，因他的行政事务没有以前那么多，使他能把《匈奴史稿》、东南亚古史研究系列等近两百万字的巨著完成。他打算完成《中西交通史》，再补充东南亚古史研究系列著作后，就可以告退了。他告退是对学校工作而言，即使他告老回乡，他还会写作的。像西南民族史，他就非常关注，但在过去他没能抽很多时间去研究。还有他在饭桌上或休息时，常谈到一些他生平在国内外遇到的一些有趣的人物和事情，他说有时间的话也想写下来。他自己的一生，我相信有机会他也会写的，因为实际上他已写了一些。

在他离开广州去天津之前，1964 年 8 月，香港《大公报》经理马廷栋先生和夫人曾邀请父母和我们子女们一起到从化温泉度假。过了暑假，父亲就自己一个人去天津南开大学任职了，母亲没有和他同往天津，因为贻婴这时已怀了我们第一个孩子，母亲留下来帮忙照顾。在父亲离开广州不久，1964 年 9 月 20 日（旧历的中秋节）我们的第一个男孩儿出生。他是在市第二医院由知名的妇科医生梁毅文负责接生的。父亲得知后很高兴，给他的孙儿取名大淳。在大淳之前他已有了三个外孙，一个是大姐曼仙的女儿林萍，另外两个是二姐的孩子谭康和谭壮。大淳稍大后，我们发现他头顶偏后有三个发旋，一些朋友看了说，三个旋，打架拼了命。

然而大淳长大后，品性倒是完全像父亲给他取的名字一样。这是值得我们欣慰的。

令父亲稍为宽慰的是四妹云仙也在天津工作，父亲到了天津后，不至于举目无亲。四妹在天津音乐学院毕业后，留在该校钢琴系任教。父亲到南开后住在原属招待所的一套有两层楼的套房，而管理员老符是在南开办公楼工作的老工人，和父亲相熟。当然，南开的老朋友也不少。尽管如此，他还是身在天津心在广州。所以到了 1965 年寒假，他就回广州来过春节了。毕竟他在广州的亲人最多，我的一家，二姐穗仙一家和五妹渝仙都在广州。大姐曼仙于 1955 年由广州中山医学院毕业后，分配到武汉结核病防治院，就一直在武汉。父亲于 1965 年 1 月就回到广州与家人团聚。见到了他的孙子和外孙们，他的心情是很高兴的。可是令人遗憾的是，这种令他愉快的情景，短时间就结束了。不过临近开学，母亲陪他一起到天津去了。

这一年暑假，父母都在天津。他们关怀还在读书的五妹，让她到天津去和他们相聚。二姐夫保夏也带了两个孩子到天津一聚。贻婴因要参加"四清"工作，把九个月大的大淳送去烟台让我的岳父岳母代为照顾。她来回也经过天津与父母相聚了一段时间。我在课程结束后，也前往天津和烟台去看望他们和岳父岳母。

父亲最后一次回广州，是1966年的寒假。这时他在中山大学的家，已搬到了东南区11号。由于我们自己没有照相机，又是多亏马廷栋先生给我们拍了一些珍贵的照片留念。在20世纪60年代，我们家的一些照片，除了马廷栋先生给拍照之外，很多都是费彝民先生的公子费龙先生给我们拍的。当年费龙先生在中山大学数学系就读，与我家来往较多。

父亲和《大公报》有很深的渊源，早年投稿和一些书请大公报社代印，到岭大、暨大主持工作后请费彝民先生做董事，他和大公报社的其他同人如李侠文、马廷栋、曾敏之及黄克夫等人都有来往，他的百万字东南亚古史研究系列著作更是得到他们的支持才得以最终出版。当然，东南亚古史研究系列著作能由大公报社在香港付印，七种古史，每种都印几百本，由香港运回广州，在当年，没有陶铸领导下的广东省委的支持，也是行不通的，他们对东南亚古史研究系列著作的保存和最终能正式出版也做出了贡献。

这一年中，大姐曼仙到天津养病，和父母朝夕相处。她利用空闲时间，询问、了解父亲到1949年为止的一些活动，包括祖父的情况，父亲的主要社会关系等，并且做了简要记录，尽管一些过程较简单，但却是一些珍贵的资料，能使我们更好地了解父亲的前半生。

二、含愤而逝

1966年5月，"文化大革命"爆发。从6月份起，学校内到处贴满了大字报，到处是"打倒资产阶级反动学术权威""横扫一切牛鬼蛇神"的口号。南开学生知道父亲的人不多，所以运动开始后一段时间，他尚未受到冲击。而且到了后来，运动的矛头仍然是指向党内走资派，所以也尚未触及他。在 1966 年 11 月份贻婴还去了一趟天津接孩子大淳回广州。由于运动的关系，我的岳父岳母在烟台已难以再照顾大淳，由贻婴的妹妹许贻娱帮忙把大淳带到天津交给父母。在贻婴未到天津之前，母亲因睡眠不好，所以大淳是跟爷爷睡的，由爷爷照顾的。大淳此时已两岁出头了，在公公和婆婆的调教下，讲得一口漂亮的普通话。公公许辂生是剧团导演，婆婆丁婉华是小学教师，他们都讲得一口流利的普通话。大淳要喝水，奶奶给他倒水时，他总是说："你给放点儿葡萄糖吧。"逗得奶奶爷爷好笑。这是父亲最后享受到的天伦之乐。他一生最后一张照片就是和母亲、贻婴、四妹云仙及孙儿大淳合照的。1966 年 11 月贻婴到天津接大淳回广州时，父亲的状况还是平静的，他还问贻婴是否运动就快结束了。

然而，1966 年 12 月，他终于被突然揪出来批判了。大字报指控他的轻的罪名是"反动学术权威"，重的罪名是"里通外国""美帝香雅各"等。我在 1967 年 2 月 16 日后到天津奔丧时，远望南开大学，看到校门口和两侧墙上、地上贴满了"打倒美帝特务、间谍"等特大标语，令我悲愤万分。

随之而来的是抄家，打、砸、抢，连父亲带在身上的国产钢笔也不能幸免。1967 年 1 月 1 日，南开大学的"八一八"红卫兵占据父亲住在南开北村七楼三号的二层套间。

父亲和母亲被赶出原住宅后，搬到另一宿舍楼地下的一间只有 6 平方米的房间内居住。父亲自从搬到这间小房子之后，就开始感到身体不舒服。到后来小便有问题，耳朵也听不清楚。可他却不能去校外医院看病，只是在校医室看病，给红卫兵看见也要斥他"跑来这里做什么"，红卫兵要他在房子里写交代材料，并有几次叫他离家到别处去"问问题"。他们反复问的，还要他写的，都是多年以来各次运动都交代过的东西。他想不通为什么要他反反复复地写那些东西。还有一些事情他根本没做也不知道的，无从交代。其实他早已身患重病应住院治疗了。

1967 年 2 月 16 日晨，母亲外出到医院看病，随后去了一下四妹处。到中午母亲从四妹处回到住房时，发现房门里面反锁。她从钥匙孔望进去，看见父亲面朝地倒在地上，她立即把门上玻璃打破弄开弹簧锁进房去，并立即通知杨石先校长和招待所工友老符。后来红卫兵也闻讯赶来，竟然还有人不准把父亲扶起，声称要保护现场。但是杨石先校长说救人要紧，坚持把父亲送去医院。在送去天津总医院之前，在房间里母亲曾用手放近父亲鼻孔，感到似仍有点儿气息，故在送去医院途中，在车上母亲曾试给父亲针灸，但送到总医院时，已证实不治。

四妹云仙得知父亲噩耗，赶到医院，要求医院诊断死因，并和公安局联系要求解剖判定是否因毒致死。当时公安局内部两派在斗，也已乱了，法医也不能正常工作。于是公安局委托天津医学院病理解剖教研组的一个解剖小组进行解剖查因。最后肯定不是人为中毒，而是因冠状动脉硬化急性心肌梗死而死。主检医师是张景全先生。母亲非常痛心，不想父亲给解剖的。但是要查明死因也是至关重要，所以还是背着她做了。正式的检查报告存在南开大学保卫处。

当我接到父亲去世的电报后，如晴天霹雳，不禁痛哭，悲愤不已。当即和五妹渝仙赶去天津奔丧。大姐曼仙也从武汉赶去天津，二姐因故未去。在父亲逝世后，多亏四妹夫居文郁为父亲丧事而奔波。1967 年 2 月 22 日在天津殡仪馆，我们为父亲举行了葬礼，参加的家人有母亲、大姐曼仙、四妹云仙、四妹夫居文郁、五妹渝仙和我。朋友参加的有两位，一位是苏英昶先生，另一位是唐婉琪女士。

虽然只有寥寥几个人参加父亲的葬礼，但还是按母亲的要求，安排举行了仪式。由苏英昶先生简要介绍父亲的生平，随后众人向父亲遗体三鞠躬，围绕遗体一圈告别，然后把遗体送上出殡车。母亲和我们子女、文郁、苏英昶及唐婉琪都一同送遗体到火葬场。我们万分悲痛地和父亲永别了。

一生献身祖国教育和学术事业的学者，就此含愤与世永别。

我要在这里向苏英昶先生及唐婉琪女士表示衷心的感谢和敬意。在那黑暗的日子里，只要看看南开大学门口和地上贴的那些令人心惊肉跳的大标语，就已令很多人不敢接近我们，更不要说参加父亲的葬礼了。他们是冒着不小的政治风险的。苏英昶的父亲苏文威先生曾在岭南大学任教，是父亲的好朋友。唐婉琪的父亲唐兆诗先生是父亲的同学，父母结婚时的证婚人。父亲每次去上海，必和他见面。当然，很多父亲生前的好友在那黑暗的日子里，都在牛棚里，不能参加父亲的葬礼。很多人事后都向我们家属致以亲切的慰问。在那极困难的日子里，也有不少人给予帮助，处理善后。在此亦向他们表示衷心的感谢。

父亲对他北调南开，似有强烈的不祥预感。他到天津之前，对《中西交通史》未能完成而耿耿于怀。照说，若不是感到有不吉之兆，他没有理由会认为不能在以后几年内完成该书稿。

他曾写下了一段饱含人生哲理的话：

> 荣生惟有死中得
> 真乐常从苦里来
> 我自小常写"死"与"苦"两字，置诸案头。朋友见者多以为我近于悲观。其实正是相反，我是一个十分乐观者。有人还说我是不可救药的乐观者。积极之死，是视死如归。有用之死，也是乐观者死的哲学。不怕死更不怕苦，何况死中求生，苦里寻乐乃是真乐。

这就是父亲的苦乐观和生死观。父亲是一个视死如归的人，他追求积极的死，虽死犹荣。他曾写过一篇文章《积极的死》，登在岭南大学学生会于1929年出版的《碧血黄花》一集中。但他大概不会料到会这样去世。

三、身后余波

他去世后，我也受到了冲击。为此在系里开了几次批判会专门批判我，当然，也包括红卫兵整理的材料，批判我为"反动"父亲辩护，反攻倒算。有人专门去中山大学找到父亲当年和美国基金会的通信，把有父亲签署的信件档案抄了一份拿给我看，声称证据确凿，说这不是里通外国还是什么！最后要我交出我的日记，由两个人押着我回家去拿日记。回到家里妻子以惊疑的眼光看着我，不知发生了什么事，当时她已怀了第二个孩子。虽然我心中无比愤怒，但不得不压住满腔怒火，无言地交出了日记。

我的日记都是包括学习毛著在内的工作日记。据说，本来要对我实行"群众专政"的，但看了我的日记后，就"放过"了我。1968年冬，我被下放到干校。我是与众有些不同的。1968年12月15日，我的女儿出生。本来在女儿出生前后，我应回去帮忙照料贻婴，当时只有她一个人在家，可是我请假却不获批准。我后来积劳成疾患了重症肝炎，本应回家全休的，但在相当长的一段时间内，只准在干校半休，直到后来病况越来越重。而患同样病的其他人，可以回家休养半年，完全康复，而我的病延续了五年才慢慢痊愈。

然而，受打击最大的还是母亲。一个与她朝夕相处近四十年的伴侣，突然就离开了她，怎能不令她悲痛欲绝。周围贴满了"打倒陈序经"的标语，原来住宅也被占据了，她是无论如何也不能再待在这样一个环境里了。中山大学的家被抄多次以后，那里的住房也退了。父亲的书和一些家具行李没处可放，被寄放在陆佑堂的顶阁上面。后来父亲放在那里的几千册书，其中包括很多精装本的英文、德文、法文、俄文版图书以及从美国和德国留学带回来的书，这些历经抗日战争、内战保存下来的书，未经我们家属同意，竟然被拿去当废纸卖掉，令人何等气愤！

天津南开的家已没有了，中山大学的家也没有了。我们都去了干校，四妹虽在天津，但天津的环境也不适宜母亲再住下去，所以母亲只好先去武汉，暂住在大姐那里。

母亲的身体因长年操劳本来就不是很好，父亲在世时就曾对我说过，母亲多病，如果他不在的话她就麻烦了。但是没有办法，在相当长的一段时间内，母亲只能一个人生活。后来在广州，二姐通过革委会在广州水均岗找到一处两室的公房，母亲才算有个栖身之处。而存放在中山大学的行李和家具，后来也在卢集桐先生和陈家梁先生的热心帮助下取了回来。我们在干校不仅不能照顾她，我们的孩子大淳，还要跟着她，让她照顾。幸好大淳已几岁大了，可以帮助奶奶倒倒垃圾。以后母亲的老同学邝慈悲医生建议母亲搬到东山她的住宅同住一个单元，这样她总算不会太孤独。

尽管在母亲去世前，即 1973 年以前，父亲尚未平反，但是国内外的很多朋友仍是不避嫌地关心她。如父亲的同乡友好陈再玉先生的儿女陈家善、陈家满、陈家梁等经常来帮母亲的忙，伍锐麟先生的学生、曾任中山大学英语教师的卢集桐先生，也是经常帮忙。卢集桐先生的父亲是名中医，经常给母亲看病。家善兄的姐姐琼美和其夫周德导先生，也非常关心母亲和我，在我们最困难的时候给予我们很多的关怀和帮助。又如父亲的同乡友好陈家秀夫妇也对母亲很关心。父亲在泰国的挚友张德绪先生得知父亲噩耗，特地致函慰问，并汇款给母亲补助她生活和治病。至于父亲的同乡友好黄坚先生更是在父亲去世后，每从香港回到广州必找母亲问候，关心她的处境和生活。一些国外回来的人，不论我们熟悉否，如原岭大化学系教授曾朝明先生、新加坡大学的吴德耀先生，等等，都常问候我们。

在父亲逝世第六个年头，1973 年春，我因患病在广州久治不愈，亲友们劝我到外地换个环境疗养，我于是去了北方。先到北京，在方显廷先生的长女方露茜家疗养了一段时间，后去烟台岳父岳母处疗养一段时间，然后在天津四妹家休养一段时间。8 月中旬我回到北京，在妻子的姑姑欢子家里休息。8 月 17 日晚，当我睡到半夜，突然有生以来第一次感到左胸一阵剧痛而醒。第二天傍晚就接到母亲去世的噩耗。这对我是一大打击！我立即赶回广州奔丧。原来母亲连日做生日，劳累过度，半夜心脏病突发而逝。病发时五妹在她身边，邝慈悲医生即送她到东山区医院，但到医院已不治，母亲享年六十七岁。使我悲痛的是她也和父亲一样，本应活得长久些的，但却在不该死的时候死去。她没能看到"四人帮"垮台，没能等到父亲平反昭雪的那一天。

母亲把她的一生心血都献给了父亲、子女，以至孙辈。她操持家务，使父亲可以全力去工作和做学问。在她的辛勤操劳养育下，我们五个儿女都能健康成长，成家立业。就是我们自己的儿女也多亏她关心、照管。本来她应安享晚年的，但在那个年代，她自己不仅得不到子女照顾，反而为我们操心。母亲天资聪敏，她不论教书、学习外语或护理、烹饪都能很快上手。她也喜欢外出工作，但是父亲因做学问、教书和行政公务繁忙，难以顾及家务，不希望她出去工作，而她也为了照顾好家庭子女，牺牲了自己的志趣。

四、平反昭雪

1976 年 10 月，万恶的"四人帮"倒台了，"文化大革命"总算结束。"牛鬼蛇神"得以解放了，到处都掀起了平反之风。但是一直到 1978 年夏，这股风还未吹到九泉之下的父亲。

1978 年夏，由西北某部队调到南开大学落实政策办公室的翁绵毅接手参加党委复查陈序经的问题。他不辞辛劳，到全国各地去调查并核实父亲被指控的各项"罪名"。他也来过我的家里，谈他调查了解的一些情况，征求我们的意见。

翁绵毅同志工作实事求是、认真负责、不畏权贵，对父亲的问题逐条进行反复核实查证，最后推翻了所有加在父亲身上的罪状。四妹夫居文郁转来了翁绵毅同志所写的以下说明：

第一，有人怀疑陈校长在解放前西南联大任教时，参加了国民党。因当时系主任以上的人都得参加国民党。调查证实陈校长确实没有参加国民党，宁可不当法商学院院长也不入国民党。陈校长这种精神是难能可贵的。

第二，有人怀疑陈校长 1946 年至 1948 年在南开经济研究所工作时，有文化特务嫌疑，有参与镇压学生运动一事。经调查，经济研究所的国际交往是正常的工作关系，正常的学术来往。陈校长是同情和支持学生运动的。

　　第三，有人怀疑陈校长在解放前 1948 年去岭南大学任职之事，是为美国大使司徒雷登所派遣的，是文化特务，是为破坏祖国统一，形成"南北朝"局面的一种组织准备。经调查，陈校长是 1948 年 6 月至 8 月经广州岭南大学多次邀请，在当时南开大学校长张伯苓的多次劝告下去的，与美帝分子无关。而"南北朝"的论调出现在 1949 年初，两者时间不对，况且"南北朝"的提法，是美帝和一部分知识分子的幻想，很短时间即破灭了。以上错误的怀疑是毫无根据的。陈校长在岭南大学期间，与美国基金会、董事会等联系，经查证完全是正常工作往来。有人说岭南大学有应变的特务组织，完全是诬陷。反而是陈校长挽留了一大批著名学者、知识分子，使他们没有外流，安置了他们的工作，对国家是有贡献的，是为人民做了好事。

　　第四，解放后 50 年代初，岭大改组，陈校长在中大的工作及筹建暨大等工作中是拥护党的领导，服从党的调动安排，努力积极工作的，应给予充分肯定。1964 年北调南开问题，有很多说法，说中央首长如何说……这次找到杨秀峰（曾任高教部长），他说："其流传的很多说法都是不妥当的，当时中央有人认为，陈的海外关系很多，在南方工作不便，因此北调南大。"当时的情况是 1964 年强调阶级斗争已经过了头。陶铸是不同意的，但中央有很多压力，最后还是调了。陈校长服从了调动。当时有些看法，现在看来也是不正确的。陈校长的海外关系，大多是统战对象，都是我们的朋友。有联系也是正当的、必要的。总之，解放后，陈校长是热爱党，热爱社会主义，忠诚党的教育事业的。从各方面来看，陈校长对所接触的海外关系，还是很谨慎的。来找陈校长的人很多，里面有好人，也有坏人，我们从坏人的口供中没有发现陈校长有任何问题，反而说明陈校长还是有警惕的、有分寸的。总之，陈校长在历史上没有任何问题，所有诬陷及不实之词应全部推倒，应予平反昭雪。

第五，陈校长病故问题，陈校长在运动中虽然是病故，但当时的处境和性质完全是被迫害致死的，他的家被抄了，手稿及检查也被抢走了，并被赶到不到六平方米非常闷热的小屋里，又不准在厨房做饭，被隔离监视，有病得不到应有的治疗，过早去世，完全是被"四人帮"迫害所致。其他的一切说法完全是造谣诬陷，应给以公正的结论。

以上是翁绵毅同志为父亲平反昭雪谈到的一些主要问题。他曾找过杨秀峰查问父亲背后"黑线"问题，杨秀峰明确说陈序经后面无"黑线"。

又如，有人说父亲专写边界有争端、有问题的地方的历史。翁绵毅说，正是有争议，所以难写，很多人不敢写，陈校长敢去写，说明他有胆识、有水平。

翁绵毅提到善后处理问题，南开大学提出，在天津市召开追悼会，宣布平反决定，并分发亲友及有关单位。追悼会在天津烈士陵园开，要见报。另在广州举行骨灰安放仪式。他说广州各大学、统战部及省委李嘉人等都有此意见和要求；因广州距港澳近，对子女及生前友好，以至国内外消除影响也大些。这意见让家属考虑。南开大学党委会做出的平反决定如下：

南开大学党委会关于陈序经同志平反昭雪的决定

陈序经同志，广东文昌县人，1903年生，一级教授，南开大学副校长，全国政协第二、三届委员，广东省政协第一、二、三届常委。

陈序经同志历史清白（未参过任何党派），他幼年在新加坡长大，1922年回国读书，1925年在上海复旦大学毕业，1928 年在美国伊利诺伊大学得哲学博士学位，1928 年起先后在岭南大学、南开大学、西南联大、中山大学任教授，曾任西南联大法商学院院长，南开大学教务长，岭南大学校长，中山大学副校长，暨南大学校长等职，1964 年8 月调到南开大学任副校长。陈序经同志还是广东省政协常委，全国第二、三届政协委员。

陈序经同志长期从事大学教育工作，解放前是一位爱国的教育家，解放后陈序经同志参加革命工作，历任几个大学的领导工作，勤勤恳恳，积极努力，认真负责，对发展人民教育事业作出了重要贡献。在学术上他对华侨问题、东南亚各国古代史和匈奴史的研究和著作，是我国历史科学的重要成果。

解放后陈序经同志热爱党，热爱社会主义祖国，努力学习马列主义和毛泽东思想，在历次政治运动中表现积极，认真改造世界观，严于解剖自己，主动批判自己在三十年代初提出的"全盘西化"的错误主张，积极参加社会主义革命和建设，大量事实说明，陈序经同志是一位爱国的优秀的教育家，是一位学识渊博，孜孜不倦，勇于攀登学术高峰的学者。

在林彪、"四人帮"横行时期，陈序经同志遭到恶毒诬陷和迫害。陈序经同志早年在美国、德国留学，在南洋一带有许多亲友，解放前因工作关系与国民党当权人物有过接触，在主持私立岭南大学工作时，与岭南大学香港基金会和岭南大学美国基金会有工作来往，这些社会关系和正常活动，却无端被怀疑为"国民党特务""美国特务"，对他进行抄家，专案审查，批判斗争，并把陈序经同志一家，赶到一间仅六平方米的阴暗小室，使他生活极为困难，在他患病期间，不仅得不到应有治疗，反而继续逼他交代所谓"反动身份"和"反革命活动"，致使他心脏病突然发作，于 1967 年 2 月 16 日含愤逝世，终年 64 岁。

　　根据党中央关于落实知识分子政策的指示精神，经复查，此案纯属冤案，党委决定，为陈序经同志彻底平反昭雪，公开恢复名誉，强加给陈序经同志的一切诬陷不实之词，全部推倒，与此有关的材料全部销毁，并为受株连的家属和亲友消除影响。

中共南开大学委员会
一九七九年三月二日

　　翁绵毅在广州我家曾把决定草稿给我看，问我有什么意见。看完之后，我感到南开大学党委对父亲的平反决定基本上是实事求是、恰当的。不过我也对其中一点提了我的看法，即他批判自己在 20 世纪 30 年代初提出的"全盘西化"的错误主张，我认为是否可以不提。因为这是个有争议的学术问题，马克思列宁主义是西方文化的产物，而 20 世纪 30 年代的"全盘西化论"是包括社会主义文化在内，并不排斥苏联的经验实践。再说，他批判自己的错误又何止西化呢？他还批判自己用英文教课是奴化青年呢。如果这些都批对了，那么他之前对教育的贡献都要否定了。

　　1979 年 5 月 25 日，在天津市烈士陵园为父亲举行了追悼会。我们家属也都前往天津参加。追悼会由时任中共天津市委书记刘刚主祭，市高教委员会副主任于愫主持，南开大学党委书记张再旺致悼词。

　　政协全国委员会、中共中央宣传部、统战部、国务院侨务办公室、教育部、中共天津市委和革委会、天津市和广东省有关部委、广东省和文昌县、南开大学、中山大学、暨南大学、天津大学等大专院校送了花圈。周扬、杨秀峰、周培源、阳翰笙、李嘉人、杨康华等文化教育界知名人士也送了花圈。杨石先校长和很多父亲生前好友，如陈振汉教授的夫人崔书香教授也特地从北京前来参加追悼会。

1979 年 6 月 26 日，政协广东省委员会在广州为父亲举行了骨灰安放仪式。安放仪式由时任广东省政协副主席罗浚主持，南开大学党委书记张再旺致辞。

在为父亲召开追悼会之前，父亲生前在南开的老朋友袁贤能先生、傅筑夫先生、严仁赓先生和杨学通先生共同写了篇悼文。

下面是这篇感人肺腑的悼文。

1979 年 5 月 12 日，北京外贸学院袁贤能，天津南开大学傅筑夫，北京大学严仁赓，中国人民大学杨学通，闻十五日左右将为南开大学前教务长兼经济研究所所长陈序经先生开追悼会。衰心哀恻，怛悯无已。以路远未能参加，敬撰悼文，恭献先生之灵曰：

呜呼先生，南开之英。德行超越，亮节风高。才学博洽，豁达恢宏。著作等身，学术权衡。日寇降伏，南大旋津。复校工作，百废待兴。先生长教，学院观成。研所重建，先生之功。先生南下，长校岭南。数载之后，先生凯还。负人恶佞，属"四人帮"。心如蛇蝎，行似虎狼。罪莫须有，祸及贤良。先生横眉，冷对猖狂。威武不屈，蔑视强梁。苍松抱雪，老菊凌霜。呜呼哀哉，大雅云亡！先生之死，非为懦弱，杀身成仁，斗此邪恶！先生之死，勇于孟贲，抗议邪祟，不惜其身！先生之死，贯日白虹，昭示后昆，发聩振聋！仁者必勇，知死不避，魑魅魍魉，为之辟易！漫漫长夜，幽幽九泉，我哭先生，声嘶泪涟！呜呼哀哉！尚飨！

袁贤能等四位先生，道出了父亲的悲愤心情。他们用"南开大学前教务长兼经济研究所所长陈序经"，充满了极为深切地怀念旧友的真挚感情。那时的南开也好，岭大也好，中大也好，没有那些负人恶佞，魑魅魍魉。

1979 年在天津为父亲召开追悼会的悼词如下。

　　我们怀着极其沉痛的心情，深切悼念我校副校长，著名的教育家、社会学家和东南亚史专家，一级教授陈序经同志。

　　陈序经同志是广东省文昌县人，1903年出生，幼年侨居东南亚。1925年在上海复旦大学毕业，1928年在美国伊利诺伊大学得博士学位。从此终身从事教育事业，曾任西南联大法商学院院长，南开大学教务长，岭南大学校长，中山大学副校长，暨南大学校长，1964年8月调任南开大学副校长。陈序经同志是广东省政协常委，全国政协第二、三届委员。

　　陈序经同志是一位爱国的教育家，早年从事社会学的教学和研究，对旧社会的城市和农村，以及劳动人民的悲惨生活，做过许多实事求是的社会调查，他对南洋华侨的发展历史、经济地位等方面也做过许多研究工作。他著书立说，在当时的学术界、思想界均产生了一定的影响。他对原南开经济研究所的发展和建设，做出了重要贡献。他在抗日战争中，对南开大学迁往内地，和北京大学、清华大学在昆明合组西南联大，以及抗日胜利后，在天津重建南开大学的活动中，均起了重要作用。在他任岭南大学校长期间，工作卓有成绩。广州解放前夕，他劝说了一些著名的学者、专家留在国内，并安排他们在岭大任教，他还反对岭南大学迁往香港，表现了强烈的爱国心。陈序经同志与东南亚各国的华侨有广泛的联系，为团结华侨热爱新中国，为促进中国与东南亚各国的文化交流，做出了极大的努力。他还与美国学者和教育家建立了学术上的联系，曾去美国讲学，对中美文化交流和中美两国人民的友谊做出了贡献。

　　解放后，陈序经同志参加革命工作，积极向党靠拢，接受党和人民政府的领导，协助政府将私立岭南大学于

1951年初收归人民所有，1952年院系调整时，协助政府将岭南大学改组，并入中山大学和其他院校。他在解放后历任几个大学的领导工作，勤勤恳恳，积极努力，认真负责，对发展人民教育事业，做出了重要贡献。在学术上他继续研究华侨问题。他对东南亚各国古代史和匈奴史的多卷著作，是我国历史科学的重要成果。陈序经同志热爱党、热爱社会主义祖国，努力学习马列主义和毛泽东思想，积极参加我党领导的历次政治运动，认真改造世界观。大量事实说明陈序经同志是一位热爱祖国的优秀教育家，是一位学识识渊博，孜孜不倦，勇于攀登学术高峰的学者。

在林彪、"四人帮"横行时期，陈序经同志受到恶毒诬陷和迫害，诬陷他是"反动学术权威"，还无中生有地怀疑他是国民党和美国特务，对他实行专案审查，批判斗争，致使他心脏病突然发作，于1967年2月16日含愤逝世，终年64岁。

陈序经同志遭受的冤屈必须昭雪，强加给陈序经的一切罪名和诬陷不实之词应予以推倒，陈序经同志的名誉必须予以公开恢复。并向陈序经同志的家属和受株连的亲友表示深切的慰问。对于陈序经同志的逝世，我们是非常沉痛和惋惜的，在怀念他的时候，更加激起我们对林彪、"四人帮"的无限痛恨，他的不幸逝世是我国教育界、学术界一个很大的损失。

我们悼念陈序经同志，要学习他热爱中国共产党、热爱社会主义祖国，忠于人民，忠于党，坚持真理，胸怀坦白，光明正大，全心全意为人民服务的品德；学习他忠诚党的教育事业，关心青年成长，对工作极端负责，对业务精益求精，实事求是，一切从实际出发的优良作风；学习他刻苦钻研，力求创新，勇于攀登学术高峰的治学精神；学习他密切联系群众，诚恳待人，作风正派，善于团结同志的良好品德；我们要化悲痛为力量，紧密团结在党中央周围，同心同德，积极工作，为建设好我们的学校，为加快实现四个现代化，提高整个中华民族的科学文化水平而奋斗。

　　爱国的优秀的教育家陈序经安息吧！

　　以上是在天津为父亲开的追悼会悼文，与在广州召开的骨灰安放仪式的悼文基本相同。对他的最后评价基本上是实事求是的，只可惜这些评价不是在他生前做出的，他已听不见了。

　　虽然对父亲是到1979年才进行平反，但是社会广大人士，父亲在南开大学、中山大学、暨南大学和岭南大学的众多老同事老朋友，以及海内外的众多亲友们，早在这之前已对他的平反昭雪，对我们家属，表示了莫大的关心慰问，我们深为感激。对南开大学党政领导机构特别是翁绵毅同志，为父亲的平反昭雪和善后所做的巨大努力，也表示衷心地感谢。我们也感谢政协广东省委员会为他在广州举行了隆重的骨灰安放仪式。

第八章　学术成就

父亲一生从事学术研究工作，涉及的领域很广。端木正先生在《陈序经东南亚古史研究合集》序言中指出："陈序经先生是现代中国学术史、教育史和文化史上的大师。……凡历史学、政治学、社会学、经济学、教育学、法学、民族学，无不精审，且每多独到之见。"岭南大学学长李毓宏先生说道："在岭南大学过百年的历史中，共有九位校长。但以学术成就来说，陈序经校长最受推崇。"据我对他主要的十五部已出版和未出版的著作的粗略统计，他已写了五百三十万字以上。这还不包括他的政治学著作和在报章杂志上发表的许多文章，以及其他一些著作手稿。

当然，一个人的学术著作，其价值意义不能以文字多少来衡量。就如他的教育论文集，其篇幅不过十万字上下，然而直到今天，他的教育思想和教育论著仍有重大的现实意义和指导价值，绝不在他的其他论著之下。

1986年林元先生在香港《大公报》发表了纪念父亲的文章。该文是1949年后国内首次对父亲的文化思想的讨论。1995年杨深编的《走出东方——陈序经文化论著辑要》一书出版。

1999年12月2日，海南省文昌市与海南省文化历史研究会在国内首次主持召开了"陈序经学术研讨会"。这一开创性的研讨会对陈序经的学术论著做了广泛深入的研究探讨，会后出版了《东方的觉醒》论文集。在闭幕会上，海南大学王春煜教授总结说："我们也许可以这样说，作为大师级学者和思想家的陈序经先生，他的博大精深的学术思想也是说不尽的。"

2003年11月8日，南开大学召开了"纪念陈序经先生诞辰一百周年暨学术研讨会"，逄锦聚副校长说："我校特隆重举办这次盛会，以缅怀这位著名的教育家、著名的学者、著名的思想家。"其后出版了《东方振兴与西化之路——纪念陈序经诞辰一百周年论集》一书。在这之前暨南大学也举办了纪念陈序经诞辰一百周年的会议。

2004年6月1日，香港岭南大学召开"岭南著名学者纪念研讨会"，纪念陈序经、陈寅恪、王力和容庚四位大师级学者，并探讨了他们的学术成就。2004年9月15日，中山大学召开了"陈序经教授百年诞辰纪念会"，与会同时举行《陈序经文集》首发仪式及陈序经中山大学故居揭牌仪式。

在21世纪初，除了上述各个会议中有很多学者撰文研讨陈序经的学术外，还有其他专著探讨他的学术与思想。例如，2003年出版的刘集林《陈序经文化思想研究》，2004年出版的张世保《从西化到全球化——20世纪前50年西化思潮研究》，2005年出版的赵立彬《民族立场与现代追求：20世纪20—40年代的全盘西化思潮》，2006年出版的田彤《转型期文化学的批判——以陈序经为个案的历史释读》，2006年出版的张世保《陈序经政治哲学研究》，等等。

要全面了解他一生的学术著作，仍有很多工作要做。要评价他的学术成就，更非我力所能及。我所能做的，只是在这里，极简要地介绍他在文化学、社会学、东南亚史、历史学、政治学及教育学这六个方面的论著。要说明的是，他的论著有的既可归类到历史学，也可归到东南亚论著或社会学。

关于做学问，1949年父亲在岭南大学的一个学生刊物上曾写下了这样一段话：

约在一九三五年或三六年间，南开大学学生出版一种刊物要我写一篇文章，我以《读书的六到》为题。所谓六到，一为口到，二为心到，三为耳到，四为眼到，五为手到，六为脚到。在这篇文章里，我用不少篇幅去说明"脚到"的必要。此文已因南开被日寇炸毁，而难于再找。《释现代生活》是抗战时期在昆明写的。里面虽也谈到"六到"，但语焉不详。经过十多年后，我愈感觉做学问需提倡"六到"，而特别是"脚到"。

父亲在这方面的身体力行，对我们颇有启发。如他当年在南开经济研究所，经常亲身到华北和广东的乡镇去调查了解。做疍民的研究，他曾和疍民生活多日，访问过许多疍民，连他们小孩的名字都知道。为写有关南洋著作，如《暹罗与中国》一书，他亲自去暹罗做数月调查研究。远者到欧美多年做研究，了解体验那里的政治、经济、文化、教育、社会各方面实际情况与发展。

虽然他做学问涉及面很广，但在不同时期有不同课题，主要集中在下述六个方面，即文化学、社会学、东南亚史、历史学、政治学及教育学。这几方面涉及面也不窄。他自己认为做学问宜集中在自己感兴趣的专题上，勤奋坚持做下去才能有所收获。浅尝辄止、杂乱无章、急功近利是不可取的。

要真正做学问，不能像工厂生产商品，搞商品文化，立竿见影，讲求经济效益，或为"献礼"而做点什么。很多划时代的发明、创造性成果，也多是经长年累月辛勤耕耘得来的。父亲的一些重要著作，如"文化学系统"、东南亚古史研究系列、《匈奴史》等，都是花了近十年或更长时间完成的。

一、文化学论著

父亲的学术著作涉及面很广，不少内容逾百万字。如"文化学系统"约两百万字，《陈序经东南亚古史研究合集》约一百一十万字，《匈奴史》手稿亦近一百万字。然而，我认为在他众多的著作中，最重要的、影响最深远的，当首推"文化学系统"。

1986年底我和妻子从美国访问归国，从我国香港带回了一批父亲有关"文化学系统"及其他方面的手稿。这些手稿在美国的洪诺德图书馆存放了三十五年之久。我顺便在此对保管这些手稿的Honnold Library以及辗转将这批手稿寄到香港黄坚先生和他夫人处的好几位朋友表示衷心的感谢。从这批手稿中，我看到了父亲有关"文化学系统"的编写纲要手稿，其内容如下：

"文化学系统"共二十册，每册平均十万言。

第一册　文化学概观（文化的研究）（已完）

第二册　文化学概观（观点与基础）（已完）

第三册　文化学概观（发展与性质）（已完）

第四册　文化学概观（文化的原则）

第五册　西洋文化观（重心的发展）（已完）

第六册　西洋文化观（各方的发展）

第七册　东方文化观（印泰与日本）（已完）

第八册　中国文化观（宗教的文化）（已完）

第九册　中国西化观（重心的发展）（已完）

第十册　中国西化观（各方的西化）（正写）

第十一册　东西文化观（复古论评议）（已完）

第十二册　东西文化观（折衷派评议）（已完）

第十三册　东西文化观（西化态度史）（已完）

第十四册　东西文化观（西化态度史）（已完）

第十五册　东西文化观（西化态度史）

第十六册　东西文化观（全盘论史略）（已完）

第十七册　东西文化观（文化的比较）

第十八册　东西文化观（疑难的解释）

第十九册　南北文化观（意义的解释）（未完）

第二十册　南北文化观（南方与西化）（已完）

以上二十册"文化学系统"的手稿，应已完成，如第一至第四册的《文化学概观》，都已完成并由商务印书馆出版。父亲有关文化的论著很多，并不止上述的二十册。为避免混淆起见，本文对这二十册的"文化论丛"仍以他最早用的"文化学系统"称呼。

前面已全文录下了父亲在1948年刊于《社会学讯》的文章

《我怎样研究文化学》，这里再把他撰写"文化学系统"二十册手稿纲要与每册的重点列出，希望对有兴趣研究他的"文化学系统"的学者有点儿帮助。我相信如能全阅这二十册书，可以对他的文化学思想实质、精髓会有较全面的了解。

"文化学系统"是父亲最重要的学术成就。原因是他根据文化学系统的研究，首先建立"文化学"这一门独立的、自成系统的科学学科，并首次在大学中作为一门课程开设。正如他自己说的，以"文化学"这个名词而为一种课程的，在中国大学里固是没有听见，在欧美大学里也是没有听见。

另一点重要之处是，他不仅把古今中外、东西南北的文化进行了研究比较，更重要的是，他对文化学建立了自己的一套完整系统的理论，这就是前四册的《文化学概观》。

德国汉学家柏克在他的《现代化与西化》一书中指出："陈序经对各种西方文化理论也进行了十分深入的研究。然而，他并没有无保留地接收这些理论中的任何一个。陈序经是继梁漱溟之后，中国第一个可以将他对中国文化的挑战和对其他立场的批评，建立在自己的、相当系统的文化理论基础上的人。"

早在《文化学概观》于 1947 年 11 月出版后不久，香港《大公报》于 1948 年就登载了程靖宇写的一篇文章《读〈文化学概观〉》，该文提道：

> 著者在二册第四章起，一直诉论马克思和恩格斯的经济史观学说，达整整的一章，（自五五至七十四页）举凡两氏分作的或合作的论文或书本著作差不多全被引用（按原作皆德文，著者根据两氏原本引证），扼要叙述，使读者很清晰地得到这个学说的文化概观，尤为难能。
>
> 本书在文字与引证典籍两方面，实在经过相当的努力，融合中西各国学人的著述，自古籍以至于近年的新书，包括希腊、拉丁、中、英、德、法诸种文学，取材之广博，与乎写作时之融会贯通，皆足惊人。同时随时发挥陈氏自

己的文化观立场，尤为可贵。

其第四册尤多创见，陈氏是一个得益于科学治学方法的学者，其处理材料和提供意见，没一处不愿到学者的立场，不偏不倚，把大家所认为犯禁的神秘的典籍（如经济史观人马、恩诸原作）规规矩矩托了出来，同时也把今日司空见惯的东西（如美国《独立宣言》和法国《人权宣言》），予以新的估价，在第四册的第三章，"自由与平等"中，我们随处可以看到这些宝贵的见解……

虽然父亲著的二十册"文化学系统"都已完稿，但人们一般只能见到四册《文化学概观》与《中国南北文化观》。为此，这里引用看到过"文化学系统"手稿的岑家梧先生写的文章《介绍一个文化学的体系》中有关的其他部分。岑家梧先生写道：

这二十册的内容，就我所知，大概如下：

《文化学概观》四册：叙述文化学上的各种问题，详见后。

《西洋文化观》二册：

共分四编，第一编宗教的文化，由希腊罗马文化叙述至宗教改革为止。第二编政治的文化，叙述中世纪以后君权与民权，民族与国家以及帝国的发展。第三编经济的文化，叙述近代工商业文化的发展。第四编其他文化，叙述西洋现代教育、精神、社会以及物质文化的特征。著者指出西洋文化发展的趋势是由宗教文化而趋于政治文化再由政治文化而趋于经济文化，最后将由经济文化趋于伦理文化。

《美国文化观》一册：

叙述现代美国的道德、宗教、教育、家庭、乡城、政治、经济各方面的情形，指出美国不仅持有进步的物质文化，同时也具备了进步的精神文化。陈氏于一九四四年应美国国务院之约，赴美讲学，本书完全根据当时亲身经历的事实。

《东方文化观》一册：

叙述印度、暹罗及日本文化的发展，均由宗教文化而政治文化而经济文化，其阶段与西洋文化的发展大致相同。

《中国文化观》一册：

陈氏认为中国固有的文化，至今是偏重于宗教方面，本书乃由原始的天体崇拜，祖宗崇拜以至道、儒、佛教中说明宗教与其他文化的关系。

《中国西化观》二册：

叙述西方宗教，旧教与基督教的陆续输入中国之后，中国与西方不断接触，中国逐渐西化，尤其近代的政治改革运动，如太平天国，维新运动，革命运动及工商业的发展，均受到西化的影响。

《东西文化观》六册：

陈氏是提倡西化论最力的人，他在这本书里将逊清以来直到现在，一般人对于东西文化的观点，详加叙述，并说明国人西化态度的发展，逐渐加强，足证中国文化的西化，为不可避免的事实。

《南北文化观》三册：

陈氏认为中国南北文化的差异，实乃代表新旧文化的不同，故本书说明北方文化即代表固有的文化，而南方文化则代表西方输入的新文化。南方为近代中国新文化的策源地。

岑家梧先生对"文化学系统"除其中的《文化学概观》外，做了简要的介绍。除了使人们对二十册文化学方面论著有了初步概念外，还给出了与前面介绍的陈序经手稿二十册文化学论著有不同的地方。不同地方之一是前面二十册"文化学系统"是没有《美国文化观》的，这是父亲访美后写的内容；另一不同之处，最初的"文化学系统"纲要中的《东西文化观》有八册，而岑家梧先生介绍的只有六册，而他介绍的《南北文化观》有三册，不是原来的两册。

父亲原来关于"文化学系统"的二十册纲要是在1944年去美国前拟定的，去美国之后，他又做了一些修改补充。

对于文化学的研究，他在《我怎样研究文化学》一文中说道：

> 我很深刻的感觉这种工作范围，是一种广大的田地，因为不只每一部分可成为一部大著作，就是每一部分里的每章，以至每段都可以扩大而成为一部书。我在这里所作的工作，只是一个大纲，只是一个概论，其实，只是一些普通与根本的原则。
>
> 我很深切的知道，这种工作的对象是一种新辟的田园，因为不只在我们中国这样的从事这种工作的没有几个，就是西方学者之这样的从事这种工作的，也并不很多。

他还指出：

> ……从文化的本身而研究文化，还是很少。

父亲有关文化、文化学的研究工作确是"一种新辟的园地"，"一种广大的田地"。过去从事这方面工作的学者不多。就如文化学这门他创始的课，当时很多人未听说过文化学。为此，有必要阐明，他提的文化或文化学的含义是什么。在《文化学概观》一书中，他对文化的含义做了以下的说明：

> 文化既不外是人类适应各种自然现象或自然环境而努力于利用这些自然现象或自然环境的结果，文化也可以说是人类适应时境以满足其生活的努力的结果。

　　按此文化含义，他所指的文化包含了人类生活的各个方面，如经济、政治、教育、艺术、宗教、科学等方面，既包括文化的物质方面，也包括文化的精神方面。我认为他的文化含义其实也含有现代化的意义。

　　研究或评论他的文化学论著或"全盘西化论"，首先要弄清楚他的文化的含义。过去有人评论他的"西化论"，把西方文化与"资本主义"等同起来，这显然是错误的。马列主义不就是西方文化的产物吗？

　　就做学问来说，对文化一样，他是始自原拉丁语的 Cultus 进行研究讨论，为此，他学习了拉丁文。德文的文化为 Kultur，英文与法文都为 Culture。而文化学作为一门独立的学科，在英文可用 Culturology，或 Science of culture。而德文则用 Kulturwissenschaft，指文化学或文化科学。究竟文化学与文化科学有何本质的不同，这里就不赘述了。总之，他所提的文化或文化学，不是包括某些西方学者在内的人以为文化即文学，或是文教、文艺之类的狭窄意义，而是一门独立的，有它自己的范围、对象，自成系统的学科。

　　从上述他对文化的意义所做的说明，可以看到他研究的文化学，确是一片广大的田地。就他的《文化学概观》，他认为只是一个大纲，只是一个概论，是普遍与根本的原则，其中每章或每段都可以扩大成一册书。就这样一个大纲，他已详征博引，融合了中、德、英、法、美等诸国的著作篇章达数百种。

　　还可看到，他对文化学的创见，是建立在前人工作的基础上的。他的文化学基本理论，他的文化观，是以西方的社会学、人类学和文化学为基础的。他在《文化学概观》第一册就叙述了文化学史略，指出最早用文化学（kulturwissenschaft）的是拉弗日尼·塔古轩。他实事求是地把别人的学术成果及其出处都逐一注明。他从对于文化学产生兴趣到撰定了二十册文化学论著历经了二十年。他的这种治学精神和方法，的确是值得仿效的。

　　当然，在他的文化学系统中，最有争议的，就是举世皆知的"全盘西化论"。在第四章已介绍了在 20 世纪 30 年代围绕"全盘西化"的大论战。这方面的观点他在"东西文化观"中以及论战时发表的文章中都有所说明。但是把《全盘西化论》作为一个独立系统的著作，则未有正式发表过。直到 1994 年 6 月我才发现他这本原打算在 1937 年由天津大公报社付印的手稿，由于"七七"事变没能正式出版。在我的建议下，已将此文收入《陈序经文集》（中山大学出版社，2004 年 9 月版）。

国内实行改革开放政策后，人们已开始注意对他的文化学的研究。杨深博士在 20 世纪 80 年代初开始研究他的文化学，并编了《走出东方——陈序经文化论著辑要》一书。该书的总序是汤一介先生撰写的。为出版该书，我曾和汤一介先生会晤，并把先父的"文化论丛"手稿交给他。杨深博士为研究父亲的文化学，曾访问过我。杨深博士在《走出东方——陈序经文化论著辑要》一书的前言中写道：

通观陈序经的全盘西化论可以看出，在他心目中所赞赏的西方文化，主要是现代西方的科学技术、大工业生产、民主政治制度、人生观、社会观和哲学等等，而那些他也不满意的西方文化中的弊病只是西化过程中不可避免会带进来的次要的东西，因而他认为我们不能因噎废食，返回到中国传统的生活方式中去。陈序经先生一生最关心的是中华民族的复兴和强盛，企图为中国的救亡图存找到一条出路，他怀着热爱祖国的深厚民族感情，希望中国通过接受西方先进文化，最终成为屹立于世界民族之林的现代化强国。作为一个教育家和学者，他以中国知识分子特有的爱国良心，为了祖国的教育事业和文化事业，数十年如一日，夙兴夜寐，呕心沥血，奋力工作终生。我们应该以历史唯物主义的科学态度，对他的生平学术思想做出实事求是的公正评价。

1993 年春，长子大淳带来了一本由德国汉学家柏克写的书

《现代化与西化》。该书的副标题是：中国三十年代中期关于"全盘西化"问题的一场论战。1991 年用德文出版，由马川于 1992 年译成中文出版。柏克提到台湾地区也进行了东西文化的争论，首先是由发表胡适 1961 年 6 月所做题为《科学发展所需要的社会改革》的报告引起的。在这篇报告中，胡适说：

> 现在，正是我们东方人应当开始承认那些老文明中很少精神价值或完全没有精神价值的时候了。

以胡秋原为代表的一些人对胡适的这个报告做了激烈的批评。而在李敖的文章《给谈中西文化的人看看病》于 1962 年 2 月 1 日在《文星》杂志上发表后，才上升为一场大争论。后来，中国香港和美国也被卷入了争论。关于李敖这篇文章，周若木说：

> 这是陈序经的阴魂不散，"全盘西化病"的复发。

又隔四分之一个世纪后，20 世纪 80 年代，在国内又有人重提"全盘西化"的主张，但此时提的"全盘西化"受到了严厉的批判。

在 20 世纪 80 年代中期，文化部文学艺术研究院办的《文艺研究》杂志的主编林元先生，在一篇纪念父亲的文章中也提到了父亲的"西化论"。林元先生并非在鼓吹"全盘西化论"，而只是谈到他对"全盘西化论"（指 20 世纪 30 年代）的实质的看法。他认为父亲当年提的"全盘西化论"的实质是中国要现代化。林元先生年轻时在西南联大读书，曾选修父亲开设的文化学课，毕业于西南联大，1950 年后曾任《新观察》杂志编辑、编辑部负责人。

在本章开始，已介绍于 1999 年 12 月在海南省文昌市召开的"陈序经学术研讨会"及于 2003 年 11 月在南开大学纪念陈序经百年诞辰的研讨会中，有很多论文讨论他的文化学论著。2003 年刘集林《陈序经文化思想研究》，2004 年张世保《从西化到全球化——20 世纪前 50 年西化思潮研究》及 2005 年赵立彬《民族立场与现代追求：20 世纪 20—40 年代的全盘西化思潮》等专著，都对父亲的文化思想做了比较深入的探讨。

我认为，父亲的文化思想的实质可以概括为：文化是变化和发展的，文化要现代化。文化的真谛不在于保存文化，而是创造文化。

最早他在 1931 年发表的《东西文化观》一文开始解释文化的一致与和谐，已指出："上面解释的话是以文化的发展方面为立脚点。"在同一文稍后他还说：

> 因此人类文化在时间上的发展与演进是与人类的生存的时间的延长成为正比例；而人类文化在空间上的趋于一致或和谐的范围，也是和人类在空间中扩充的圈围相等。……曾几何时我们以为中国就是世界，所以中国文化就是世界文化。……现在所谓世界的文化，恐怕也不外是将来人所谓宇宙文化的一小部分罢。

上述的最后一段话极有意义，对文化发展说得很辩证，超越现在人们的思想境界，高瞻远瞩，是对文化发展的深刻见解。当昔日人们还在奢谈世界化，当今天人们热衷于所谓世界化的时候，父亲早就预见到宇宙化的未来。这是他文化思想的精髓——即文化是变化和发展的。人类已于 1969 年登上月球，到火星和其他星球的探测器多次着陆，各种飞越太阳系的宇宙飞船，设法和尚不知存在与否的外星生物联系……这一切正说明他预见的"宇宙文化"的端倪。

他在《文化学概观》第四册第一章中也指出：

> 文化是变化的，文化没有变化，就失了文化的真谛。

父亲早在 1931 年写的《教育的中国化和现代化》中就指出：

　　我们的见解是：全部的中国文化是要彻底的现代化的，而尤其是全部的教育，是要现代化，而且要彻底的现代化。

他指出了文化要怎样变化，就是要现代化。
在《文化学概观》第四册第七章中，他还说：

　　那么今后的东方人，若能改造了现代的西洋文化，而继长增高，虽是为了整个世界造幸福，也是东方的光荣。有了东方，也必有西方，西方文化可以成为世界的文化，将来的东方的文化，无疑的也是世界文化。

　　可见父亲并不是把"全盘西化"作为东方文化变化的最终目的，而是把"全盘西化"作为东方文化要变化、要现代化的一个起始、过程和手段。东方人改造了西方文化无疑也可成为世界文化。
　　父亲的文化观又何止于世界化，他还展望了宇宙文化。他的"全盘西化"主张相对他的宇宙文化，只不过是人类文化变革漫长的历史中的一个小插曲而已。我们根据父亲辩证的文化观，可以推知就是宇宙文化也不是人类文化发展的尽头，真到了宇宙文化的时代，还会有后宇宙文化或超宇宙文化呢。
　　这也表明，父亲的文化思想包括了有关"全盘西化"的主张在内，但"全盘西化论"决不能包括他的文化思想或文化学系统的全部内涵和实质，所以用"全盘西化"来概括替代他的文化思想是不妥的。不应把他对文化、文化学的研究和建立这件事，与他为解决中国在20世纪30年代的危机而提出走"全盘西化"道路这件事混为一谈。
　　父亲的"文化学系统"中有《南北文化观》，谈到了南北文化问题，但是，他对"西南文化"也给予了相当的重视。他在《研究西南文化的意义》（《社会学讯》第七期，1948年4月20日）中说道：

二十年来，我无时不注意西南文化的研究。

……

西南文化为什么值得我们这样深切的注意？我常常认为，西南是西方文化输入最早的地方，是新文化的策源地；西南又是中国传统文化传播最迟的地方，是固有文化的保留所。再从另一方面看，西南的民族极为繁复，若干文化还保存着原始文化的特征，西南又可说是原始文化的博览会。因为有了这几方面的特色，西南在中国文化史而至一般文化学的研究上，就有极重大的意义。

总的来说，父亲的"文化学系统"不仅是他最重要的、最有创建性的学术著作，而且有着深远的影响。

二、社会学论著

在 1949 年以前，父亲的教学和学术研究的重要领域之一是社会学。在这方面的著作有：《社会学的起源》《疍民的研究》《乡村建设运动评议》。

自 1934 年到南开经济研究所，他就进行了大量社会调查研究工作。例如，他和经济研究所同人，在河北与广东进行的工业对社会或文化的影响的调查，就是一个很大的调查研究计划，可惜因"七七"事变大量资料散失，未能公之于世，只有《顺德缫丝工业调查报告》成文。

在这里，值得一提的是他的《疍民的研究》。

1997 年 1 月 18 日，岭南大学学长李瑞明先生由加拿大返原岭南大学，与我及其他岭南校友在原岭南大学的黑石屋会面。我有幸得李瑞明先生赠送他编的《岭南大学》一书，这是珍贵的岭南大学校史。大家畅谈了岭大许多往事，在谈到父亲时，在座的胡守为先生就指出，父亲在两方面有很大的贡献：一是他对疍民的研究，这方面的研究是由他开始的；另一方面是他在教育方面的功绩，即中华人民共和国成立前挽留下了一大批著名学者，要把岭南办成南方的清华。

《大公报》黄克夫先生在他撰写的《怀念陈序经先生》一文中，也特别指出："这是他在研究工作上的创新精神。"黄克夫先生还在该文中谈到父亲如何进行疍民的研究。

父亲的《疍民的研究》一书，共十章，包括了以下的内容：

疍民的起源、疍民在地理上的分布、疍民的人口、疍民与政府、疍民的职业、疍民的教育、疍民的家庭与婚姻、疍民的宗教与迷信、疍民的生活、疍民的歌谣。

徐善福与李婵英教授在《陈序经教授的学术成就》一文中，专门提到这部著作，他们认为：

> 《疍民的研究》分十章对疍民作了系统、全面的论述。学术界高度评价《疍民的研究》。澳门知名教育家、澳门（岭南）中学区金蓉校长说："1946 年 10 月，当年岭南大学校长陈序经教授发表了他驰名中外的著作《疍民的研究》……这项研究是对我国人文科学研究一个卓越的贡献。"黄新美教授对《疍民的研究》评价说："这本专著对疍民的研究作了卓越的贡献。"
>
> 　陈教授的《疍民的研究》一书，最突出的一点是他对疍民在旧社会的处境寄以深切的同情。……杜国庠同志曾评价说："陈序经教授的《疍民的研究》具有人民性。"解放初期陈教授曾向政府提出改善疍民地位的提案。

父亲对疍民的关心同情，我是深有体会的。他常和我们坐艇仔出入广州，很多船家他都认识。他常常在坐他们的船时，就和他们闲谈，问及他们的家庭成员和生活情况。

社会学作为一门科学，其起源如何。对这个课题，他也做了一番研究。当时关于社会学的起源的学说有各种各样的。有的认为起源于法、德两国的学者著作里，有的则认为"也受了民族的特殊观念与传统思想的影响，而往往从自己民族的历史人物的著作里找出社会学的起源"。有的则越拉越远，如"近来有好多人以为亚里士多德政治学里所用政治这个名词，就等于现在所谓社会这个名词"。

总之对众说纷纭的社会学起源，父亲做一番研究后，提出了他自己的见解，在1937年4月写了《社会学的起源》这本书，1949年6月由岭南大学西南社会经济研究所出版。

说起来，《社会学的起源》只是一本数万字的册子，可是稍微翻一下他这本书，就可以看到，他是阅读了很多法、德、英、美的原文著作的，正如他读的《资本论》是德文原版的。可见，他做学问很认真，即使一个名词的出处也要查证清楚。而掌握多种外国语言文字，也成了他做学问的必要工具。

从广义来说，下一节提到的他的一些著作，如《南洋与中国》《暹罗与中国》等有关华侨社会问题，也可以说是他的有关社会学方面的论著。

乡村建设运动是他重要的论著之一。在第四章第二节中曾介绍了他在1936年引发的一场有关乡村建设运动的大论战。乡村人口一向占了中国人口的百分之八十，乡村建设应走什么道路，显然对中国前途发展有着很大的影响。他有关这方面的论著先后收入《乡村建设运动评议》与《乡村建设运动》二书中。

20世纪30年代，我国人口仅四亿多，父亲当时就颇有见地地指出：

> 我国人口众多，而土地过少……土地面积即已很不够用，而人口是逐渐增加的，假使我们只靠农业以解决中国的农村问题，这是不可能的。反过来说，必要极力去发展工业，以吸收农村的过剩人口。

他指出，现代化的农业，农业的发展，有赖于高度的工业化。今天我国的人口已十几亿，当今乡村发展形势，更是证明了他当年的有关乡村建设见解的正确性。

　　总的来说，他有关社会学方面的论著，虽不像文化学那样洋洋洒洒，但它紧密联系中国实际，切中肯綮，自有其独特的意义。他关于乡村运动的一些论述，至今读来仍能给人以莫大启迪。

三、东南亚论著

　　东南亚即旧时惯称的南洋。父亲幼年在南洋生活，1949 年以前经常出入南洋各地，对南洋十分关心，特别是对那里的华侨很关心。他的著作如《暹罗与中国》《南洋与中国》《越南问题》等书，都对华侨在南洋的政治地位、经济、教育等方面给予了很大的关注。

　　父亲有关东南亚的著作，最重要的莫过于他晚年写成的《陈序经东南亚古史研究合集》了。这一套书，虽然讲的是历史，但我还是把它们归入东南亚论著中。这套一百一十余万字的《陈序经东南亚古史研究合集》包括以下八册书：《东南亚古史初论》《越南史料初辑》《林邑史初编》《扶南史初探》《猛族诸国初考》《掸泰古史初稿》《藏缅古史初释》《马来南海古史初述》。

　　这里列出了八册东南亚古史的名称，主要是因正式出版时，已把它们订成上、下合集，总称《陈序经东南亚古史研究合集》。人们不易知道他的东南亚古史每册主要内容是什么。由大公报社代为付印的非正式版本，大致是按上述顺序印出，只有《越南史料初辑》未来得及付印。

　　《扶南史初探——古代柬埔寨与其有关的东南亚诸国史》是最早拿去香港付印的。此书一出，立即引起了很大影响，因为连柬埔寨人也不清楚自己这一段光辉的历史。西哈努克亲王也深为感动，曾拟请父亲去柬埔寨讲学。柬埔寨的报纸也对此书予以报道，如柬埔寨的《棉华日报》就在 1963 年 8 月 2 日第一版介绍了《扶南史初探——古代柬埔寨与其有关的东南亚诸国史》一书，并报道了父亲向柬作家协会赠书的消息：

　　[本京消息] 前任广州中山大学副校长，现任暨南大学
校长陈序经先生最近将其所著的《扶南史初探——古代柬
埔寨与其有关的东南亚诸国史》一书，托他在柬埔寨的一
位同乡陈昌焕先生转赠柬埔寨作家协会（按：该书系非卖
品）。柬埔寨作家协会在收到该书后非常感激，作协主席夏
沈帕先生亲函陈昌焕先生致谢，并请陈先生向陈序经先生
转达柬埔寨作家的谢意。

下面是夏沈帕先生致陈昌焕先生的原函译文：

陈昌焕先生：

　　我非常高兴地从您那儿收到了中国暨南大学校长陈序
经先生赠送给柬埔寨作家协会的一本他自己的著作《扶南
史初探——古代柬埔寨与其有关的东南亚诸国史》。

　　我认为，这本书将大大有助于研究柬埔寨历史的人，
可算是新发现的一个重要宝藏。

　　为此，我谨热烈地感谢您对工作的关怀，并请您向作
者陈序经先生转达我无比喜悦地代表柬埔寨全体作家对他
的谢意。

　　请接受我真诚的敬意。

夏沈帕
1963 年 7 月 31 日

　　东南亚古史研究是父亲晚年学术研究的重大成就，在国内外的
影响很大，也可以说是对东南亚各国历史研究的一大贡献。父亲在
《东南亚古史初论》的附记中写道：

以我目前所掌握以至将来再加努力去寻找的材料来说，这部东南亚古史研究可以写到十二本，或十二本以上。

可见父亲做学问研究，是一贯长年累月花费很多时间和精力去收集大量的资料，或做大量的调查工作的。他早年研究主权论、文化学系统、南洋与中国，以至匈奴史和东南亚古史等，都是这样。在写了《南洋与中国》一书后，也是感到还有很多内容可以写的，但由于时间关系，不能写更多内容。

暨南大学华侨研究所前所长徐善福教授、李婵英教授于1999年12月在海南省文昌市召开的"陈序经学术研讨会"上，曾做题为《陈序经教授的学术成就》的发言，着重谈及父亲在东南亚古史研究的体会与成就：

陈教授认为，我们研究东南亚古史是需要也是责任。东南亚是我国的周边国家，在地理上、种族上和文化上和我们有密切的关系，中国与东南亚早有交往，华侨华人主要在东南亚。东南亚有悠久的历史，东南亚人民有很高的文化艺术。但西方一些学者却诬蔑东南亚是文化低、历史短的地区。他说，我们要用历史事实驳斥他们。当欧洲人还处在中世纪黑暗时代的时候，东南亚国家，如柬埔寨、印尼就已经建成世界闻名的吴哥王宫、吴哥寺和佛楼（婆罗浮屠）。浩如烟海的中国典籍可以证明东南亚有悠久的历史。我们有责任一方面整理我国有关东南的古代史料，一方面与东南亚各国的古代史料——文献、碑文、古迹古物——互相对照，互相补充，使东南亚人民更加了解他们过去的光荣的历史。

陈教授的东南亚古史研究，工程浩大。

……

陈教授开启中国典籍的宝库，广泛翻阅正史、政书、会要、私人笔记等，将有关东南亚的记载作为主干，辅以当地文献、碑铭学、考古学上的发现和西方学者的著作，并结合自身对东南亚多次实地考察，进行综合研究。他的方法是以种族为纲，在种族的名称下分国叙述，与一般研究东南亚史的人以国别为纲的方法不同，这是东南亚古史研究八种的一个特色。

陈教授治学严谨，在东南亚古史的研究上有许多发现，试举一二例来说明。据《新唐书》卷四十三地理志："安南中都护府，本交趾郡，武德元年曰交州，治交趾。调露元年曰安南都护府。"他说："后来这地方称为安南，是始于唐调露元年（679年）"，同时他也指出，《吴志》吴岱传和陆胤傅都有"安南将军"这种号。因此，安南"虽是在唐代初年置安南都护府于交州治今之河内城，以统南海诸国，但是安南将军的职位，也是管治交州的职位，而安南这个名词，最先见于《三国志》吴志"。一般人以为安南这名词出现于唐代，殊不知早在三国时代就已经出现过。又如，元代周达观在其《真腊风土记》流寓所说："唐人之为水手者，利其国中不着衣裳，且米粮易求，妇女易得，屋室易办，器用易足，买卖易为，往往皆逃逸于彼。"陈教授指出，"所谓利其国中不着衣裳……未免言之过甚"。他说，真腊的前身是扶南，据《梁书·扶南传》，扶南约在公元一世纪时，在其女王柳叶的时代"俗本裸体，文身披发"，可是不久柳叶为一个外国人叫混填所败而嫁给混填，据说混填乃教柳叶穿布贯头，形不复露，说明柳叶结婚之后，就穿布贯头。又据《梁书》同处说，在三国吴时，孙权派康泰和朱应出使扶南，当时除妇人著布贯头外，男人犹裸，康泰、朱应曾对当时国王范寻说："国中实佳，但人袒露可怪耳。"国王使令国内男子著横幅。上面两段史料告诉我们，到了三国时代，扶南女人已"穿布贯头"，男人已"著横幅"。他指出，周达观所谓衣裳是指上衣和裤子。"穿布贯头"与"著横幅"不像中国人穿上衣穿裤子，但不能因此而说"不着衣裳"。

陈教授以对东南亚的丰富的知识——历史知识和亲身见闻——将这个问题展开，联系到马来人和暹罗人的穿着，作了透彻的表述，我们在这里只能摘录其要点而已。

东南亚古史八种排印分赠后影响颇大，备受中外有关方面的高度重视。《扶南史初探——古代柬埔寨与其有关的东南亚诸国史》传到了柬埔寨，金边报刊曾载文介绍，柬国朝野都知道有陈著《扶南史初探——古代柬埔寨与其有关的东南亚诸国史》一书。1954 年西哈努克亲王访问中国时，他的秘书奉命约见陈教授，对他写《扶南史初探——古代柬埔寨与其有关的东南亚诸国史》表示钦佩，说有许多史事他自己都不清楚，并邀请陈教授随刘少奇访柬团访问柬埔寨。"文革"前，我国驻柬埔寨大使馆一位官员特地到暨南大学东南亚研究所了解《扶南史初探——古代柬埔寨与其有关的东南亚诸国史》有关的史料，要看该书所引用的《真腊风土记》。我们在资料室拿《真腊风土记》线装书给他看，他一页一页地翻，很感兴趣。60 年代初，中宣部周扬部长到暨南大学视察，来到东南亚研究所，谈起陈教授的东南亚古史研究。最后他说了一句话："这是稀有金属呵！"直到近年东南亚古史研究中的资料和论点，仍为东南亚史专家们所引用。

也要看到，父亲写的书越多，在国内外影响就越大，在极左的年代里，招来的非议越多。如说他专爱搞周边有争议地方的历史……

在这里要感谢费彝民先生、李侠文先生、马廷栋先生、黄坚先生和黄克夫先生等人为父亲的东南亚古史在香港付印所做的努力。正是他们的努力，使得这些著作能保存下来。

　　同时我们也非常感谢岭南大学学长黎耀球、黄恩怜伉俪，伍舜德先生、伍沾德先生、崔兆鼎先生和韦基球先生，他们为东南亚古史的出版慷慨解囊，提供了必不可少的资金支持，否则这套合集是无法正式出版的。还要感谢岭大学长刘通群先生、《大公报》李侠文先生和暨南大学华侨研究所的徐善福先生等人，他们为合集的正式出版也尽了不少力。

　　还要感谢端木正教授为《陈序经东南亚古史研究合集》写了序言。

　　父亲写的东南亚古史不仅有很高的学术价值，他有关东南亚的著作中，如《南洋与中国》《暹罗与中国》以及《新南洋的展望》等，还表现出处处为华侨在东南亚的政治地位、经济利益和教育等方面着想。他在《新南洋的展望》一文中既对二战后南洋受帝国主义统治的国家能陆续独立给予庆贺，同时也对这些国家的华侨命运给予极大的关注。

　　日军侵略东南亚时，父亲的好朋友柯葆华先生在暹罗被日军当作间谍而逮捕。柯先生后来死里逃生，写了《日寇罪行录——被捕十二日记》，父亲为此著写了个序，在序中说道：

　　　　日寇的凶暴残忍，在这篇日记中说得很清楚。然而葆华先生还算是一个侥幸者，因为他还能死里逃生。不要说只在我们国内，日本人的滔天罪行罄竹难书，就是在东南亚各地，他们对于当地人尤其是对于华侨的残暴杀害的罪恶，真非笔墨所能形容。在河内，一九四六年的春天，我曾参加过一个被日本人残杀的华侨的安葬礼。据说在几个地方所掘出的死尸就有七八千具，有的用刀切断，有的用火烧，有的用水煮，有的数百人集体枪毙，有的集体用毒死薰毙，还有的集体活生生的埋葬，闻之令人发指，比之禽兽的凶残还厉害。我一九四八年到马来半岛、新加坡以至暹罗多处，没有一个地方的侨胞不谈到日本人这种罪行。

　　　　日本投降十多年了，年轻人可能不知道日本人的这种罪行，就是年老人以至一些身受其害的人们，有的也忘记了。葆华先生的日记所诉说日寇的残暴，虽然还不能完全暴露日本人的残暴真相，可是读了这一篇也可说是闻一知十。葆华先生虽已死了，他的这篇日记，应当永留于人世。

四、历史学论著

在本书的第六章已谈到自 1950 年以后，父亲在学术上的研究全都集中在历史领域。对这方面的研究，他在早年已产生兴趣，在掌握了大量资料后，从 20 世纪 50 年代初开始撰写东南亚古史、匈奴史、中西交通史和西南民族史。

前面已提到东南亚古史，这里就简要说明一下他撰写的匈奴史。他这部近百万字的著作，主要在 50 年代撰写，以后陆续做补充。1964 年他奉调南开大学时，把书稿也带去了天津。

他在自序中说道：

匈奴的历史，无论对于亚洲、欧洲和世界的历史，都有很重要的意义。关于匈奴的起源、强盛和衰亡，以及匈奴如何从其故地西迁至葱岭以东和以西的西域乃至到达东欧与西欧，都是很值得我们研究的问题。

西欧学者二百多年来，以及少数日本学者数十年来，对于匈奴的历史写过一些论文与著作。他们对于欧洲方面的资料虽然很熟悉，可是对于中国的丰富史料还未充分地利用。

我尽量搜集我国与欧洲有关匈奴的史料，加以整理，期望使匈奴的历史得到较为完整的呈现。但有不少资料，可能我还没有看到，希望对于这个问题有兴趣的人加以补充与指正。

　　这是他对匈奴史发生兴趣的原因和怎样撰写该书稿的简介。在"文化大革命"中，这本书稿被抄家抄走，这是最使他痛心的事情之一。"文化大革命"后，幸得当时南开大学的图书馆馆长黎国彬先生帮忙把他的书稿找了出来，并与副馆长曹焕旭先生保管好他的手稿。为了使这部书稿能得以出版，我去过北京大学王力先生家一趟，想请他帮忙，但那时他不在京。回广州我又写信去请他帮忙。王力先生曾为此事向有关单位建议出版父亲的《匈奴史稿》。最后是南开大学领导决定由南开大学七十周年校庆拨款来出版《匈奴史稿》。为了出版这部手稿，南开成立了《匈奴史稿》整理小组，其成员组成如下（摘自《匈奴史稿》一书的整理说明）：

　　顾问：王玉哲、杨志玖、黎国彬

　　定稿：谢刚

　　整理：曹焕旭（1—4 章；28—31 章部分）

　　　　　吴清波（5、22、23 章）

　　　　　端木留（6—10 章；32—35 章）

　　　　　陈作仪（11—15 章；26—27 章）

　　　　　刘国珺（16—21 章；24—26 章）

　　　　　陈学凯（28—31 章部分）

　　外文书目的查对工作得到了冯承柏教授和王木义同志的协助。

　　本书得获整理完成并最终出版，实有赖于南开大学历任领导的决意支持和父亲生前友好王力教授与费孝通教授的鼎力促成。

　　我摘录以上的整理说明，是要借此机会向以上所有为父亲《匈奴史稿》的出版而尽力的人士致以衷心的感谢。由于他们无私大力的支持，父亲的《匈奴史稿》在 1989 年 10 月得以正式出版。

　　《匈奴史稿》出版后，香港《大公报》于 1989 年 12 月 4 日登载了汪溦先生的文章《读〈匈奴史稿〉一得》。该文对《匈奴史稿》一书做了以下的评论：

　　　　陈序经先生遗作《匈奴史稿》几经曲折，终于由南开大学成立整理小组，加以整理修订出版，以献于 70 周年校庆。在陈先生逝世 20 多年后，这本遗作才能刊出，言之不胜唏嘘。

过去历史著作，对中国周边四裔的专题研究甚少，且失于粗略。但陈序经先生却早就从事这方面的研究，曾写出过《东南亚古史初论》《扶南史初探——古代柬埔寨与其有关的东南亚诸国史》《猛族诸国初考》《马来南海古史初述》《掸泰古史初稿》《藏缅古史初释》《林邑史初编》《越南史料初辑》等八种，还有《渤史漫笔——西双版纳历史释补》等，发前人之未发。这本匈奴史的专著，更可谓绝无仅有。因此，《匈奴史稿》的付梓，填补了这个领域的空白，引领了中国周边民族史研究的新开展。时至今日，继踵者自不乏人，但陈先生筚路蓝缕，以启山林的开拓之功，是不能埋没的。

匈奴这个民族，无论在古代中国和欧洲，都有举足轻重的地位，有史可考的 700 多年间其兴也暴，其逝也忽，简直像一股狂飙，席卷欧亚大陆。在两汉时代，匈奴单于与汉朝天子分庭抗礼；在西迁到欧洲以后，以"上帝之鞭"的形象，使罗马帝国君王为之战栗，使欧洲的民族流移重组。然后，又仿佛在历史上消失。可见匈奴史在世界古代史上是一个不能缺失的环节。

但由于匈奴是个"逐水草而居"的游牧民族，不立文字，无自己的史籍记载。可考的 700 多年历史，端赖中国的《二十四史》中各传或者古代欧洲史家所记录。而又都各执一端，两不相属，前者记其亚洲的活动，后者记其欧洲的活动。陈序经先生则以其宏博的中西历史、社会学和民族学知识，为之融会贯通，考校勾沉，使匈奴的完整历史得以呈现。陈先生治史，不囿成说，从史料出发寻找结论，知之为知，不知为不知，抱客观和科学的态度，对前人的成说或质疑，或阐发，从中提出自己的创见。

《匈奴史稿》是第一部正式出版的父亲遗作。第二部正式出版的遗作就是《陈序经东南亚古史研究合集》。

他的第三部得以正式出版的遗作乃是《渤史漫笔——西双版纳历史释补》。这本书能够出版也是得到黎耀球伉俪、伍舜德先生、伍沾德先生、崔兆鼎先生、韦基球先生的赞助。此外，李侠文先生、江应樑教授、徐善福教授、胡守为教授、张映秋教授都为本书的出版给予了很大的支持。特别是徐善福教授和夫人为这本书稿做了很大贡献。我借此向以上各位先生致以衷心的感谢。

父亲还有一部遗作，即《中西交通史》，可惜写了一半未完成。他 1964 年去南开大学任职前，好像预感会有什么不吉之兆，对《中西交通史》未能完稿而感到不安。果然他在天津含愤而逝，未能完成这一书稿。这实在是一件很遗憾的事。

五、政治学论著

政治学是父亲早年从事学术研究的重要领域。他在 1926 年就发表了《政治上与经济上的海南岛》，1928 年发表了《古代政治思想的背景》。1926 年他留美在伊利诺伊大学攻读博士学位，主科是政治学，博士学位论文是《现代主权论》。1929 年他到德国留学，重点也是研究政治哲学如"主权论""主权可分论"。在德国期间他用英文撰写了《新政治》。中文的有《中国胚胎时代的政治思想》《霍布金斯的社会学》等。在 20 世纪 30 年代中，他在南开大学任职时，仍在收集有关主权论的资料。这些资料由于日寇的侵略，在"七七"事变后大部分散失。此外他还写过《论独裁》（手稿）、《中国政治思想的资料问题》、《孔夫子与孙先生——旅欧杂感之一》、《利玛窦的政治思想》，1947 年写了《宪政·选举与东西文化——评梁漱溟的〈预告选灾迫论宪政〉》。

过去国内对父亲的政治学论著研究的人不多。他公开出版的政治学论著，最重要的是《现代主权论》(Recent Theories of Sovereignty)。可能该书是用英文写的，未受到学者们的注意。过去几年仅见于 2000 年陈家琪的《陈序经：在自由主义与马克思主义之间》一文。2007 年中南民族大学的张世保著《陈序经政治哲学研究》一书，对父亲的《现代主权论》做了专题研究，这是半个多世纪以来首开对父亲的政治哲学的研究。该书除了介绍《现代主权论》中有关主权论和主权可分论外，也对父亲的其他政治观念进行了讨论，如他对宪政的提倡，包括他对民主的提倡、对中国政治思想的研究、对中国政治思想的批判等等。

《现代主权论》一书包括以下内容：

导论、第一章主权论的历史、第二章联邦国家的主权、第三章联邦国家的主权（续）、第四章主权与国际关系、第五章主权与国际关系（续）、第六章主权与法、第七章主权与法（续）、第八章主权与法（续）、第九章主权与功能性组织、第十章拉斯基与其他、结论。

《现代主权论》的特点是，除了讨论传统主权论外，还讨论了主权可分论。张世保博士在谈及《现代主权论》的写作背景时写道：

　　陈序经认为任何观念，当然也包括主权观念是随着时代的变化而发生变化。他曾这样说过："我们被一些作者告知，在其严格意义上，主权观念是一个现代观念。这不意味着主权仅仅是一个法律的观念或一个政治的观念。虽然主权的现代概念理所当然的主要是法律的或政治的概念，因它是十六世纪法律的或政治的组织的发展的一个反应，我们也不一定要得出它仅仅是法律的或政治的观念的结论：一个简单的原因是如果十六世纪或十七世纪的法律或政治组织能够产生一个法律的或政治的主权观念，为什么十九世纪或二十世纪的经济组织就不能产生一个经济的主权的概念呢？正如我们已经在以前的讨论中指出的，一旦我们承认，一定时期的一定条件能够使一种新的观念兴起，我们也必须意识到随着条件的改变，观念也会跟着改变。

可见，父亲在几十年前已道出了观念也要与时俱进。主权论和主权可分论也是条件和观念改变的反映，今日的欧盟就是一例。在其后他的其他学术研究也是贯穿着同样观念，例如他认为文化是变化和发展的，文化要现代化，教育要现代化，对20世纪30年代苏联的发展变化的评论等。

在结束本章叙述之前，我想就父亲的学术著作，归纳个人不成熟的几点看法。

首先，他的学术论著，为揭示探讨问题，毫不避忌讨论马克思与恩格斯的著作。在《文化学概观》中整章讨论马、恩著作，多章中谈到《共产党宣言》的核心思想，在《现代主权论》也提及苏联的社会主义与马克思理论问题。

其次，他积极提倡民主宪政，倡导依法治国，批评中国传统政治思想。认为孔子之道中"攻乎异端，斯害也已""民可使由之，不可使知之"是反乎民主的潮流，是愚民政策，是专制政治的护身符。

最后，父亲虽提倡"为学术而研究学术"，但他与时俱进的观念和分析问题的方法，使他的不少学术论著，不仅有学术意义，而且有现实意义。例如，他忧国忧民，驳斥"大泰主义"，对疍民与华侨的深切同情关怀，呼吁政府给他们帮助，他的大学教育思想、乡村建设思想，至今仍有现实意义。

陈序经的心血成果，是留给后人一笔极其宝贵的精神财富。

曾敏之先生在《风范难忘——悼念陈序经先生》一文中提出："他的遗著如何整理成为全集，也成学术界严肃的任务了。"在1999年12月2日海南省文昌市召开的"陈序经学术研讨会"上，王春煜教授也提道："陈序经著作是一代哲人留给我们十分宝贵的文化遗产。"在这次学术研讨会上，不少学者建议将父亲已出版和未出版的著作，通通收集起来，早日编成《陈序经文集》多卷本出版，将其一生心血付之于世。这是具有远见卓识的，是推动发展和繁荣我国文化事业的有益建议。

六、教育学论著

近半个世纪以来我们的教育经历了许多波折变化，特别是大学教育走了不少弯路。对于大学教育的目的，大学应该怎样办等方面问题，至今并非大学教育者都已明确，否则就不会有教育产业化的问题，也不会有大学要培养会打高尔夫球的所谓"社会精英"，伪研究生、买卖文凭等学术腐败的问题。一个国家人民的文化素质有赖于教育的提高，生产力、创新能力都有赖于教育来提高，无疑教育对于一个国家、社会的前途发展有着至关重要的作用。尽管在前面第四章已对父亲的教育思想做了些介绍，但就今天来说，还有必要对他的教育思想、办学思想做进一步的介绍。

父亲一生献身教育事业，且都是从事高等教育的工作。他对中国教育的现代化、大学教育方针、留学政策、师范学院等有关大学教育的问题，发表了一系列论文。这些论文，不少是他在1932年5月和1947年9月引发的两次教育问题大争论时所发表的。他在《大学教育论文集》中收集的文章目录如下：

第一编

一、与胡适之先生论教育

二、公论耶？私论耶？

三、论发展学术的计划

第二编

四、论国立大学与私立大学

五、论留学

六、论师范学院

七、教育的中国化和现代化

第三编

　　八、对于现代大学教育方针的商榷

　　九、对于勒克教授莅粤的回忆与感想

　　十、敬答对于拙作《对于现代大学教育方针的商榷》的言论

附录：

　　一、欢送参加战时工作的大学学生

　　二、国立西南联合大学六周年纪念感言

　　三、二十年来的南开经济研究所

　　四、悼丁佶先生

他在1949年出版的《大学教育论文集》中说道：

　　　　大体上这是我从1932年至1947年十多年中所草的文章，各篇里所讨论的问题，虽有一些是失了时间性，可是这也可以看出十余年来大学教育问题的要点。而且大致上直到现在，我所提出的各点，还是值得国人的注意的。

　　1994年6月27日，我和四妹云仙在南开大学拜会冯承柏教授和曹焕旭教授，我们在谈到父亲的一些教育思想时，他们都认为，父亲有的教育思想是有现实意义的。

　　在第四章的第一节与第四节里曾介绍父亲在1932年与1947年进行的两次有关教育问题的争论。围绕这两次争论，他对大学教育问题的看法要点如下：

　　第一，中国的教育要现代化。按照他的见解，中国的文化要彻底的现代化，尤其是全部的教育要彻底的现代化，包括职业教育、普通教育、低级教育和高级教育都应如此。

　　第二，大学教育应全面，不能只要理、工、农、医等学科，而偏废文、法、经济等学科。

　　第三，大学教育的目的是求知，而职业教育的目的在求应用。求知固未必为了应用，然而要有所应用，则不能不求知。假如人人能入大学，则职业教育用不着去提倡，因为大学教育比之职业教育

还要专门，还要彻底。

第四，大学教育，如果要合理计划的话，那么对于已经办得有成绩的院系，应加以特别鼓励；对于大学教育的区域的特殊性，应加以特别的注意。他认为中国大学教育一向集中平津沪等数个地方，这本来就不是很合理，故反对当时胡适提出指定五所大学作为第一等地位的意见。

第五，应派留学生出国学习。在 1947 年他指出，世界学术，特别是自然科学的日新月异，若只靠买大量图书和新仪器就可赶上人家，是错误的，那是八十年前曾国藩的思想，还赶不上五十年前张之洞的留西洋不如留东洋的浅见。

在 20 世纪 30 年代父亲提出了"全部的中国文化是要彻底的现代化，而尤其是全部的教育，是要现代化，而且要彻底的现代化"。这是他的教育思想的根本出发点和立场。他一生从事大学教育，在《大学教育论文集》中对大学教育的方针政策和大学教育的职能目的，做了上述五点重要的阐明。

他有关大学教育的思想见解，还不仅上述一些内容。他对于怎样办好大学、治校方针、大学生学习、师资水平、私立大学以及师范大学等方面都有他独到的见解，兹简述于下：

教授治校

在第五章第二节中已介绍过父亲办大学的一大特点是：教授治校，极力提倡学术研究。在该章主要谈到他关于教授治校的一方面，即在大学的院、系和校一级的领导要任用有学问的资深教授以提高学术水平。例如他聘请了王力教授任文学院院长，姜立夫教授任数学系系主任，谢志光教授任医学院院长，陈永龄教授任工学院院长，冯秉铨教授任教务长，等等。另一方面，对教授们如何治学、教学，他予以充分支持和信任。他曾说，他当教务长或校长，从来不到教室去听教授讲课，不去检查教学，在决定向每位教授下聘书的时候，已经相信他的教学水平，如果不相信他就不请他。父亲能够这样做，是因为他有识才、用才和容才的办学才能。然而，能识才、用才和容才，又是因为他是真正有学问的人，学问渊博。他也绝没兴趣当官做行政工作，所以他从不忌才，不搞帮派，对有学问者一视同仁。不要以为拿了高学位，如硕士、博士等就是很有学问了。他指出，外国毕业典礼为 Commencement，意义是学业的开始。1932 年 5 月广州的教育专家们当中，有的是校长、教授，然而他们竟做出了"停办文法科或减少数量……"的荒唐决议案。可见拿了高学位可以说有一定专业知识，但并不等于就是一定真正很有学问。

　　既然他不去听教授的课，不去检查他们的教学，那么教授们讲什么内容，怎样的讲法，他也不去干预，也就是说给教授们在教学上的自主权。这样才真正体现了学术自由，有学术自由才有学术繁荣，当年教授有自由流动的选择，也是学术自由的条件之一。换句话说，教授们有权选自己的教学内容、教材，或研究课题，等等。这样，一些教授往往讲的是自己的研究心得和成果，而不是千篇一律用同一教材或所谓统编教材照本宣科。稍有见识的人都知道，一本教科书或参考书，从编写到出版面世，其内容已是几年前的了。最新的知识多是最新的研究成果。如父亲开设的"文化学"课程，就是用了他的论著《文化学概观》书稿的内容，而当时该书稿还未出版，"文化学"的课程，更是前人未有的。这也是教授治校，教授治学的实质。

　　在《论国立大学与私立大学》一文中，父亲写道：

　　　　大学是研究高深学问的机关，在原则上，要想大学在学术上能够充分的发展，对于大学的研究工作，固然要给以充分自由发展的机会，对于大学的行政方面，也应给于充分自由调整的机会。主持大学行政的人们，若完全不能自由去改善学校的行政机构，不只学校本身不会发展，就是在整个教育制度上，也不会有改善的希望，至于研究工作之需要充分的自由发展的机会，更不待言。学术的发展必需能自由发表意见，自由参加讨论，这样作去，才能发明新学理，新事物。所以教育当局对于大学的行政工作，固不应处处加以干涉，而对于研究的工作，更不当加以统制。

　　然而，教育当局，在近年以来，对大学的行政与研究工作，以及教学方面的管理，可以说是无微不至，院系的规定，理工的注重，以至课程的编制，无一不使大学的教育成为机械化、公式化，这根本是违反大学教育的目的的。

　　父亲的上述意见，正是道出了我们教育体系几十年来存在的各种弊病的根源。这也是这几十年，我们没有培养出像王力和陈寅恪这样的语言学大师和史学大师的原因之一。其实，我们用不着刻意去"培养"什么大师或诺贝尔奖项获得者。能真正实行学术自由，鼓励创新而不是创收，真正释放大批真才实学的学者们的潜能，不愁我们不能在世界学术高峰上与别人试比高。

　　父亲对待真正有学问的教授学者是很尊重的。他常说，我这个校长是为教授服务的。他很能团结知识分子，注意发挥他们的作用。父亲一向平易近人，尊重学者们，经常关心并解决他们工作和生活中的各种问题。如医学院的谢志光教授需用一台 X 光机，需花费几十万港币的巨款。他不辞辛劳亲自去筹措，终把这件事办妥。连教工生病、生孩子，他也过问，甚至出面找名医。他经常到一些教授、教师家中探访，教授们也常利用晚饭后休憩时间三三两两登门和他倾谈，彼此亲密无间。

　　父亲在《我的几点意见》一文中谈及：

　　　　学术分门别类，各有专业，欲求学术进步，必先使研究者有充分时间去钻研业务和独立思考。一个科学工作者，可能有时候被人看成为想入非非者，他与政治以至现实生活，可能完全没有关系，甚至可能一生想不出也作不出什么具体的东西，但假使没有优容雅量和科学预见，学术就很难有显著的进步，很难有崭新的发展。

　　父亲以身作则，办学兼容并蓄，对学者有优容雅量。

关于教授治校，他认为校长应由教授中选举产生，要兼任不要专任，期满了可以回去做自己的学问。所以他说他自己的头衔是教授兼校长。这也是民主办校的思想。只有民主办校，才能杜绝大学学术和物质方面的腐败现象，才能提高学术水平。

注意基础学习

父亲很注重学生的基础学习和打好做学问的基础。他于1928年在美国取得博士学位后，回国教了一年书。在南洋的祖父仍要求他再去欧洲留学五年，进一步打好做学问的基础，这令父亲获益匪浅。

他在《对于现代大学教育方针的商榷》一文中指出：

> 大学的目的，即是求知，人类的文化日进，则人类对于此种求知的兴趣愈浓。大学教育应当依照此种要求而设备，才不失为大学的使命，所以一间称为完备的大学，应当对于各科的设备上应有尽有，因为智识的各方面是互相连带的，而且是互相影响的，所以讲求智识的人，要说这科重要那科不重要，便失去大学教育的真义。

他十分强调知识各方面是互相连带的，而且是互相影响的。基于此，他不赞成1952年院系调整把综合性大学拆散分开的做法。明显地，无论医学院或农学院都和生物学系有密切关系，一分为三校，三者的基础都削弱了。同样，工科和理科之间本来有极密切的关系，分为两校，其基础也不免被削弱。其实，医农和理工也有关系。例如，医科用的核磁共振扫描器，农业用的遥感测控技术及耕作机器，无一不与理工有密切关系。各边缘科学更是你中有我，我中有你，例子不胜枚举。

注重基础研究

父亲在《敬答对于拙作〈对于现代大学教育方针的商榷〉的言论》一文中指出：

　　我已说过：大学教育的目的，固是求知，职业教育在求应用，然能知得透彻和彻底，也可以施诸应用。比方在大学里学理科的，对于制造香槟及各种的家常用品，总能了解，要是他自己离校以后，开开香槟厂来求生产的增加，未尝不可。但学做香槟究竟是一件简单而较容易的事，大学生不叫做为大众生产香槟的学生，而叫做理科学生，是因为大学的目的不只希望他能够做香槟，而且希望他将来发明和制造比较重要的东西。但是大学究竟不是一间制造厂，它是一间求知的场所，所以大学的责任是要使学生明了某种事物的真相及其原理，就是求知。

　　他在这里把求知说得很透彻，就是要明了某种事物的真相及其原理，这也就是要进行基础理论、基础科学的研究理由。

　　且看 21 世纪的重大发明创造，例如，令信息科学迅猛发展的划时代发明——半导体三极管，生物领域的基因科学，核能的利用，等等，无一不与基础理论、基础科学的研究有关。欧美之能有大量诺贝尔奖获得者，也正是因为注重基础理论、基础科学研究。

　　不进行基础理论、基础科学的研究，有如无源之水，很难有什么发明创造。

　　1962 年，父亲在全国政协会议上还再次强调高等教育要重视基础理论教学与基础理论研究。

大学教育的宗旨

　　父亲强调为了追求知识，研究学问就应接受大学教育。我认为还有更深一层意义，即大学教育的宗旨，是提高全民族的文化素质。他说：

　　　　人类生活需要，决不只限于衣食住方面，衣食住以外，像美术、音乐、文学、游戏、宗教等的追求，不能不算作人生需要中的一部分。

　　　　……

人类文化智识愈进步，则人类对于征服自然愈增加，物质的生产方法也愈进步，同时于衣食住以外的要求愈多。原始野蛮人，没有所谓文学及各种较高的非物质的生活。我们提倡大学教育，无非提高我们的智识文化地位。

……

大学教育，我已说过乃文明民族的特征，而且乃彻底改造和建设文化的机构。

这一番话，明白地告诉人们：大学教育的宗旨，归根结底就是为了提高人们的文化素质，而不仅仅是为了培养社会生产、管理的人才。

何谓文化素质？举例说，人们热衷于"卡拉OK"还是喜欢欣赏民乐、交响乐，人们是喜欢打麻将还是喜欢阅读文学著作，喜欢上娱乐场所还是去图书馆、博物馆，大学教育是要文法科还是要取消文法科，这都可体现人们文化素质的高低。文化含义很广，这里就不赘述了。但我们可以看到，文化素质的高低，不仅影响个人的生活习俗志趣，大者，可误国误民或兴国富民。

皮相的现代化

父亲在《教育的中国化和现代化》一文中指出：

单从教育的现代化的历史来看，我们可以大胆的说一句，六十年来所谓教育现代化的运动，是陷于皮相浅薄的现代化的危险……

回顾过去半个世纪，我们的大学教育体系，先是院系调整，拆散一些已很完善甚至一流的综合性大学，全盘采用苏联的一套教育体制。"文革"后，又砸烂苏修的体制，搞工农兵三年制。改革开放后又采用西方，主要是美国的教育方式。而近几年又刮起院校合并之风，想借此把大学水平提高到世界水平。

其实用哪个国家的教育体制，不是关键所在。苏联的大学教育体制是用了德国的。而苏联解体前一度是超级大国，就是现在，俄罗斯的科技水平仍是世界数一数二的。改革开放后，那些培养出硕士和博士的教授们，大多是当年苏联教育体制下培养出来的。他们大多数没有硕士或博士学位，照样培养出人才。关键是，民主办校，教授治校和学术自由。这里也涉及前面父亲提到的，诸如管理体制等问题。

又如一些院校的"升级"风，一些电信学院升级为电子科技大学，工学院升级为理工大学或科技大学，医学院升级为医科大学，一些研究室升级为研究所还不够，还要升为研究院，等等，这些都可说是皮相的现代化。我们不妨放眼国外，如美国麻省理工学院和加州理工学院，前者成立于1861年，后者成立于1891年，它们出了多位诺贝尔奖获得者，有很多发明创造，名列美国最好的前十名大学。然而这些历史在百年以上的学校，至今仍以学院为荣。又如近百年历史的贝尔实验室，也出了多位诺贝尔奖获得者，做出了划时代的发明贡献，可是至今仍叫贝尔实验室。可以看到，人家是对实质性的学术上进行不断改革创新的升级，而不是把学校机构改个名称，做皮相浅薄的"改革"升级，这是值得人们深思反省的。

关于私立大学

父亲在《公论耶？私论耶？》一文中指出：

> 而且，我们不要忘记，在我国大学的发展史上，尤其是早期发展史上，私立大学，在学术上，在教育上，贡献很大。北京大学的理学院，正在胚胎的时代，好多私立大学，尤其教会所设立的大学，……已经出了不少的优良的大学毕业生。
>
> ……
>
> 何况，近年以来，好多国立大学，浪费多而效率低，其原因虽多，然而把国立当为官立，结果是大学成为衙门化。反之，好多私立大学，因为经济的来源往往取之于社会，要作出一些成绩来，才能得到社会的帮忙，因而不得

不特别小心，求节省，增效率，一个钱做两个钱事，一个
人作两个人事，与一些国立官立大学之讲门面，讲派头的，
大不相同。

私立大学在我国大学发展史上的贡献很大，这是事实。而父亲
说的公立大学浪费多，效率低，讲门面讲派头，也是事实。国外许
多私立大学，不仅效率高贡献多，而且不少是世界著名的学府。如
英国的牛津与剑桥，美国的哈佛、耶鲁、普林斯顿等。据 2000 年
9 月 11 日的《美国新闻与世界报道》对美国大学评估的结果，选
出了最好的二百二十八所大学，其中八十一所为私立大学，占不小
比重。最好的前十九名都是私立大学。最好的前五十名中，有三十
五所是私立大学，其中不少是我们公立"大学"不齿采用的名称
"学院"（Collegg 或 Institute），如加州理工学院（CIT）和麻省理
工学院（MIT）排名分别为第四和第五名，达特茅斯学院（Dart-
mouth College）则排第九名。可见私立大学一样可以办得很好，
对社会一样可做出很大贡献。这是值得当今教育管理者思考的。这
些所谓的"私立"大学，其实也是人民和社会办的大学，不是属于
私人老板的。事实证明，父亲在半个多世纪以前，关于教育特别是
高等教育的论述，是高瞻远瞩的，诚如他所言：

　　　　而且大致上直到现在，我所提出的各点，还是值得国
　　人注意的。
　　　　……
　　　　教育是文化的一部分，教育的彻底现代化，当然是和
　　全部文化的彻底现代化有很密切的关系。

第九章　为人品德

一、先辈传统

我的祖辈，曾祖父曾祖母非常贫穷，祖父年轻时家境也不富裕。祖父后来出外打工，到以后去南洋做生意，虽然家里情况好些，但祖母仍是非常勤劳节俭。就是祖父一生也都很节俭，他为父亲回国和出国去读书，不惜花费了几乎所有的储蓄。

祖父祖母的刻苦耐劳、勤俭节约的品德，父亲都牢记在心里，自己也以他们为榜样。例如祖父祖母每天五点钟前必起床，然后操劳一天，父亲也是每天四点早起做学问。

祖父虽然长年在南洋做生意，但却非常热爱祖国、热爱家乡，他教导父亲不要再到南洋做生意。父亲也是很热爱祖国，热爱家乡的。

父亲虽然提倡西化，可是他的乡土观念却很重。有人见他时常身穿西装，客厅有几张沙发，就认为他生活很洋化，以为他当了校长必定家财万贯，这都是误解。其实他在家里生活很俭朴。贻婴到我家已是 1962 年以后的事情了，见他穿着中式旧长袍，甚为惊奇。有一次他去香港，身着长袍手持 A 级火车票上车时，乘务员说："先生你上错了车厢吧？"

他在家里起床最早，故炉子熄了常由他劈柴生火，煮粥。他喜欢咸鱼送粥吃。我们也经常看到，他休息的时候坐在收音机旁边的一把木摇椅上，一面听新闻，一面补衣服和袜子。

到 1967 年他去世为止，家里没有电视机、电唱机、照相机，也没有任何古玩、字画或雕塑之类的东西。家里的客厅走廊、书房放满了书架和书。墙上的一些画，是以前住在这房子的主人留下的。他不跳舞、不打麻将，家里也决不许打麻将。他平常也实在没有什么时间去娱乐，最多是在晚饭后休息时听听收音机里播放的新闻。

前面提到，他对我们说，即使有条件，他也不买房子，不买小汽车。他的钱除了养家外，可以说主要是用在买书、出书、做调查研究等方面。

父亲长年在家乡海南以外的地方工作，孩子们也都在外省出生、成长。从我开始懂事，父亲就常和我们讲海南话。但由于我们小的时候，特别是抗战时期，他常在昆明，我们在重庆，母亲又是广东中山人，所以我们都能讲一口流利的广州话、普通话和四川话，海南话都只能讲几句，这一直令父亲感到遗憾。

由于我们兄弟姐妹都在外省生长，像我就从小未回过家乡，父亲很关注，怕我们完全忘记了老家。所以在 1956 年我大学毕业后，在我未去北京工作单位报到之前，他就让我和四妹云仙两人一起回了海南老家一趟。那次我和四妹坐长途汽车从广州到雷州半岛，渡过海峡到海口。表姐李春容为我们安排在海口、文昌及清澜老家的全部往返行程。不用说，春容表姐陪同我们，做我们的翻译，没有她我们真是寸步难行。1962 年贻婴由上海到广州来，我们结婚后，父亲叫我们回海南老家去度蜜月。这次又全靠春容表姐的安排、陪同，使我们得以顺利地回乡探访。当时父亲的继母和庶母都还健在。两次回乡，确实给我留下了深刻的印象。但是自 1962 年以后，我一直没有机会回乡探望。

为了使子女们不要忘记家乡，他除了时常给我们讲祖父和家乡的一些情况外，还于 1949 年写出了他对祖父祖母的回忆。他写道："父亲对于我影响很大，故该文名《父亲》。"我看过《父亲》一文后，感到父亲的一些品德、为人、习惯，无不深受祖父的影响。他甚至还想让我娶一个海南女孩子为妻。

他除了关心子女不要忘记家乡外，对家乡的教育事业也很关心。如 1958 年海南师范专科学校复办，他就曾前往该校去参观，并且在回到广州后，和广东省有关领导联系，争取省教育部门对海南师专的支持。当时海南仍属广东省。1962 年，由于国民经济调整，决定将省里的四所师范专科学校压缩掉三所，只留一所。父亲极力争取保留下了海南师专。海南过去相对广东省的其他地区，无论是经济、文化、教育等方面都比较落后，师专的保留，对海南的教育事业是有很大帮助的。多年后，我的表弟到海南师专读书，当师专的领导和老师知道他的姨父是陈序经后，盛赞当年父亲为保留师专做出的贡献，并对父亲深为怀念。

此外，他对文昌中学也很关心。1962 年冬，他随当时广东省高教局局长李文华视察海南时，力争省里支持文昌中学。改革开放后，文昌中学校长还专为文昌中学校庆到我家访问，收集关于父亲的资料，以此鼓励后学。

父亲办事很认真负责。大的事，像他任岭南大学校长的最后两年，担子是很重的，但他还是一挑到底；像陈炳枢先生因黄金事件要被逮捕，他挺身而出，负起责任。小者，到对学校的一草一木也很爱护。他从不走学校公共草地，每天吃完早饭就到学校，经常到处巡视。在南开大学时，他身兼三职，三个办公室都不在一个地区，他就每天每处办公室都去办公。我觉得张伯苓校长和其他人，固是看上他的才干，但对他办事认真负责也重视，才让他负起重任。

大家都知道他待人宽诚，没有什么架子，对待工友很热忱，不仅很多工友的名字他都知道，往往连他们的孩子也能叫出名字来。

他处事稳重，深思熟虑。即使是从学校出去广州办事，他也计划一番。他随身带着个小本子，出去之前，先到哪里后办什么，怎样走最节省时间，都写在小本子上，所以办事效率很高。虽然父亲的记忆力很好，但他凡做事都事先计划好。这也是祖父对他影响的一个方面。

他不抽烟，不嗜酒。家里以前会备些烟，用来招待客人，可是父亲从来不抽，也不见他去劝烟。父亲的优点很多，大概只有不抽烟这一点我学到家了。假如说不抽烟就没有朋友做，那我宁可不要这样的朋友。妻子更是做绝了，在客厅里，连烟灰缸也不放一个！至于喝酒，节日家里团聚，父亲偶尔会喝点酒，而且酒量还很大，但他从不劝酒，更不嗜酒或纵酒，所以我们也养成了不嗜烟酒的习惯。

二、温馨家庭

祖母养育儿女又要下田操劳，不幸过早去世。父亲的七个兄弟，只有他一人侥幸活下来并成家立业，所以父亲婚后，母亲虽然想出去工作，但父亲一直没有让她去，好让母亲能全心照顾家庭和孩子们。在那些动荡的日子里，家也是南南北北地搬迁，母亲确实很辛苦养育大五个子女。父亲不仅高兴看到孩子们健康成长，更是关注我们子女的学业和前程。

在抗日战争年代，我们在重庆南开小学读书的六年，主要由母亲管教我们，督促我们学习。父亲每次从昆明回家总是用海南话先问我淘气不，有没有好好读书。

1948 年父亲到岭南大学任职后，我在岭大附中读书，住在家里，那几年和父亲朝夕相处，是我们全家团聚最长的一段时间了。在我的记忆中，父亲没有到外面去消遣娱乐过，如果有，也是带母亲和我们一起去，如过年去花市，或偶尔到广州餐厅吃顿饭。广州的太平馆是他爱去的地方，不过他从未和我们去饮茶。凡是有机会，他总是喜欢和我们一起外出。我仅有的一次去看粤剧，也是和他一起去的。那次是红线女在中山纪念堂演出，票也是别人送来的。1964 年夏，马廷栋先生请我们去从化温泉度假，也是全家一起去。以后我们上大学，住在学校，他总是吩咐我们周末回家团聚。

自从我在岭大附中读书，父亲经常在家，所以我对他的印象尤深。他知道我想跳级由初二考高一，就请姜立夫老先生为我补习数学，又请一位物理老师和一位英文老师为我补习物理和英文，使我读完初二后能考上高一。

在我读中学时，父亲常劝我练写毛笔字。他说，这不仅是为了写一手好字，给人好的印象，而且可陶冶一个人的涵养性情。可惜我年轻时喜欢运动，坐不住练写毛笔字。

在我的记忆中，不论我学习好坏，或行为有什么问题，父亲从不责骂我。即使出了大错，他也只是难过地教诲我。1950年的中秋节晚上，我和同级的其他三个同学一起到珠江边赏月，后租了学校的一个双桨小艇划到江中，又划到对岸，上岸到了培正中学一带逛街。可是等我们往回划的时候，被截住了。原来已过了那一带水域戒严时间，不能通行，而我们四人身上都没带任何证件，乃被带去了附近一个拘留所院子里，待到第二天早上，才和学校联系上，由学校派人把我们接了回去。那一晚父亲焦急万分，因这是从未发生过的事。等我回到家里，父亲坐在饭桌旁习惯坐的位子上，满脸焦虑难过的表情，令我终生难忘。然而他并没有斥责我，只是叫我以后做事要小心谨慎，让我去校医院把脚伤包扎好后，即去找附中主任汪德亮先生道歉。汪德亮先生也未责备我，安慰几句，反使我很难为情。

父亲喜欢教书做学问，对子女也是希望他们从事教书这一行。虽然他和我们谈教书的好处，但是我读中学时，对无线电、电子技术很感兴趣，所以读大学也选择了无线电专业。父亲对我选择这个学科也很高兴。因为冯秉铨先生就是著名的电子学家，能拜他为师当然好。那时华南工学院电讯系的一些教授，多是水平较高的，老一辈的有吴敬寰先生，中年的有林为干先生，年轻的如徐秉铮先生等人。父亲和他们也很熟悉，自然请他们对我多加指教。

从1952年至1956年我在华南工学院读书，住在学校，父亲唯恐我营养不足，请冯秉铨先生给我加餐。有段时间我隔天去冯先生家，喝一碗浓浓的肉汤。有一次冯先生对我谈起林为干先生。林先生那时是我们的系主任。他说："我曾指出林为干还不够勤奋，林颇不以为然。"冯先生又指出他虽然读书很勤，但没有写出有自己见解的东西。林先生接受了冯先生的意见，从此出了不少高水平的论文。冯先生这番话令我印象很深。而今当我对父亲的创造性成果有所了解后，更体会到冯先生这番话的含义。

我读大学的时候，父亲也常教导我，要打好基础，要学好外语。那时我们在大学都是学俄语，而父亲则勉励我，除了学俄语外，中学学的英语也不要丢掉。过去父亲有很多外文书，英文、德文、法文等。成套精装原版的狄更斯小说，如《大卫·科波菲尔》《孤星血泪》等，都是我喜欢看的。等到我参加工作后，更体会到他的话是非常正确的。1956年夏我自华南工学院毕业后，被分配到中央广播事业局，在该局的广播科学研究所工作，发现英语最有用，甚至日语和德语也派上用场。有次研究所派我带个培训班出来的助手，带着一套德国仪器到外地测量，我带了德文仪器说明书和一本德英字典。结果在保定测量时，仪器出了毛病，幸好我大学毕业后，利用等待分配工作的时间，在父亲的书架上拿了本20世纪20年代出版的英文注解的德文文法书学了两个月，以后在工作下班闲时也看看，就凭这点薄底把仪器修好，继续到石家庄、太原等几个地方测量，圆满地完成了任务。我靠这本德文文法书起家，后来还帮冯秉铨先生翻译过一些德文资料。我第一本出版的书也大量引用了当时的德文杂志上的资料。

这本德文文法书和一本上面有父亲签名的1933年版的《模范法华字典》，一本1930年版的《最新英华会话大全》，一本有父亲用中文签名的英华双解的《法文辞典》(1933年版)，有父亲英文签名的《德华大辞典》(1933年版)，和其他几本书，是经历"文化大革命"侥幸保存下来的父亲的几本书。此外，还有几套大公报社印的东南亚古史著作。

我和大姐参加工作后，远离广州，父亲更是希望我们探亲回家团聚。他每次出差或上京开会经过武汉都要看看大姐。到了北京，则必让我去会面，还有同方露茜、郭开兰等一些亲友们相聚。

我第一次工作领到工资后，寄了二十元回去，象征性地孝敬父母亲。他们收到后立即回信给我，表示理解我的一片心。

父亲也很希望我能从事教学工作。但我年轻的时候志趣是搞实际技术工作，所以没有考虑去教书。在广播科学研究所因工作关系，我写了几篇文章。有一篇文章，给老师冯秉铨先生看到了，他告诉了父亲，父亲即写信勉励我多写文章。其实，当时我写的那些文章，水平并不高。有的是我代表局、所在大会上做的技术报告，给杂志登了出来。父亲得知后，总是予以鼓励。

1961 年我从中央广播事业局调到鞍山的一个广播器材厂工作。这个厂很小，却是个锻炼人的地方。厂长张宝奎和从广播事业局调去的副厂长叶新都是干事业的雄才，对我也很器重，我们也成了好朋友。但是对我一生有重大意义的，是在我鞍山认识了我日后的岳父岳母许辂生先生和丁婉华女士。1961 年春夏之交，贻婴和上海华东师大地理系的老师去辽东一带调查，顺便去鞍山看她父母，我们乃有机会相识。当时她父亲是导演，母亲是小学教师。本来像我这样一个被调到鞍山小工厂的技术员，想结交一位在上海华东师大任教的上海小姐，是有点儿不自量力。不过贻婴的父母都很有修养，思想开明，没有一点儿势利眼，这样促成了我们的姻缘。

父母亲知道我交了女朋友，在兴奋之余又有点儿焦虑，不知道准媳妇怎么样。当他们知道我要出差去上海见贻婴后，立即通知他在上海的好友、复旦大学历史系教授田汝康夫妇，让他们一定要找我和贻婴见面，然后给他们通报未来媳妇的模样德行。当父母亲得知贻婴在大学教书后很高兴。因此，他们都想我能回广州教书，将来贻婴也调回广州在学校教书。

父亲和冯秉铨先生谈到我的情况。当时，华南工学院无线电系重办不久，很需要人，冯先生欢迎我去。可是我对教书仍无兴趣，和厂里上下关系也都很好，仍不想回去。最后母亲说，如我仍不愿回广州，她就要亲自去辽宁找那里的领导谈，我最后乃同意调回广州。

1962 年 5 月，正好是我到鞍山工作一年，我途经天津、上海等地稍做停留，回到了广州，父亲亲自去广州火车东站接我回家。两个月后，贻婴从上海来广州，这次父亲又是亲自出马和我一起到火车站接贻婴。本来我们结婚想简单了事，父亲显然很高兴，还是要"摆酒"，在北园酒家请客，除了亲友，学校的头面人物也来庆贺。他多年来少有这么高兴。

　　然而父亲最高兴的，还是我回到学校教书，而贻婴也是在学校教书。说实话，他让我回来教书，还是略施了一点儿"小计"的。我还在鞍山的时候，表示要回广州的话，希望到非教学单位工作，父亲说，这很容易，你回来再说吧。当我拿着辽宁省委宣传部的函件，到广东省委宣传部报到时，省委宣传部介绍我去报到的单位是华南工学院！此时，我知道拗不过父亲，当然也不想使父亲为难，也就回母校执教了。

　　我的一生受父亲影响最大的，莫过于回学校教书了。

　　父亲对我在学校教书也是甚为关心。不用说，他让我多多向我的老师冯秉铨先生、徐秉铮先生、莫锦桐先生学习。他们也给了我很多有益的指教。冯先生生前曾对我说："你父亲让我多关心你，但徐秉铮先生比我更关心你。"冯先生是很谦虚的。

　　当初我虽然不喜欢教书，但并不怕教书。我在广播事业局工作时亦教过短训班，在1958年举行的全国收音机评比大会上曾代表所在局和所向大会做技术报告。参加大会的多是工程师、厂长们，而我当时只是个技术员。我发现在研究所的研制工作和在工程工地以及工厂生产工作的经历，对我教专业课非常有用，不必死搬书上的理论。

　　然而仅仅经过一年多的教学工作，我就深深地体会到了父亲让我到学校教书的好处。我可以有时间和自由去钻研我感兴趣的学术问题、技术问题，探索我感兴趣的新领域。过去在工作中碰到很多问题，往往为了赶任务、"献礼"，不容我深入研究探讨。在学校就不同了，一些我感兴趣的问题，可以深入研究，无论是理论问题，还是实际问题。

　　父亲在世时，希望我除了教好书外，也像他那样著书写文章，能在学术上有所作为。虽然他生前看到了我写的一些文章，但是在那个年代，我没有机会出书，尽管我很有兴趣撰写某些专题。一直到改革开放后，冯秉铨先生主编一套电子学丛书，给我一个机会写我感兴趣的一个领域，我才在1980年出版了第一本书。以后在父亲的挚友黄坚先生、周成泰先生及周德导先生等的热心支持下，我有机会去美国访问，又写了两本专著，并且有一些上了国际最高一级学报和会议的论文，并有专利注册。我写的书、教材和文章，虽然字数远不如父亲的多，但也有百万字，我相信父亲如果泉下有知，也会很高兴的。我也庆幸当年被调离北京到鞍山去，否则也不会有现在这点儿收获。

回顾我的一生，能有点滴成就，能有我自己创造的东西公之于世，这完全是由于父亲指引、教导和关怀。当我再三阅读他的教育论文时，更体会到他的教育思想是多么正确和深刻！

父亲对其他子女亦是很关心。大姐曼仙读中学时，他就考虑以后让她去学医。大姐中学毕业后考入岭南医学院，以后分科时，她就拜知名放射学专家谢志光教授为师。本来父亲也很想大姐留在学校教书，不过大姐服从分配，去了武汉市结核病防治院工作，以后成为该院放射科的主任医生。在她主持下的两项科研课题分别于1991年获得"湖北省卫生厅医药卫生科技成果三等奖""武汉市科研成果奖"。她不负父亲所望，在学术上成就不小。她参与编写的医学著作六本，译著一本，在国家级、省级、市级的医学学报及会议上发表了七十余篇论文。对于一个并非在医学院任教的医务工作者来说，这是十分难能可贵的。她工作积极出色，富有献身精神，1991年被评为武汉市劳动模范，报刊多次报道她的事迹。大姐夫林道英是建筑专家，为高级建筑师和国家一级注册建筑师，也是工作积极、富有献身精神，也在1991年被评为武汉市劳动模范。

二姐穗仙20世纪50年代初参军，复员回广州后，先后在中山大学与华南理工大学工作。二姐夫谭保夏在学校教数学。他所在的中学，即华南师范大学附中，是全省较好的重点中学之一。他是该校的特级教师，教学水平很高，他培养的学生多次在"国家数学奥林匹克竞赛"中获奖，有的在"全国高中数学联赛"获一等奖。他还发表了许多有关数学教学方面的论文。

四妹云仙，初中毕业后，对学钢琴有兴趣。父亲对我们子女学习爱好都采取赞许的态度，对四妹学钢琴也是如此。四妹1954年考入了武汉的中南音专附中。父亲每到北京开会总要在武汉车站和大姐、四妹见面。四妹在音专毕业后考入中央音乐学院钢琴系主修钢琴专业，后转入天津音乐学院。1964年毕业后一直在该校任教，是该校钢琴系教授，天津钢琴专业委员会常务副会长。在三十余年钢琴教学工作中，她培养了大批艺术院校的师资、文艺团体骨干，学生遍布国内外。四妹夫居文郁是天津音乐学院民乐系教授，天津音乐学院教务处长，是二胡演奏家、教育家，造诣很深，在三十多年的专业教学中，培养了很多专业人才，并写出了不少专著和论文，实为不可多得的民乐大师。

五妹渝仙，也是如父亲所愿，在华南师范大学附中任教。她曾就读于华师附中，毕业后考入暨南大学攻读历史学科。五妹作风朴实，一些老师和同学得知她父亲是暨大校长前，还以为她来自农村。五妹是华师附中高级教师，工作成绩显著，指导的学生在省、市历史学科竞赛中多次获奖。她善于开展课外活动，曾获广州市"第二课堂活动"评优奖，被学校评为"附中先进妇女"。五妹夫周任也是华南师范大学附中的高级教师。他出身于教育世家，他的祖父是福建省厦门市同文学校创办人，其父周寿恺是一级教授，曾任岭南大学医学院和中山医学院副院长。周任的母亲黄萱女士，自从著名历史学家陈寅恪教授到岭南大学历史系任教后，一直是陈寅恪先生的助手。

我们子女们，除大姐外，都在学校教书，而且多有所成。大姐虽不在学校任教，但也不断进行学术研究，做出了不少贡献。可以说，我们至少没有辜负父亲的期望。

三、助人为乐

父亲和祖父一样，当别人有困难的时候，总是乐于帮助。

在抗日战争年代，他把姑妈们的子女接到内地，为他们安排读书、工作，他认为责无旁贷。对于一些失学青年，在学校内外工作的，他常鼓励他们奋发图强。对于一些在校求学的贫苦学生则常常给予帮助。他自己在求学的时候，无论在国内还是在国外，也常帮助有困难的同学。对其他人，在工作方面或在生意方面有困难时，他都愿意给予帮助。

父亲的一个优点，是他从不会看不起穷苦人，相反，他非常同情他们。他研究疍民，也是怀着对他们莫大的同情，为他们呼吁，而不仅仅是从事一些学术研究而已。虽然他提倡"为学术而学术"，但他的很多重要的学术工作，都是针对当时的社会问题而着想的，为国富民强而着想的。

这里还可谈一下父亲关心别人的例子。已故的中山大学教授梁钊韬先生是一位著名的人类学家，是"马坝人"的最早鉴定者。20世纪70年代初梁先生和我住同一栋三层楼房，在中山大学西南区的所谓"夫妇宿舍"。他对我说，当年他曾准备出国留学，可是未走之前，升了副教授。他想，去留学拿到学位还要好多年才能升副教授，于是就不去了。没想到过了十多二十年仍是个副教授。他说："你父亲是很关心我的，他在1963年就已提出了上报升我为正教授。"他还说父亲重才不搞宗派，不论留学或未留过学的，北方还是南方的，他都一视同仁。

在人的一生中，病是最恼人的。由于父亲和医学院的很多著名医生都很熟悉，所以他也常帮助一些老师或朋友去找医生看病，这也是他最受人怀念的品行。原岭南大学经济学教授王正宪先生的夫人、数学系教授潘孝瑞就和我说起，当年她四十岁才怀了第一个孩子，父亲得知即帮她找广州市第二人民医院著名妇产科医生梁毅文为她检查，但到临产，梁毅文医生去了北京开会，父亲立即替她找了中山医学院著名妇科教授林剑鹏为她接生。林教授医术高超，开刀只用了一个小时，并且为免感染，没有输血，最终母婴都顺利平安。暨南大学原党委书记张德昌先生和我谈到父亲时，也特别赞赏他助人为乐的品德。

人们有事找我父亲，白天固然常去办公室找他，也有不少人到家里找他。不论公事私事找到我们家，他都一样接待。有一位岭南大学姓马的学生就曾和我谈到，他从外地转学到广州，想入岭南大学就读。那天匆匆到岭大找到我们家时已很晚了，他和父亲谈他希望转入岭大读书之事。父亲耐心地听了他的陈述，了解了他的情况后，帮他解决了入学问题。他谈及此事时，对父亲充满了感激之情。类似这样的事情不胜枚举。

四、廉洁奉公

我父亲是一个不贪财的人，他不贪图享受，不讲究排场，不摆架子，一心办学和做学问。所以他在天津为南开借钱，人家愿借给他。他主持岭南大学，朋友、甚至他不认识的人，都主动借钱或送钱给他办学。有的交钱给他办学，连收据也不打，可见对他是多么地信任。而公家的钱，即使是捐赠，他也分文不动，在需要以他个人名义存放时，也是和伍锐麟先生联名存放的。

父亲不仅公私分明，廉洁奉公，而且处处注意节约。他于1948年夏到岭大时，学校的经济状况不好，出入都很少用公家汽车，去广州常坐艇仔或电船（小轮渡）。我们一家人去广州也经常坐艇仔。有时他叫我去广州市内接一些朋友，包括一些留学回国的学者，也是叫我坐电船带他们到学校。有一次张德绪先生从泰国回到广州，住在太平南路的一家旅馆，父亲叫我去接他到学校来，我到了旅馆找到张先生，乃带他到博济医院挤上一部校车回学校，给张先生挤得满头大汗。父亲知道后，笑着问我怎么不带张伯伯坐"的士"（出租小汽车）回来，我红着脸不知所措，因我从未叫过"的士"，也没有那么多的钱坐"的士"，所以不敢带张伯伯坐"的士"，何况父亲又未交代我可以坐"的士"。

虽然他为办好医学院，可以用二十余万元去买一台 X 光机，可是他对学校或自己家里用水用电却很注意节约。在家里他总是教导我们要节约水电，并且经常在校园巡视，看有什么漏洞。

一个人仅是廉洁自保，唯唯诺诺地奉公，并不一定能做成大事。对父亲来说，奉公，就是为国家、为社会贡献自己的力量，不计较个人得失。这也是岭南校董林逸民先生提到的岭南精神：牺牲、服务的精神。同样是奉公，是主动奉公还是被动的奉公，又大有不同，而父亲可以说是积极主动地奉公。他根本不喜欢搞什么行政工作，但是，社会需要他时，他就勇于挑起担子，认真负责，积极主动地去把工作做好，数十年如一日，真是像杨深博士说的那样，呕心沥血，奋力工作终生。

从一个人的能力来说，父亲并没有三头六臂，并不见得比别人高多少。但是，他愿意主动做好工作，不计较名利地位，愿多动脑筋，牺牲多一些个人做学问的时间、休息时间，多为别人着想，愿意多跑，就像他在《读书的六到》一文中所说的：眼到、手到、耳到、口到、心到和脚到。我认为他在工作中也是本着这"六到"，特别是"心到"。一个人就算有能力，但心中想的都是个人的名利、地位和享受，如何算计别人，那是很难在工作上以一当十的。有人曾半开玩笑地对我说："你父亲是大学校长，还愁没有钱花吗？"我不知道过去做校长的是否都腰缠万贯，但是父亲绝没因当校长而发了什么财。相反，他自己花了很多钱去买书做学问，用车外出时出钱给司机吃饭，帮助经济上困难的人。此外，经常接待国内外的学者朋友也颇有花费，母亲有时对此也有怨言，因为这样，母亲持家也十分不易。

父亲身后留给我们的不是什么金银财宝，而是他伟大的治学精神、学术成就和无私奉献的高贵品格，让我们每个子女终身受用无尽。

附录

陈序经年表

1903 年 9 月 1 日出生于海南文昌清澜港瑶岛村。取名序经，字怀民。

1907 年入私塾启蒙。

1909 年随父去新加坡读书。

1912 年母病故。由新加坡还乡。与妹慧英到汪洋村由林犹江表叔遗孀（三妈）照料。入汪洋致远小学读书，受教于校长林天心乾叶先生。

1914 年到文昌县入模范小学，受教于校长林鸿茂，国文教员云茂本，英文教员陈宝（先庭）。

1915 年到新加坡，先后在育英学校、道南学校、养正学校及华侨中学读书。

1919 年年底回广州求学。临行前父嘱他切勿想在国内做官，切勿想回南洋做生意。

1920 年考入岭南大学附中初中三年级读书，曾任该级"全社"社刊编辑主任。

1922 年暑假回南洋省亲后，到上海沪江大学生物系就读。

1924 年因不愿在沪江大学入基督教，回南洋省亲返沪后，转学入复旦大学社会学系。

1925 年 7 月 1 日获复旦大学社会科学院授予的学士学位。8 月 5 日乘轮船离沪去美国伊利诺伊大学攻读硕士学位。

1926 年 8 月 14 日由伊利诺伊大学研究生院授予硕士学位。

1928 年 6 月 13 日由伊利诺伊大学授予博士学位。暑假回国，受聘到广州岭南大学社会学系任教。

1929 年 8 月 20 日在新加坡与黄素芬女士结婚，婚后赴德国留学。

1930 年父结束在南洋业务回国。

1931 年 2 月因用功过度患病，于 4 月乘船离德返国，6 月返抵广州。任教于岭南大学。

1932 年父病故于海口。

1933 年游安南、暹罗与新加坡。

1934 年 1 月 15 日于《广州民国日报》发表《中国文化之出路》一文，在全国引发了一场激烈的文化大论战。是年夏天，应天津南开经济研究所聘请担任教授。

1935 年任南开经济研究所研究主任。到暹罗从事调查研究近四个月。

1936 年 4 月在《独立评论》发表《乡村建设运动的将来》一文，在国内引发一场乡村建设运动的大论战。

1937 年到广东顺德考察蚕丝工业。"七七"事变后到长沙筹备临时大学。

1938 年任昆明西南联合大学法商学院院长。

1944 年 8 月应美国国务院的邀请去美国讲学一年。

1946 年后，回天津任南开大学教务长兼经济研究所所长及政治经济学院院长。

1947 年 9 月发表了《与胡适之先生论教育》，在国内引发一场有关教育问题的大论战。

1948 年 8 月 1 日出任广州岭南大学校长。上半年曾到暹罗、马来亚、新加坡等地考察。

1952 年岭南大学解散，任中山大学历史系研究教授。

1956 年被评为一级教授，任中山大学副校长。全国政协第二届委员和广东省政协第一届常委。

1962 年任暨南大学校长。

1964 年调任南开大学副校长。

1967 年 2 月 16 日在南开大学逝世。

1979 年 5 月 25 日天津南开大学为他平反并开追悼会。6 月 26 日广东省政协为他举行骨灰安放仪式。

陈序经世系简表①

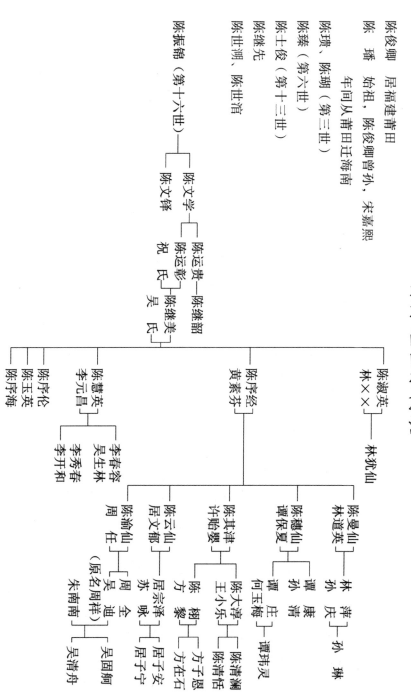

① 本世系简表为再版时更新确认、调整的版本。其中陈序经先生的孙辈和曾孙辈姓名的调整、增补信息系陈穗仙、陈云仙、陈渝仙诸位先生提供。

增订本后记

这本拙著，在原版的基础上做了些许修改和补充，以今日的面貌呈现在读者面前。

令我十分感激的是，成书的过程始终获得国内外诸多前辈和朋友们的热心鼓励和支持。除了"前言"提到父亲的生前好友和知名人士外，还有中山大学的王正宪、潘孝瑞教授伉俪，胡守为教授，丘捷教授及胡立彬博士；南开大学的冯承柏教授，曹焕旭教授，刘集林博士；暨南大学的张德昌先生，徐善福教授，陈合宜教授及夏泉博士；北京大学的汤一介教授，陈国坚先生；中南民族大学的张世保博士；华中师范大学的田彤博士，沈高群先生及夫人王玫女士，冯高义先生，方露茜老师，徐诰平女士；加州大学的 Austinc. Franr 博士；加拿大李瑞明先生和不列颠哥伦比亚大学何保山教授；美国的刘通群先生，何自强先生，黄伟良先生和夫人郭开兰女士，杨叔进先生和夫人郭开华女士，司徒展教授及夫人（Floyence），他们都给我提供了很多宝贵的意见和资料。

在此还须提及的是，在本书的写作过程中，一直得到姐姐曼仙、穗仙和妹妹云仙、渝仙的鼓励和支持，血浓于水，令我感到人世间同胞情怀之可贵。尤其难得的是德高望重的端木正教授生前为此书的原版赐序，著名学者叶显恩教授为此书的增订本撰写极有分量的序言。增订本所以能赶在父亲逝年四十周年顺利出版，首先是和海南省委常委周文彰和宣传部的重视和支持分不开的，也是和文昌市人民政府以及海南省文化历史研究会的支持和帮助分不开的。还有王春煜教授为催生此书所表现出来的热忱，王卓森、符海平和蔡旭三位同志为校勘书稿付出的辛勤劳动，从他们身上我十分高兴地看到这一代本地学者以弘扬海南为己任的高尚情操。在此，一并致以崇高的敬意和诚挚的感谢！

限于本人的学识和能力，本书难免存在一些不够完善的地方，或存在某些缺点甚至于错误，尚祈方家与读者诸君不吝指正。

陈其津

2007 年

再版后记

陈序经先生（1903年9月—1967年2月）是中国现代著名的学者、教育家与思想家。其学术身份主要是社会学家，但其研究在社会学之外，还涉及政治学、教育学、民族学、史学等诸多领域，尤以文化研究与东南亚古史、匈奴史研究享誉学界。在现代中西文化思想的讨论中，在大学教育的理念与实践上，均留下了浓墨重彩的一笔。自20世纪八九十年代以来，陈序经先生日渐受到国内知识界、学术界的留意与关注，研究者发表了众多的专业学术论文、完成了诸多硕博士乃至博士后出站报告，还出版了数部学术专著与陈序经传记，陈序经先生已然成为现代人物研究中的热点。在这些出版物中，陈序经先生哲嗣陈其津先生所著《我的父亲陈序经》尤具独到价值。

《我的父亲陈序经》不仅因为作者的身份特殊，留下了诸多陈序经先生工作、家庭生活与社会关系的珍贵记录；而且充分利用家藏的一手资料，呈现了诸多鲜为人知的故事。尤其是陈序经先生自己撰写的一部数万字的回忆录（因陈序经先生生前特意指出，是专门留给子女看的，带有家传性质，故至今没有外传），在该书前三章得到充分利用。因此，该书至今仍是了解、研究陈序经先生的案头必备。

《我的父亲陈序经》初由广东人民出版社1999年11月出版后，广受欢迎。受此鼓舞，陈其津先生又对原书进行充实、修改，在陈序经先生逝世四十周年之际，2007年12月，长征出版社出版了《我的父亲陈序经》（增订本）。

增订本的面世，本是研究陈序经的幸事，但遗憾的是，增订本不但没有解决初版中出现的一些问题，还增添了诸多手民之误。

在南开大学建校一百周年之际，南开大学出版社慧眼独识，决定校订再版《我的父亲陈序经》，以纪念陈序经先生这位在南开发展史上做出了重要贡献的先贤。因作者陈其津先生已于 2015 年 10 月仙逝，出版社以我曾做过陈序经研究的缘故，征得陈其津先生夫人许贻婴女士的同意，委托我以增订本为原本，进行全面校订。

本次校订除了将原书中的错字、漏字、个别不通的语句、误写的人名、不妥的标点订正外，重点订正了原书中的引文。原书的引文主要包括档案材料、报刊文章（其中尤以陈序经自己已发表的引文为多），但经比对发现，原书所引部分材料与笔者所见档案原件有个别出入；原书的报刊引文与已发表原文比对，错漏与出入尤多，故此次校订，均依原始档案与能找到的当时公开出版的书、刊原文一一补正。不当之处，请方家和读者多多批评指正。

刘集林

2019 年 5 月 10 于南开园

编辑后记

　　读罢书稿，脑海中开始回放书中一幕幕场景、一段段文字，伴随着跨越时空的感悟，陈序经先生的形象也鲜明地树立起来。

　　在编辑本书的过程中，常常为陈先生的经历所激励，为陈先生的见解而叹赏。不禁想要问上一句：在如今的知识界，有多少人能像陈先生一样求知、治学、办学、淑世？如果有一些，我们就是幸运的；如果有很多，我们就是幸福的。

　　在陈先生所生活的动荡年代，家庭的培养与引导是陈先生成长的土壤与阳光。陈先生职业生涯的选择和立身处世的作风，多由此影响而来。陈先生与父亲的关系，可从一例看出。旅欧留学归国后不久，陈先生想把所著《东西文化观》的书稿送给父亲作为六十寿辰的礼物，然而父亲未及看到就病逝了，成为陈先生心中难以平复的遗憾。

　　陈先生是我国近现代学术与思想谱系中一位非常重要的学者，也是一位贡献卓著的教育家。他曾先后任教于岭南大学、南开大学、西南联合大学、中山大学和暨南大学，并担任其中多所大学的校长或副校长。对于陈先生四十余年治学从教的经历，本书介绍得很详细。在此应该特别提起的是陈先生与南开大学的不解之缘。

　　1934年，陈先生受聘于南开经济研究所，后任该所研究主任，并讲授社会学、乡村社会学等课程。1938年，西南联大成立后，陈先生任法商学院院长，仍兼管南开经济研究所的工作；1942年起，参加南开大学复校的准备工作。1946年南开大学复校后，陈先生身兼教务长、政治经济学院院长、经济研究所所长三职；1948年调任岭南大学校长；1964年，奉调回南开大学任副校长，直至

1967 年逝世。在陈先生六十四年的人生里，有十七年服务于南开大学，他是南开事业的缔造者之一，是"南开先生"的杰出代表，必将为南开人永远铭记。

三年前，在学校校史研究室的推荐下，我们计划再版陈先生哲嗣陈其津教授所著《我的父亲陈序经》一书。两年前，我们策划了旨在追念先贤、启迪世人的"长相忆书系"，征得家属同意，将本书收入其中。在此，感谢陈其津教授的夫人许贻婴女士和陈序经先生的女儿曼仙、穗仙、云仙、渝仙诸位先生的支持，感谢南开大学周恩来政府管理学院刘集林教授为校订本书付出的心血。

对于本书一些编校体例问题，特说明如下，请读者知悉。

1. 因须合于传主生活的时代，书中对部分国内外地名的表述与今日有所不同，除对个别影响理解之处加以括注外，一律遵从作者原文，不予更动。

2. 对引文中所含的异体字、异形词等，为保持原貌，均遵从原文。

3. 编辑过程中的引文核对主要参考以下图书：《陈序经文集》（中山大学出版社，2004 年）、《全盘西化台前幕后：陈序经传》（广东人民出版社，2010 年）、《中国近代思想家文库：陈序经卷》（中国人民大学出版社，2015 年）等。

可以告慰陈先生的是，本书中提到的集陈先生文化学思想之大成的"文化论丛"二十册手稿，已由刘集林教授校点、整理完毕，形成《陈序经文化论丛》（全四卷），即将由我社出版。望能有利于推动陈序经思想研究和学术史、文化史研究，并为大众读者所共享。

南开大学出版社

2020 年 7 月